쟁·점·정·리

통합
가맹사업법

박 성 진

들어가며(2024년 개정 4판)

최근 가맹거래사시험, 특히 2교시 가맹계약론에서는 그간 출제되지 않았던 계약법 영역에서 문제가 출제되었다. 본 서 2편의 내용 중 그간 기출되지 않은 영역에 대해서는 저자 스스로 만들어 본 '사례예시'를 바탕으로 논리구조를 제시한 바 있는데, 이를 직접적으로 물어본 문제가 등장한 것이다. 처음 문제를 접했을 때는 다소 당황스러울 순 있었겠으나, 본 서를 통해 학습한 수험생분들은 무리 없이 답안을 작성할 수 있었으리라 생각한다.

가맹사업법에 비해 변별력을 가질 수 있는 가맹계약론의 경우, 앞으로도 이와 같이 계약법 전반을 물어보는 난이도 높은 문제가 지속적으로 출제될 것으로 예상된다. 이와 같은 경향에 대비하고자, 개정 4판에서는 2편의 계약법 논리구조를 전반적으로 재검토하였다. 즉, 계약법과 관련한 판례 전반을 다시 꼼꼼히 살펴보고 가맹사업에 적용될 수 있는 사례구조를 재정비하였다. 이 과정에서 기존의 '과실상계'와 관련한 논리구조를 공동불법행위 등 부진정연대채무 관련 사례풀이에 활용할 수 있도록 전면적으로 수정한 것과 '전용물소권' 및 '채권자대위권'과 관련한 사례를 추가하여 논의를 더욱 확장한 것은 이번 개정판의 가장 큰 성과라 하겠다.

3판 출간 이후 최근까지 개정된 가맹사업법 내용을 반영하는 것도 잊지 않았다(동의의결제도의 도입, 광고·판촉행사시 가맹점사업자의 동의, 가맹거래사 등록증의 대여금지 등). 이 과정에서 새로이 분류할 필요가 있는 쟁점이 발생하여 기존보다 쟁점 2개가 추가되었다.

늘 최선을 다해서 집필하지만, 출간할 즈음이면 언제나 마치 물가에 어린아이를 내놓은 것처럼 불안한 마음이 드는 것도 사실이다. 이렇듯 부족한 책임에도 늘 아낌없는 사랑을 보내주시는 수험생 여러분들께 이 지면을 빌어 깊은 감사 말씀을 드린다.

2024년 3월,
박성진

들어가며(2022년 개정 3판)

지난 해에는 그간 미뤄두었던 가맹거래사 실무수습을 수료했다. 그리고 올해에는 대한가맹거래사협회 내 분과인 대외협력위원회 위원장으로 위촉되었다. 분에 넘치는 영광이다.

본 서도 그에 걸맞게 더 완벽을 기할 수 있도록 재정비하였다.

첫째, 다소 번잡했던 각주를 정리하였다. 최초의 출간의도를 다시 상기하며 수험과 무관한 내용은 과감하게 삭제 또는 축소함과 동시에, 기존에 각주에 배치되었던 내용 중 중요도가 있다고 판단되는 상당수를 본문에 재배치하였다.
둘째, 2021년 12월 31일까지 공시된 판례와 공정거래위원회 심결례를 추가 반영하였고, 최근까지의 가맹사업법과 관련한 이슈와 논문을 철저히 분석하여 수험적으로 의미가 있는 부분을 요약 정리해 수록하였다. 단순히 조문과 판례 등을 읽는데 그치지 않고, 관련 법리를 이해하고 보다 깊이 사고할 수 있는 힘을 배양해 시험에서 보다 고득점을 노릴 수 있게 하기 위함이다.
셋째, 기존에 수록되었던 기출문제 예시답안 중 설명이 미흡하거나 오류가 있던 부분을 수정하였고, 현행 가맹사업법에 맞게 바뀌어야 하는 부분 또한 모두 발췌하여 다시 해설하였다.
넷째, 판형을 다소 키웠다. 전업보다 별도의 생업에 종사하는 분들이 많은 가맹거래사시험 수험생의 특성을 고려하여 휴대가 용이한 판형을 택하였었는데, 이것이 다소 수험서답지 않다는 일각의 지적에 공감해서다.

지난 해 12월에는 딸의 돌잔치를 고향 부산에서 가족과 친지분들을 모시고 소소하게 치루었다. 어쩌면 본 서는 최초 출간 당시부터 저자의 대소사를 함께 하고 있는지도 모르겠다. 본 서가 저자에게 갖는 의미처럼, 수험생분들에게도 본 서가 소장가치 있는 한 권으로 자리매김하였으면 하는 바람이다.

2022년 2월,
박성진

들어가며(2019년 개정판)

초판이 출간된 지 꼬박 1년이 흘렀다. 짧다면 짧은 시간이지만 그간 프랜차이즈업계와 관련한 많은 이슈가 발생하였고, 그에 따라 가맹사업법도 상당한 개정이 있었다. 초판을 출간할 당시에는 개정에 2년 정도의 간극을 둘 생각이었으나, 개정 법률을 반영하지 아니한 채로 2019년 2차 시험을 대비하기에는 본 서가 제대로 된 수험서로서의 기능을 수행하기 힘들다고 판단되어, 예정보다 빨리 개정판을 출간하게 되었다.

개정판도 전체적인 구성은 초판과 크게 달라지지 않았다. 하지만 요약서의 특성상 초학자가 접근하기엔 다소 부담스러운 면이 있다는 지적이 있어, 실전수험서로서의 성격을 유지하면서도 기존에 설명이 미진했던 부분을 좀 더 보완하였고, 2018년 12월까지의 공정거래위원회 심결례 및 법원 판례, 관련 논문을 분석하여 수험에 필요하다고 생각되는 것들을 엄선, 수록해 수험적합성을 높였다.

많이 부족했던 초판이 과분한 사랑을 받았다. 본 서를 학습하여 2018년 가맹거래사 시험에 합격한 분들로부터 많은 격려와 감사의 인사를 받았다. 본 서는 앞으로도 수험생 여러분과 더불어 끝없이 정진할 것을 약속드리며, 초판 출간 당시 그 누구보다 아들을 대견해 하셨던, 지금은 분명 어디선가 지켜보고 계실 사랑하는 어머니께 본 서를 바친다.

2019년 2월,
박성진

들어가며

2002년 '가맹사업거래의 공정화에 관한 법률(이하 "가맹사업법")'이 제정·시행되었고, 이에 따라 가맹거래사시험이 시행된 지 올해로 16년째가 되었다. 이제는 시장도 초기에 비해 많이 커지고 시험 응시자 수도 꾸준히 늘면서, 질 좋고 우수한 수험서도 많이 출간되었다. 그러나 아직은 그 대부분이 가맹거래사 1차시험 대비에 집중되어 있고, 2차시험을 대비한 교재는 찾기 힘든 것이 사실이다. 저자도 이 때문에 시험준비에 많은 어려움을 겪어 자의반 타의반(?)으로 가맹사업법 및 민법 등 관련 법령과 서적을 참고하여 나름대로의 쟁점노트를 만들었고, 이를 반복하여 학습한 덕분에 가맹거래사 15회 시험에 합격할 수 있었다.

본 서는 저자가 수험생활 당시 만들었던 요약노트를 보다 업그레이드하여 만든, 오직 가맹거래사 2차시험만을 대비한 철저한 수험서이다. 따라서 본 서에는 어떠한 학문적 성과도 없음을 미리 밝혀두지만, 반대로 본 서를 반복하여 각종 쟁점을 이해·암기하고 서술된 논리를 체득한다면 가맹거래사시험에 무난하게 합격할 수 있음을 확신한다.

2017년 가맹거래사시험에 합격한 후, 많은 수험생분들께 2018년 가맹거래사 2차시험을 대비한 올인원(All-in-one) 교재를 출간하겠노라고 공언하였으나, 생각했던 것보다 집필과정이 만만치 않아 수 차례 나의 경솔함을 탓하며 후회했던 기억이 난다. 그러나 결국 완벽하지는 않지만 나름대로의 결과물이 나왔고, 무엇보다 올 해 상반기 중 출간하겠다고 한 약속을 지키게 된 것에 대해 만족한다.

본 서를 집필한 후 탈고하기까지 근 4개월이 걸렸다. 그 동안 퇴근한 후 서재에 틀어박혀 새벽까지 나오지 않는 남편에게 불만을 가지기는 커녕, 끝까지 힘내라고 응원해 준 아내 이은주에게 고맙고, 언제나 사랑한다는 말을 전한다.

2018년 1월,
박성진

본 서의 특징

본 서의 특징은 다음과 같다.

1. 가맹사업법과 가맹계약론의 완벽 통합

가맹거래사 2차시험은 두 과목(가맹사업법, 가맹계약론)이지만, 상호 밀접한 연관이 있어 굳이 따로 학습할 필요가 없고, 오히려 연계하여 학습하는 것이 더욱 효율적이다. 이에 본서는, 이 두 과목을 통합하여 서술하되 상호 논리적 연관성을 유지하여 입체적인 학습이 가능하도록 구성되었다.

* 가맹계약론과 관련한 주요 쟁점은 관련 쟁점 내 '심화학습'으로 별도 분류

2. 쟁점별 구성을 통한 효과적인 학습 도모

가맹사업법과 가맹계약론의 주요 쟁점을 추출, 이에 필요한 이론 및 주요 사례·판례를 압축서술하여 쟁점별로 효과적인 학습이 가능하게 하였다.

* 주요 사례(공정거래위원회 심결례 등)는 본문에, 법원 판례는 각주에 배치

3. 최근 14년 간(2010년~2023년) 기출문제의 철저한 분석 및 해설

2010년부터 2021년까지 기출된 사례 및 약술문제를 분석하여, 약술문제는 관련 쟁점 시작시에 배치해 그 쟁점의 중요도를 한 눈에 파악할 수 있도록 하였고, 사례문제는 관련 쟁점 뒤에 배치해 해당 쟁점 학습 후 곧바로 실전연습을 할 수 있도록 구성하였다.

* 가맹사업법 기출은 '사', 가맹계약론 기출은 '계'로 구분

예시) 2022년 가맹사업법 기출 → '22기출(사) / 2023년 가맹계약론 기출→ '23기출(계)

4. 민법(계약법)을 중심으로 한 사례풀이 구조 수록

개별 주요 쟁점 외에도, 민법(계약법)과 관련한 사례문제 풀이시 필요한 논리구조를 다수 수록하여 가맹계약론과 관련 어떠한 사례문제에도 대비할 수 있도록 하였다.

※ 본서는 '24년 가맹거래사 2차 시험일('24.06.15)을 기준으로 적용되는 「가맹사업거래의 공정화에 관한 법률」을 기초로 서술되었음(이하, 「가맹사업거래의 공정화에 관한 법률」은 '가맹사업법' 또는 '법'으로 표기함).

※ 본서와 관련한 문의 및 건의사항은 kungmin5@naver.com로 부탁드립니다.

목 차

제 1 편

쟁점정리

가맹사업법 서론

☞ 【'10 기출(계)】
가맹계약 종료 후 가맹점사업자가 가맹본부에 대하여 부담하는 의무에 관하여 설명하시오. (25점)

1. 가맹사업의 의의 및 성립요건(법 제2조 제1호)

(1) 가맹사업의 의의

가맹본부가 가맹점사업자로 하여금 자기의 상표·서비스표·상호·간판 그 밖의 **영업표지를 사용**하여 일정한 품질기준이나 영업방식에 따라 상품 또는 용역을 판매하도록 함과 아울러 이에 따른 경영 및 영업활동 등에 대한 **지원·교육과 통제**를 하고 / **가맹점사업자**는 영업표지의 사용과 경영 및 영업활동 등에 대한 지원·교육의 대가로 가맹본부에 **가맹금을 지급**하는 계속적인 거래관계

◆ **'가맹본부'와 '가맹점사업자'의 정의**

1. 가맹본부 : 가맹사업과 관련하여 가맹점사업자에게 가맹점운영권을 부여하는 사업자 (법 제2조 제2호)

　참고　상법상의 정의 : 가맹업자[자신의 상호·상표 등을 제공하는 것을 영업으로 하는 자 (제168조의6)

2. 가맹점사업자 : 가맹사업과 관련하여 가맹본부로부터 가맹점운영권을 부여받은 사업자 (법 제2조 제3호).

　참고　상법상의 정의 : 가맹상[가맹업자로부터 그의 상호·상표 등을 사용할 것을 허락받아 가맹업자가 지정하는 품질기준이나 영업방식에 따라 영업을 하는 자 (제168조의6)

(2) 가맹사업의 성립요건

　　1) 가맹본부의 가맹점사업자에 대한 **영업표지 등의 사용 허가**
　　2) 일정한 품질이나 영업방식에 따른 **상품 또는 용역의 판매**
　　3) 가맹본부의 경영 및 영업활동 등에 대한 **지원·교육·통제**
　　4) 가맹점사업자의 **가맹금** 지급

2. 가맹사업의 특성[1]

(1) 가맹본부와 가맹점사업자 간 영업표지의 동일성

가맹본부와 가맹점사업자는 동일한 영업표지 하에 영업활동을 함.

(2) 가맹본부와 가맹점사업자 간 상호의존성

가맹본부와 가맹점사업자는 상호의존적 사업방식으로 상호 신뢰관계를 바탕으로 전체적인 가맹조직의 유지발전이라는 공동의 이해관계를 가지고 있음.

(3) 가맹점사업자의 독립성

가맹점사업자는 가맹본부와 독립하여 자기의 명의와 계산으로 영업을 하는 별개의 독립된 사업자임.

(4) 가맹본부와 가맹점사업자 간 정보의 불균형

가맹사업에 관한 정보력에 있어 가맹본부가 가맹점사업자보다 우위에 있음.

(5) 당사자 간 갈등구조

가맹본부와 가맹점사업자는 독립된 사업자이므로, 각자가 추구하는 목표에서 차이가 존재할 수 있는 바, 언제든지 갈등이 발생할 수 있음.

3. 가맹사업거래의 기본원칙

(1) 신의성실의 원칙 (민법 제2조/가맹사업법 제4조) : 양 당사자의 공통된 의무[2]

[민법]

제2조(신의성실)

① 권리의 행사와 의무의 이행은 신의에 좇아 성실히 하여야 한다.

② 권리는 남용하지 못한다.

---

1) "가맹사업은 경제적 측면에서 볼 때 가맹사업자가 다수의 가맹점을 모아 적은 자본으로 전국적인 유통망을 만들 수 있고, 가맹점이 인건비, 재고비용, 가맹점 운영비등을 부담하므로 유통망 유지비용이 절감되는 이점이 있으며, 가맹계약자의 측면에서는 가맹사업자의 기술력, 노하우와 명성, 그리고 경영전반에 대한 지도와 지원아래 경영경험이 없이도 소자본으로 사업을 할 수 있고, 가맹본부를 통해 효과적인 홍보를 할 수 있으며 공동의 대량구매, 공동물류 등으로 운영경비를 대폭 절감할 수 있기 때문에 단시일 내에 투자효과를 거둘 수 있는 이점을 지니고 있는 것으로 일반적으로 이해되고 있는바, 가맹사업은 서로 이해관계가 대립하는 자를 쌍방 당사자로 하는 일반 거래관계와는 달리 기본적으로 상대방을 통하여 자신의 단점을 보완하고 장점을 살려나가는 **상호의존적인 면이 강한 사업방식**으로 가맹사업자와 다수의 가맹계약자가 일종의 가맹사업조직을 형성하여 **가맹사업의 유지·발전이라는 공동의 이해관계**를 갖는 사업이라는 특수성을 갖고 있다."(서울고등법원 2001.12.04. 선고, 2000누2183 판결)

[가맹사업법]

제4조(신의성실의 원칙) 가맹사업당사자는 가맹사업을 영위함에 있어서 각자의 업무를 <u>신의에 따</u><u>라 성실하게 수행하여야 한다.</u>

(2) 가맹본부의 준수사항(법 제5조)

1) 가맹사업 성공을 위한 사업구상

2) 상품이나 용역의 품질관리와 판매기법개발을 위한 계속적 노력

3) 가맹점사업자에 대해 합리적인 가격과 비용에 의한 점포설비의 설치, 상품 또는 용역의 공급

4) 가맹점사업자와 그 직원에 대한 교육·훈련

5) 가맹점사업자의 경영·영업활동에 대한 지속적인 조언과 지원

6) **가맹계약기간 중 가맹점사업자의 영업지역 안에서 자기의 직영점을 설치하거나 가맹점사업자와 유사한 업종의 가맹점을 설치하는 행위의 금지**

→ 영업지역권의 문제(법 제12조의4 제3항)[3]

7) 가맹점사업자와의 대화와 협상을 통한 분쟁해결노력

---

2) 'LG25'라는 영업표지의 인지도 등에 비추어 볼 때 'LG25'라는 영업표지는 이 사건 가맹계약의 가장 중요한 사항이고, 피고가 영업표지를 'LG25'에서 'GS25'로 변경하는 것은 원고가 운영하는 편의점에 대한 소비자들의 인지도나 식별가능성 등에 영향을 미칠 수 있는 중요한 요소이므로, **피고가 'LG 그룹'의 분리 당시 'GS홀딩스 그룹'에 속하게 됨에 따라 일방적으로 영업표지를 'LG25'에서 'GS25'로 변경한 후 'GS25'라는 영업표지를 위주로 편의점 가맹사업을 운영하는 것**은 <u>위 영업표지의 변경에 동의하지 않고 'LG25'라는 영업표지를 그대로 사용하고 있는 원고에 대하여 이 사건 가맹계약 제41조 제2항 제2호에서 정한 '고의, 악의, 기만 기타 중대한 과실로써 어느 일방만의 이익을 위하여 이 계약의 목적에 위배되는 **중대한 불신행위**</u>'에 해당하고, 기존의 'LG 그룹'에서 분리된 'GS홀딩스 그룹'이 전문화·전업화를 통한 경영의 집중 및 효율화로 사업경쟁력 강화를 표방하였다거나, 피고가 위와 같은 영업표지 변경에 동의하지 아니하는 가맹점사업자들에 대하여 기존 영업표지인 'LG25'를 사용하도록 허용하고 있다거나, 피고의 홍보에 따라 일반인들 대부분이 편의점 영업표지인 'LG25'가 'GS25'로 변경되었다는 사정을 쉽게 인식할 수 있는 상황이고, 위와 같은 영업표지 변경으로 인하여 'LG25'를 영업표지로 사용하고 있는 편의점의 매출이 감소되었다는 객관적인 자료가 없다는 사정만으로 이와 달리 볼 것은 아니다. …(중략)… 신의성실의 원칙은 법률관계의 당사자는 상대방의 이익을 배려하여 형평에 어긋나거나 신뢰를 저버리는 내용 또는 방법으로 권리를 행사하거나 의무를 이행하여서는 안 된다는 추상적 규범을 말하는 것으로서, 신의성실의 원칙에 위배된다는 이유로 그 권리행사를 부정하기 위하여는 상대방에게 신의를 공여하였거나 객관적으로 보아 상대방이 신의를 가짐이 정당한 상태에 이르러야 하고 이와 같은 상대방의 신의에 반하여 권리를 행사하는 것이 정의관념에 비추어 용인될 수 없는 정도의 상태에 이르러야 하는 것이다. 위 법리와 기록에 비추어 살펴보면, 피고의 주장과 같이 기존 가맹점사업자 중 96%가 피고의 영업표지 변경에 동의하는 상황에서 원고가 이에 동의하지 않고 이 사건 가맹계약에 따라 'LG25' 영업표지를 계속 사용하고 있는 상태에서 이 사건 가맹계약의 해지를 주장하는 것이 오로지 위약금을 받을 목적으로 한 비진의 의사표시라거나 신의칙에 위배되는 것이라고 볼 수는 없다."(대법원 2008.11.13. 선고, 2007다43580 판결)

3) [쟁점 14] 참고.

(3) 가맹점사업자의 준수사항(법 제6조)

1) 가맹사업의 통일성 및 가맹본부의 명성 유지를 위한 노력

2) 가맹본부의 공급계획과 소비자의 수요충족에 필요한 적정한 재고유지 및 상품진열

3) 가맹본부가 상품 또는 용역에 대하여 제시하는 적절한 품질기준의 준수

4) **가맹본부가 제시하는 품질기준의 상품 또는 용역을 구입하지 못하는 경우 가맹본부가 제공하는 상품 또는 용역의 사용**

→ 거래상대방의 구속 문제(법 제12조 제1항 제2호)[4]

5) 가맹본부가 사업장의 설비와 외관, 운송수단에 대하여 제시하는 적절한 기준의 준수

6) 취급하는 상품·용역이나 영업활동을 변경하는 경우 가맹본부와의 사전협의

7) 상품 및 용역의 구입과 판매에 관한 회계장부 등 가맹본부의 통일적 사업경영 및 판매전략의 수립에 필요한 자료의 유지와 제공

8) 가맹점사업자의 업무현황 및 제7호의 규정에 의한 자료 확인과 기록을 위한 가맹본부의 임직원 그 밖의 대리인의 사업장 출입허용

9) 가맹본부의 동의를 얻지 아니한 경우 사업장의 위치변경 또는 가맹점운영권의 양도금지

10) **가맹계약기간 중 가맹본부와 동일한 업종을 영위하는 행위의 금지**

→ 경업금지의무의 문제[5]

11) **가맹본부의 영업기술이나 영업비밀의 누설 금지**

→ 영업비밀준수의무의 문제

12) **영업표지에 대한 제3자의 침해사실을 인지하는 경우 가맹본부에 대한 영업표지 침해사실의 통보와 금지조치에 필요한 적절한 협력**

→ 상표권 침해의 문제[6]

참고 「**상법」상 가맹사업당사자의 의무**

제168조의7(가맹업자의 의무)

① 가맹업자는 가맹상의 영업을 위하여 필요한 지원을 하여야 한다.

② 가맹업자는 다른 약정이 없으면 가맹상의 영업지역 내에서 동일 또는 유사한 업종의 영업을 하거나, 동일 또는 유사한 업종의 가맹계약을 체결할 수 없다.

---

4) [쟁점 13] 참고.

제168조의8(가맹상의 의무)

① 가맹상은 가맹업자의 <u>영업에 관한 권리가 침해되지 아니하도록 하여야 한다.</u>

② 가맹상은 <u>계약이 종료한 후에도 가맹계약과 관련하여 알게 된 가맹업자의 영업상의 비밀을 준</u>
<u>수하여야 한다.</u>

제168조의9(가맹상의 영업양도)

① 가맹상은 <u>가맹업자의 동의를 받아 그 영업을 양도할 수 있다.</u>

② 가맹업자는 특별한 사유가 없으면 제1항의 <u>영업양도에 동의하여야 한다.</u>

심화학습 경업금지의무 / 영업비밀준수의무 / 상호권·상표권 침해

Ⅰ. 경업금지의무

1. 문제점

경업금지의무란 가맹점사업자가 가맹본부의 영업비밀이나 노하우를 다른 사업
에 사용하는 것을 금지하는 의무로, 가맹사업법 제6조 제10호에서 규정하고 있
는 바, 이러한 의무를 가맹계약서에 규정하였을 때 그 적용 범위가 문제됨.

2. 경업금지의무의 적용 범위(공정거래위원회 판단)

(1) 경업금지 업종 – **동종 업종**에 한(限)함.

가맹계약기간 중이라도, 동종 업종이 아닌 유사한 경쟁관계에 있는 업종에까지
경업을 금지하는 것은 직업선택의 자유(영업의 자유)를 지나치게 침해하는 것으
로 보아야 함.

---

5) "가맹계약 제35조는 가맹점사업자가 계약기간 내 또는 계약종료 이후 제17조(비밀유지의무), 제18조(경업
금지의무)를 위반한 경우 원고에게 위약금을 지급해야 한다고 돼 있다. 그러나 제18조는 계약의 존속기간 중
에만 가맹점사업자의 동종영업을 금지하고 있으므로 계약조항을 합리적으로 해석하면 제35조에 따른 위약금
은 **가맹계약 존속기간 중**의 경업금지의무위반에 한정된다. …(중략)… 피고들이 주주로서 주식회사 노○○ 설
립에 참여한 것 자체만으로 원고와 동종의 영업을 했다고 단정할 수 없고 가맹계약 제18조 해석상 본격적인
영업에 앞선 회사설립이나 워크샵 개최 등 영업의 모든 준비행위까지 포괄적으로 금지되는 것으로 볼 근거가
없으므로, 피고들은 **가맹점 영업을 시작한 시점**부터 실질적으로 원고와 동종의 영업을 했다고 할 것."(서울중
앙지방법원 2011.05.13. 선고, 2010가합65059 판결)

6) "채무자 갑이 채권자 을과의 가맹계약이 해지되었음에도 '**구·원할머니보쌈**'과 같이 구성된 상표서비스표를
'**원조할매보쌈·족발**'이라는 상호 우측에 작은 글자로 기재한 표장을 종전과 동일한 점포 앞 입간판 등에 표시
하여 판매하는 영업을 한 사안에서, 국내에 널리 인식된 '보쌈의 원조 원할머니보쌈' 등과 같이 구성된 상표서
비스표와 호칭 및 관념이 동일 또는 유사하여 양 표지는 서로 유사하다고 할 것이므로, 이러한 표장을 종전과
동일한 점포 앞 입간판 등에 표시하여 채권자의 주력상품과 동일한 상품 등을 판매하는 영업을 할 경우 일반
수요자들로 하여금 채무자가 채권자와 어떤 영업상·조직상·재정상 또는 계약상의 관계나 특수한 인적관계가
있는 것으로 혼동케 할 우려가 있다."(대법원 2010.04.15. 선고, 2010마260 결정)

(2) 경업금지 기간 - **가맹계약기간 내**에 한(限)함.

　　가맹계약의 본질상 가맹점사업자는 가맹계약 기간 중에는 당연히 경업금지
　　의무를 부담한다고 할 것이나, 가맹점사업자로 하여금 가맹계약 종료 후에까
　　지 경업금지의무를 부담하게 하는 것은 직업선택의 자유(영업의 자유)를 지
　　나치게 침해하는 것으로 보아야 함.

3. 경업금지의무 위반에 대한 가맹본부의 구제수단

　(1) 손해배상청구 / 경업금지가처분신청

　(2) 경업의 부작위의무 위반(불이행)을 이유로 한 경업행위금지청구소송

Ⅱ. 영업비밀준수의무

1. 의의

　　영업비밀이란 공공연히 알려져 있지 아니하고 독립된 경제적 가치를 가지는 것
　　으로서, 상당한 노력에 의하여 비밀로 유지된 생산방법, 판매방법, 그 밖에 영업
　　활동에 유용한 기술상 또는 경영상의 정보를 말하는 바, 부정경쟁방지 및 영업
　　비밀보호에 관한 법률(이하 '부정경쟁방지법') 제2조 제2호, 가맹사업법 제6조
　　제11호에서 이러한 영업비밀준수의무를 규정하고 있음.

2. 영업비밀의 요건

　(1) 비공지성 : 공공연히 알려져 있지 아니할 것

　(2) 경제적 유용성 : 독립된 경제적 가치를 가질 것

　(3) 비밀관리성 : 합리적 노력에 의하여 비밀로 유지될 것

3. 영업비밀준수의무 위반에 대한 가맹본부의 구제수단

　(1) 부정경쟁방지법 상 구제수단

　　1) 침해행위 금지 또는 예방청구(부정경쟁방지법 제10조 제1항)

　　2) 손해배상청구(부정경쟁방지법 제11조)

　　3) 형사적 제재(부정경쟁방지법 제18조 제1항, 제2항)

목적	행위	국내에서 사용	외국에서 사용
부정한 이익을 얻거나 영업비밀 보유자에 손해를 입힐 목적이 있을 것	영업비밀을 취득·사용하거나 제3자에게 누설하는 행위	10년 이하의 징역 또는 5억원 이하의 벌금	15년 이하의 징역 또는 15억원 이하의 벌금
	영업비밀을 지정된 장소 밖으로 무단으로 유출하는 행위		
	영업비밀 보유자로부터 영업비밀을 삭제하거나 반환할 것을 요구받고도 이를 계속 보유하는 행위		

(2) 가맹사업법상 즉시해지사유(법 시행령 제15조) 해당 여부

기존에 동 법 시행령은 '가맹점사업자가 가맹본부의 영업비밀 또는 중요정보를 유출한 경우'를 가맹계약의 즉시해지사유로 규정하고 있었으나, 2020.04.28. 개정법에서 이를 삭제하였음. 하지만, 사안에 따라서 다른 즉시해지사유에 해당할 가능성도 있으므로 이는 사안에 따른 구체적 검토가 필요하다 할 것임.

Ⅲ. 상호권·상표권 침해의 문제

1. 문제점

가맹점사업자가 가맹계약 종료 이후에도 가맹본부의 상호 또는 상표를 계속 사용하거나 가맹본부의 상호 또는 상표를 그대로 사용하는 경우, 가맹본부에 대한 책임 여부가 문제됨.

2. 상호권 침해의 경우

(1) 의의 및 문제점

상호권은 상인이 적법하게 선정한 자기의 상호에 대하여 갖는 권리로, '상호사용권(자신이 선정 또는 승계한 상호를 타인의 방해를 받지 않고 사용할 수 있는 권리)' 및 '상호전용권(타인이 부정한 목적으로 자신의 영업으로 오인할 수 있는 상호를 사용할 경우 이를 배척할 수 있는 권리)'으로 구분됨. 가맹점사업자가 가맹계약 종료 후에도 정당한 이유 없이 가맹본부의 상호를 계속 사

용하는 것은 이러한 가맹본부의 상호권 침해에 해당할 수 있음.

(2) 가맹본부의 구제수단

1) 상법상 구제수단

① 상호의 폐지 및 손해배상청구(상법 제23조)

② 200만원 이하의 과태료(상법 제28조)

참고 관련 판례 : "가맹점계약이 종료되었음에도 가맹점 상호를 계속 사용하는 것은, 일반 수요자들로 하여금 가맹점 상호사용자의 영업이 상호권자의 영업과 동일한 것이거나 관련이 있는 것으로 오인·혼동하게 할 가능성이 충분하고, 등기된 상호의 경우 상호사용자에게 부정한 목적이 있음도 추정되므로, 가맹점 상호사용자는 상법 제23조에 따라 더 이상 가맹점 상호를 사용하여서는 아니되고 상호권 침해에 따른 손해배상의무도 진다."(전주지방법원 2008.08.20. 선고, 2007가합6382 판결)

2) 부정경쟁방지법상의 구제수단

① 위반행위의 금지 또는 예방청구(부정경쟁방지법 제4조 제1항)

② 손해배상청구(부정경쟁방지법 제5조)

③ 실추된 신용 회복을 위한 조치 청구(부정경쟁방지법 제6조)

④ 형사적 제재

- 3년 이하의 징역 또는 3천만원 이하의 벌금

(부정경쟁방지법 제18조 제3항 제1호)

3. 상표권 침해의 경우

(1) 의의 및 문제점

가맹본부가 해당 영업표지 등에 대하여 상표권(서비스표권)을 출원·등록한 경우, 상표권자는 지정 상품에 관하여 그 등록상표를 사용할 권리를 독점함(상표법 제89조). 따라서, 가맹점사업자가 가맹계약 종료 이후 가맹본부의 상표를 계속 사용하거나 가맹본부의 상표를 그대로 사용하는 것뿐만 아니라 이와 유사한 상표를 사용하는 행위는 '타인이 등록상표와 동일한 상표를 그 지정상품과 유사한 상품에 사용할 경우'에 해당되어 상표권 침해행위가 될 수 있음.

(2) 가맹본부의 구제수단

1) 장래를 향한 침해금지 및 예방청구(상표법 제107조, 제108조)

2) 손해배상청구(상표법 제109조)

3) 형사적 제재

침해죄 : 7년 이하의 징역 또는 1억원 이하의 벌금(상표법 제230조)

가맹계약의 법적성질(유사계약과의 구별)

☞ ['10기출(계)] 가맹계약과 라이선스(License)계약을 비교하여 설명하시오.(25점)

☞ ['15기출(계)] 가맹계약의 개념과 법적 성질을 기술하고, 유사계약인 '특약점 계약', '대리상 계약', '위탁매매계약'과의 차이점을 설명하시오.(25점)

---

1. 가맹계약의 의의

가맹본부는 가맹점사업자에게 자신의 상표, 서비스표, 상호 등 **영업표지를 사용**하여 일정한 품질기준이나 영업방식에 따라 상품, 용역을 판매하도록 함과 아울러, 이에 대한 경영 및 영업활동에 대한 **지원·교육 및 통제**를 하고 / **가맹점사업자**는 영업표지의 사용과 경영 및 영업활동에 대한 지원, 교육에 대한 대가로 가맹본부에게 **가맹금을 지급할 것을 약정**함으로써 성립하는 / 독립적 상인 간의 **계속적인 채권계약**

2. 가맹계약의 법적성질

(1) 혼합계약 : 현행법상 어느 형태에도 속하지 않는 비전형계약이자 민법상의 매매계약, 노무공급계약, 그리고 상법상 명의대여계약, 상표법상 상표사용권의 설정계약 등 다양한 모습을 가지는 혼합계약의 성질을 가짐(혼합계약설-통설)[7]

(2) 유상계약(대가 존재), 쌍무계약(상호 쌍방에 대한 권리 행사 및 의무 이행), 낙성계약(상대방의 승낙으로써 계약 성립), 불요식계약(특별한 방식 불요)

(3) 상사계약, 계속적 계약

---

7) "가맹계약은 간단히 말하면 한층 복잡한 라이선스계약이라 할 수 있다. 대다수 가맹계약에서는 가맹본부가 정한 기준이나 관행에 따라 상품이나 서비스를 마케팅하고 유통하는 시스템과 함께 가맹본부의 상표나 상호 또는 브랜드명(brand name)을 사용할 권리를 가맹점사업자에게 부여한다. 그리고 가맹본부는 이를 통하여 새로운 자본의 공급원과 새로운 유통채널, 그리고 의욕적인 판매상을 얻는다. 영업표지에는 타인의 사용을 배제하는 독점력이 있으므로 특히 저명한 영업표지는 브랜드 간의 경쟁에서 유리한 기반이 된다."(온주- 가맹사업거래의 공정화에 관한 법률 주석서 제2조, 로앤비)

3. 유사계약과의 구별

구분	의의	가맹계약과의 차이점
대리점	공급업자로부터 상품 또는 용역을 공급받아 불특정다수의 소매업자 또는 소비자에게 재판매 또는 위탁판매하는 사업자(대리점거래의 공정화에 관한 법률 제2조 제3호)	통일적 지시나 판매전략 부존재
특약점	상품의 공급자로부터 상품의 계속적 공급을 보장받고 특정한 지역에서의 상품 판매를 보장받는 상인	- 통일적 지시나 판매전략 부존재 - 오직 상품만을 대상으로 함
체인 사업	같은 업종의 여러 소매점포를 직영 운영하거나 계속적으로 경영을 지도하고 상품·용역을 공급하는 사업방식(공동경영의 개념)	- 다수의 체인점이 계약 등에 의하여 중앙체인본부 구성 - 중앙체인본부의 구성 및 경영에 참여할 권리 존재
다단계 판매 사업자	상위의 유통관계에 있는 자가 자기 뿐만 아니라 하위 유통단계에 있는 자를 계속적으로 모집함으로써 수익을 얻는 구조의 사업방식	- 3단계 이상의 구조 - 동일조직체 내 구성원에 불과함(독립적 영업주체가 아님)
위탁 매매인	'자기'명의로써 '타인'의 계산으로 물건 또는 유가증권의 매매를 업으로 하는 자(상법 제101조)	- 자기가 아닌 '타인'의 계산으로 영업 - 위탁상품이 소비자에게 매도될 때까지 위탁자가 상품의 소유권 보유
대리상	일정한 상인을 위하여 상업사용인이 아니면서 상시 그 영업부류에 속하는 거래의 대리 또는 중개를 영업으로 하는 자(상법 제87조)	자기 자신이 아니라 본인(타인)을 대리하여 행위
상표등 사용권자 (라이센스 계약)	상표, 특허 기타 무체재산권의 소유자가 이를 일정기간 동안 사용하게 하거나, 판매를 허용하는 라이센스계약에 의해 사용권을 얻은 자	단순한 사용권 설정에 그침(영업 지도, 교육, 통제 없음)
고용	당사자 일방이 상대방에 대하여 노무를 제공하고, 이에 대한 대가로 상대방이 보수를 지급할 것을 내용으로 하는 계약(민법 제655조)	노무제공자(근로자)는 사용자에 대해 사용종속관계에 있을 뿐, 독립적 사업자로 볼 수 없음

'A피자'라는 영업표지를 사용하여 가맹사업을 운영하는 甲은 직영점인 X지점의 점포와 관련하여, 乙로부터 투자비 명목으로 1억원을 지급받고 다음과 같은 내용의 계약을 체결하였다. 다음 물음에 답하시오. (50점)

- 1년 간 본부 甲이 해당 점포를 직영으로 운영하면서 매출액에서 비용, 로열티 명목 등 일정 금원을 공제한 나머지를 乙에게 수익금으로 지급하기로 한다.
- 본 계약의 체결 후 2년 차에는 해당 점포를 가맹점으로 하여 乙이 운영하기로 한다. 단, 甲과 乙의 협의 하에 해당 점포에 대한 甲의 직영운영기간을 연장할 수 있다.

참고 아래 물음 1), 물음 2)는 별개의 독립된 문제임

(1)甲은 乙로부터 투자금을 수령하고 계약을 체결할 당시 乙에게 정보공개서를 제공하지 않았다. 이에 공정거래위원회는 「가맹사업거래의 공정화에 관한 법률」 제7조에 따른 정보공개서의 제공의무 위반을 이유로 甲에게 시정명령을 내렸다. 甲과 乙이 체결한 계약이 「가맹사업거래의 공정화에 관한 법률」 상의 가맹계약에 해당하는지 그리고 乙이 지급한 1억원이 가맹금에 해당하는지 여부에 관하여 설명하시오.(30점)

(2) 甲은 乙과 계약을 체결하는 과정에서 제공한 예상손익계산서에 월매출액 약 3천만원, 영업이익 약 5백만원이 예상된다는 점을 명시하였다. 그러나 실제 매장의 평소 월매출액과 영업이익은 그보다 훨씬 저조하였고 향후 매출액 증가를 예상할 수 있는 요소가 없었다. 이에 공정거래위원회는 「가맹사업거래의 공정화에 관한 법률」 제9조에 따른 허위·과장된 정보 제공 등의 금지에 위반하였음을 이유로 甲에게 시정명령을 내렸다. 乙이 「가맹사업거래의 공정화에 관한 법률」 상의 가맹희망자인지 여부에 근거하여 해당 시정명령의 적법성에 관하여 설명하시오.(20점)

[답안 예시]

Ⅰ. 물음(1)의 해결

1. 문제의 소재

2. 정보공개서 등 제공의무 - [쟁점 6] 참고

　(1) 내용

　(2) 위반시 제재

3. 갑과 을 간 체결한 계약이 '가맹계약'에 해당하는지 여부

　(1) 가맹계약의 의의

　(2) 가맹계약의 요건

　(3) 사안의 경우

　　① 점포에 대한 운영권은 갑에게 있고 실제로 을은 점포의 운영에 관여하지 않은 점, ② 본 계약은 원고가 을에게 사용을 허락하거나 제공하는 영업표지의 종류와 범위 및 사업상 지원·교육과 통제의 내용 등 가맹계약의 중요 내용에 관하여 정하고 있지 않은 점 등의 사정을 고려하면, 이 사건 계약은 가맹계약에 해당한다고 보기 어렵다고 판단된다.

4. 을이 지급한 1억원이 '가맹금'에 해당하는지 여부 - [쟁점 7] 참고

　(1) 가맹금의 의의

　(2) 가맹금의 종류

　(3) 사안의 경우

　　① 을이 원고에게 지급한 돈은 직영점 운영에 대한 투자 형식을 취한 이 사건 계약에 따른 투자금에 해당하는 점, ② 을이 본 계약에 따라 개점 후 2년 차 때 반드시 이 사건 점포에 관하여 가맹계약을 체결할 의무를 부담하는 것은 아닌 점,

　　③ 본 계약에는 가맹계약의 요소에 관한 기본적 내용조차 확정되어 있지 않은 점 등을 고려하면, 향후 이 사건 점포가 가맹점으로 전환될 예정이라는 사정만으로, 을이 갑에게 지급한 돈을 가맹점운영권을 취득하기 위하여 지급한 것으로서 가맹금에 해당한다고 보기는 어렵다고 판단된다.

5. 사안의 해결

Ⅱ. 물음(2)의 해결

  1. 문제의 소재

  2. 허위·과장된 정보제공 등의 금지 – [쟁점 5] 참고

   (1) 내용

   (2) 위반시 제재

  3. 을이 '가맹희망자'에 해당하는지 여부

   (1) 가맹희망자의 의의

   (2) 사안의 경우

　　가맹본부와 체결한 계약의 기본적 성격이 가맹본부가 운영하는 직영점에 대한 투자 계약이라고 하더라도, 그 계약 내용에 해당 점포를 향후 가맹점으로 전환하는 내용이 포함되어 있다고 한다면, 그 계약을 체결하기 위하여 가맹본부와 상담을 한 상대방인 을은 특별한 사정이 없는 한 법 제2조 제4호에서 규정하고 있는 '가맹희망자' 해당된다고 봄이 타당하다.

  4. 사안의 해결

　　상기와 같이 을은 가맹희망자에 해당한다고 봄이 타당하므로, 공정거래위원회의 시정명령은 적법하다고 판단된다.

가맹사업법의 적용범위

1. 가맹사업법의 적용 대상

가맹사업의 요건을 충족하는 **모든 가맹사업당사자**(가맹본부, 가맹희망자, 가맹점사업자 등)

◈ **가맹사업당사자(법 제2조 각 호 정의)**

1. 가맹본부 : 가맹사업과 관련하여 가맹점사업자에게 가맹점운영권을 부여하는 사업자

2. 가맹점사업자 : 가맹사업과 관련하여 가맹본부로부터 가맹점운영권을 부여받은 사업자

3. 가맹희망자 : 가맹계약을 체결하기 위하여 가맹본부나 가맹지역본부와 상담하거나 협의하는 자

4. 가맹지역본부 : 가맹본부와의 계약에 의하여 일정한 지역 안에서 가맹점사업자의 모집, 상품 또는 용역의 품질유지, 가맹점사업자에 대한 경영 및 영업활동의 지원 · 교육 · 통제 등 가맹본부의 업무의 전부 또는 일부를 대행하는 사업자

5. 가맹중개인 : 가맹본부 또는 가맹지역본부로부터 가맹점사업자를 모집하거나 가맹계약을 준비 또는 체결하는 업무를 위탁받은 자

2. 가맹사업법의 적용 배제(법 제3조/법 시행령 제5조)[8]

(1) 소규모가맹본부에 대한 적용 배제 - 다음 중 어느 하나에 해당하는 경우 가맹사업법이 적용되지 아니함.

1) 가맹금 최초 지급일로부터 **6개월 간** 가맹점사업자가 지급하는 가맹금 총액이 **100만원 이하**인 경우

2) 가맹본부의 연간 매출액이 **5천만원**(가맹사업 시작 전 1년 이상 직영점 운영시에는 **2억원**) **미만**인 경우[해당 가맹사업과 같은 품질기준이나 영업방식에 따라 상품이나 용역을 판매하는 직영점(가맹본부의 책임과 계산 하에 직접 운영되는 점포) 매출 포함]. 단, 가맹점사업자 수가 **5개 이상**인 경우에는 예외없이 적용됨.

---

8) "영세 가맹본부의 경우에는 인력 부족 등의 이유로 가맹사업법에서 규제하는 모든 사항을 준수하기 어려운 불가피한 사정으로 인하여 규제내용을 알지 못한 상태에서 법 위반 사업자가 될 수 있게 된다. 이에 영세한 가맹본부에 대해서는 가맹금 수령액과 연간 매출액 등이 일정규모에 도달할 때까지 일부 규정을 제외하고 법 적용을 배제함으로써 해당 가맹본부들에 대한 가맹사업법령 규제부담을 완화시키기 위한 것이다. 아울러 법 적용배제 대상 가맹본부의 경우에는 거래상 지위를 남용한 불공정거래행위에 따른 피해를 줄 가능성이 거의 없으므로, 공법 규제보다는 사적계약에서 발생하는 문제를 해결하는 민법 등 사법으로 처리하는 것이 합리적일 수 있기 때문이다."(맹수석·정영교, 쉽게 풀어 쓴 프랜차이즈 법령과 실무, 피앤씨미디어, 2021년, 29면)

(2) 적용 배제의 예외 – 모든 가맹사업거래에 대하여 예외없이 적용되는 규정

   1) **정보공개서 등록 및 정보공개서 제공의무**에 관한 규정

   (법 제6조의2 내지 제6조의4, 제7조)

   2) **허위·과장된 정보 제공 등의 금지**에 관한 규정(법 제9조)

   3) **가맹금의 반환**에 관한 규정(법 제10조)

   4) **가맹금 예치** 및 **가맹점사업자피해보상보험계약** 등에 관한 규정

   (법 제6조의5, 제15조의2)

의료 보조기기 대여사업자 A는 2018년 1월부터 영업을 시작하여 현재까지 손익계산서상 매년 1억 5천만 원의 매출액을 올리고 있다. 2021년 3월 A는 가맹사업을 하기로 결심하고, 가맹점사업자를 모집하면서 '가맹계약을 체결할 경우 조건 없이 모든 가맹점사업자들에게 의료 보조기기가 필요한 노약자들이 가맹사업장 방문에 필수적인 엘리베이터 설치 비용을 지원해 주겠다.'고 홍보하였다. 이러한 홍보로 인해 2021년 6월까지 A는 총 3개 가맹점사업자와 가맹계약을 체결하였다. 한편 가맹점희망자 B는 2021년 5월 A와 가맹계약을 체결하면서 계약금 1억 원을 A 명의의 계좌에 이체하였고 A는 이를 수령하였다. 동시에 B는 엘리베이터가 설치되지 않은 C 소유의 건물 3층에 임대차 계약을 맺었다. B는 엘리베이터 공사업체로부터 견적서를 받아 A에게 엘리베이터 설치비용을 요구하였다. 그러나 A는 가맹점사업자가 직접 소유한 건물에만 엘리베이터 설치비용을 지원할 수 있다고 주장하면서, 해당 사안은 B 소유의 건물이 아니므로 지원할 수 없다고 주장하였다. 2021년 6월 B는 A와 계약을 취소하고 싶어서 가맹거래사에게 자문을 구하고 있다. 다음 물음에 답하시오.(50점)

(1) A와 B의 가맹계약이 「가맹사업거래의 공정화에 관한 법률」 및 같은 법 시행령의 적용대상에 해당되는지 논하시오.(15점)
(2) 「가맹사업거래의 공정화에 관한 법률」 및 같은 법 시행령에 따라 A의 위반사항을 논하고, B가 동법상 피해구제를 위해 취할 수 있는 조치를 설명하시오.(35점)

[답안 예시]

Ⅰ. 물음(1)의 해결

 1. 문제의 소재

 2. A와 B의 계약이 가맹계약에 해당하는지 여부

　(1) 가맹계약의 의의 및 요건

　(2) 소결

상술한 가맹계약의 요건에 비추어 보았을 때, A와 B의 계약은 성질상 가맹계약에 해당한다고 판단된다(실제 사례풀이시에는 문제의 사실관계를 상기 요건에 최대한 포섭하여 상세하게 서술하여야 함).

3. A와 B의 계약이 가맹사업법의 적용대상에 해당하는지 여부

   (1) 가맹사업법의 적용 대상

   (2) 가맹사업법의 적용 배제 및 그 예외

   (3) 소결

4. 사안의 해결

   A와 B의 계약은 성질상 가맹계약에 해당한다고 판단된다. 하지만, 가맹사업 시작 전 1년 이상 직영점 운영시 연간 매출액 2억원 미만의 사업자에게는 원칙적으로 가맹사업법이 적용되지 않는데(가맹점사업자 수가 5개 이상인 경우에는 예외), A는 2018년 1월부터 영업을 시작하여 현재까지 손익계산서상 매년 1억 5천만 원의 매출액을 올리고 있었을 뿐만 아니라, 가맹계약을 체결한 사업자 수도 3개에 불과하다. 따라서, A와 B의 가맹계약은 원칙적으로 가맹사업법의 적용대상에 해당하지 않는다고 보인다. 다만, 이 경우에도 상술한 바와 같이 예외적으로 가맹사업법이 적용되는 경우가 있는 바, 본 사안과 관련한 구체적인 내용은 '물음(2)'에서 검토하기로 한다.

II. 물음(2)의 해결

1. 문제의 소재

2. A의 가맹사업법 위반사항

   (1) A의 홍보내용이 허위·과장된 정보제공 등의 행위에 해당하는지 여부

   결론 : 허위·과장된 정보제공행위에 해당하여 가맹사업법 위반 - [쟁점 6] 참고

   (2) A가 계약금 1억원을 자신의 계좌로 직접 수령한 행위의 위법 여부

   결론 : 가맹점사업자피해보상보험계약 등을 체결하지 아니하고 가맹금을 직접 수령하는 행위는 가맹사업법 상 가맹금 예치제도 위반 - [쟁점 7] 참고

3. B가 피해구제를 위해 취할 수 있는 조치

   (1) 허위·과장된 정보제공 등의 행위에 해당하는 경우 - [쟁점 6] 참고

   (2) 직접수령행위에 해당하는 경우(가맹금 예치제도 위반) - [쟁점 7] 참고

4. 사안의 해결

정보공개서 등록제도

☞ **['10기출(사)]** 「가맹사업거래의 공정화에 관한 법률」상 가맹본부의 정보공개서 등록 및 변경절차에 대하여 설명하시오.(25점)

☞ **['16기출(사)]** 「가맹사업거래의 공정화에 관한 법률」 및 같은 법 시행령상 공정거래위원회가 정보공개서의 등록을 취소할 수 있는 경우와 반드시 등록을 취소하여야 하는 경우를 구분하여 서술하고, 이때 정보공개서의 기재사항 중 "중요한 사항"의 취소 절차에 대하여 설명하시오.(25점)

1. 정보공개서의 개념

(1) 의의

가맹희망자가 가맹본부와 가맹계약을 체결함에 있어서 해당 가맹점을 개설·운영할 것인가를 합리적으로 판단할 수 있도록 **가맹본부와 관련한 중요한 정보**를 기재한 문서. 즉, 가맹본부의 일반 현황, 가맹사업현황, 가맹본부와 그 임원의 법 위반사실, 가맹점사업자의 부담, 영업활동에 관한 조건과 제한, 가맹사업의 영업개시에 관한 절차와 소요기간, 가맹본부의 경영 및 영업활동 등에 대한 지원과 교육훈련에 대한 설명, 가맹본부의 직영점 현황에 관한 사항을 수록한 문서(법 제2조 제10호).

(2) **필요성** : 가맹본부와 가맹점사업자 간 정보의 불균형 시정

(3) **정보공개사항(법 시행령 '별표1')**

1) 정보공개서의 **표지**(한글표시, 상호·영업표지·주소, 등록번호, 등록일 등)

2) 가맹본부의 **일반 현황**

① 가맹본부의 설립일, 법인등록번호 및 사업자등록번호

② 가맹본부 및 가맹본부의 특수관계인[9] 중 정보공개일 현재 최근 3년 동안 가맹사업을 경영한 적이 있거나 경영하고 있는 특수관계인의 명칭, 상호, 영업표지, 주된 사무소의 소재지, 대표자의 이름, 대표전화번호

③ 가맹본부가 외국기업인 경우에는 가맹본부 및 가맹본부의 특수관계인 중 정보공개일 현재 최근 3년 동안 국내에서 가맹사업을 경영한 적이 있거나 경영하고 있는 특수 관계인의 명칭, 상호, 영업표지, 국내의 주된 사무소의 소재지, 대표자의 이름, 대표 전화번호, 국내에서 영업을 허락받은 기간(가맹본부가 다른 사업자에게 국내에서 가맹사업운영권을 부여한 경우에만 기재)

④ 가맹본부가 정보공개 바로 전 3년간 다른 기업을 인수·합병하거나 다른 기업에 인수·합병된 경우 해당 기업에 관한 정보

⑤ 가맹희망자가 앞으로 경영할 가맹사업의 명칭, 상호, 서비스표, 광고, 그 밖의 영업 표지

⑥ 정보공개 바로 전 3개 사업연도의 재무상황에 관한 정보(연도별 대차대조표 및 손익계산서, 연도별 가맹사업 관련 매출액 등)

⑦ 가맹본부의 현 임원 명단 및 정보공개일 현재 최근 3년 동안의 개인별 사업경력

⑧ 가맹본부의 정보공개 바로 전 사업연도 말 현재 임직원 수

⑨ 가맹본부 및 가맹본부의 특수관계인이 정보공개일 현재 최근 3년 동안 가맹사업을 경영하였거나 경영하고 있는 경우 그러한 사실

⑩ 가맹본부가 가맹점사업자에게 사용을 허용하는 지식재산권에 관한 정보

3) 가맹본부의 **가맹사업현황**

① 해당 가맹사업을 시작한 날, 연혁, 업종

② 정보공개 바로 전 3개 사업연도 말 현재 영업 중인 해당 가맹사업의 전국 및 광역 지방자치단체별 가맹점 및 직영점 총 수

③ 해당 가맹사업과 관련하여 정보공개 바로 전 3년간 신규 개점, 계약 종료, 계약 해지, 명의 변경의 사정이 있는 가맹점의 수

④ 해당 가맹사업 외에 가맹본부 및 가맹본부의 특수관계인이 경영하는 가맹사업의 업종, 영업표지 및 사업 시작일과 정보공개 바로 전 3개 사업연도 말 현재 영업 중인 가맹점 및 직영점의 총 수

---

9) '독점규제 및 공정거래에 관한 법률 시행령'에 따른 **동일인관련자**(가맹본부가 아닌 자의 사용인은 제외) 및 **특수관계인**

[동일인관련자(동 시행령 제4조 제1호)]
가. 배우자, 6촌 이내의 혈족, 4촌이내의 인척(친족)
나. 동일인이 단독으로 또는 동일인관련자와 합하여 총 출연금액의 100분의 30 이상을 출연한 경우로서 최다출연자가 되거나 동일인 및 동일인관련자 중 1인이 설립자인 비영리법인 또는 단체
다. 동일인이 직접 또는 동일인관련자를 통하여 임원의 구성이나 사업운용등에 대하여 지배적인 영향력을 행사하고 있는 비영리법인 또는 단체
라. 동일인이 이 호 또는 제2호의 규정에 의하여 사실상 사업내용을 지배하는 회사
마. 동일인 및 동일인과 나목 내지 라목의 관계에 해당하는 자의 사용인(법인인 경우 임원, 개인인 경우 상업사용인 및 고용계약에 의한 피용인)
[특수관계인(동 시행령 제14조 제1호)] 당해 회사를 사실상 지배하고 있는 자

⑤ 직전 사업연도에 영업한 가맹점사업자당 지역별 연간 평균 매출액과 구체적인 산정 기준

⑥ 직전 사업연도 말 현재 영업 중인 가맹점사업자의 평균 영업기간

⑦ 해당 가맹사업을 경영하는 가맹지역본부에 관한 정보

⑧ 해당 가맹사업과 관련하여 가맹본부가 정보공개 바로 전 사업연도에 지출한 광고비 및 판촉비

⑨ 가맹금 예치에 관한 사항

⑩ 피해보상보험계약 등의 체결 내역(해당 사실이 있는 경우만 기재)

4) 가맹본부와 그 임원의 가맹사업법 및 관련 **법 위반 사실**

① **최근 3년 동안** 가맹사업거래와 관련하여 가맹사업법, '독점규제 및 공정거래에 관한 법률' 또는 '약관의 규제에 관한 법률'을 위반하여 공정거래위원회로부터 시정권고 이상의 조치를 받거나 공정거래위원회 또는 시·도지사로부터 정보공개서 등록취소 처분을 받은 사실

② **최근 3년 동안** 가맹사업거래와 관련하여 가맹사업법 또는 '독점규제 및 공정거래에 관한 법률'을 위반하거나, 사기·횡령·배임 등 타인의 재물이나 재산상 이익을 영득 또는 이득하는 죄로 받은 유죄의 확정판결과 관련된 민사소송에서 패소의 확정판결을 받았거나, 민사상 화해를 한 사실

③ **최근 3년 동안** 사기·횡령·배임 등 타인의 재물이나 재산상 이익을 영득 또는 이득하는 죄를 범하여 형의 선고를 받은 사실

5) 가맹점사업자의 **부담**

① 영업개시 이전의 부담

가) 가맹점사업자가 해당 가맹사업을 시작하기 위하여 가맹본부에게 지급하여야 하는 대가의 내역과 그 반환조건 및 반환할 수 없는 경우에는 그 사유(계약금, 가입비, 할부금의 첫 지불액, 선급임차료, 교육비, 개점행사비 등)

나) 보증금·담보목적물 등 계약 종료시 가맹점사업자에게 반환되는 대가

다) 예치가맹금의 범위와 그 금액

라) 그 외에 가맹점사업자 사업을 시작하는 데에 필요한 다른 대가의 내역, 지급대상과 그 반환조건 및 반환될 수 없는 경우에는 그 사유

마) 가맹점 입지 선정 주체 및 선정기준

바) 가맹점사업자와 그 종업원의 채용 및 교육에 대한 기준

사) 가맹점 운영에 필요한 설비, 장비, 정착물 등의 물품내역 및 공급방법, 공급업체

② 영업 중의 부담

가) 상표 사용료, 리스료, 광고·판촉료, 교육훈련비, 간판류 임차료, 영업표지 변경에 따른 비용, 리모델링(remodeling) 비용, 재고관리 및 회계처리 비용, 판매시점 관리 시스템(POS)을 포함한 운영 시스템 유지 비용 등 가맹점사업자가 해당 가맹사업을 경영하기 위하여 가맹본부 또는 가맹본부가 지정한 자에게 정기적으로 또는 비정기적으로 지급하여야 하는 모든 대가의 내역과 그 반환조건 및 반환될 수 없는 경우에는 그 사유

나) 가맹점사업자가 해당 가맹점을 운영하는 과정에서 **가맹본부가 가맹점사업자에게 가맹본부 또는 가맹본부가 지정한 자와 거래할 것을 강제 또는 권장하여 공급받는 품목[<u>필수품목(구입요구품목)</u>]**에 대하여 **가맹본부에 지급하는 대가 중 적정한 도매가격을 넘는 대가[<u>차액가맹금</u>]**와 관련한 다음의 사항(단, 가맹본부가 직접 제조하거나 생산하여 가맹점사업자에게 공급하는 품목에 대한 정보는 기재하지 않을 수 있음)

㉠ 직전 사업연도의 가맹점당 평균 차액가맹금 지급금액

㉡ 직전 사업연도의 가맹점당 매출액 대비 차액가맹금 지급금액의 비율

◈ 필수품목과 차액가맹금

1. 필수품목[10)]

가맹본부가 가맹점사업자에게 특정한 품목을 지정한 거래상대방으로부터 구매할 것을 권장 또는 강제하는 경우의 해당 품목

2. 차액가맹금

필수품목의 구입대가로 가맹점사업자가 가맹본부에게 제공하는 금액 중 ‘적정도매가격(가맹본부의 구매가격)’ 초과분으로서, 가맹금의 일종

例) ‘공장(100원)→가맹본부→가맹점(120원)’의 경우, 차액가맹금은 20원

다) 가맹본부가 재고관리·회계처리 등에 관하여 가맹점사업자를 감독하는 내역

③ 계약 종료 후의 부담(부담이 없는 경우에는 그 사실을 기재)

  가) 계약 연장이나 재계약 과정에서 가맹점사업자가 추가로 부담하여야 할 비용

  나) 가맹본부의 사정에 의한 계약 등의 종료 시 조치사항

  다) 가맹점사업자가 다른 사업자에게 가맹점운영권을 이전하려는 경우, 가맹점사업자 또는 다른 사업자가 가맹본부에 부담하여야 할 대가

  라) 계약종료 후 조치사항

6) 영업활동에 대한 **조건 및 제한**

① 가맹점사업자가 해당 가맹사업을 시작하거나 경영하기 위하여 필요한 모든 부동산·용역·설비·상품·원재료 또는 부재료의 구입 또는 임차에 관한 다음의 사항

  가) 가맹본부가 가맹점사업자에게 가맹본부 또는 가맹본부가 지정한 자와 거래할 것을 강제 또는 권장할 경우 그 강제 또는 권장의 대상이 되는 품목, 품목별 차액가맹금 수취 여부 및 '주요 품목'[11] 별 직전 사업연도 공급가격의 상·하한 (차액가맹금을 수취하지 않는 경우에는 해당 정보의 기재 생략 가능)

  나) 가맹본부가 가맹점사업자에게 가맹본부 또는 가맹본부가 지정한 자로부터 구입하도록 강제한 것과 관련하여 가맹본부의 특수관계인이 경제적 이익을 취하고 있는 경우 그 직전 사업연도에 해당 특수관계인에게 귀속된 경제적 이익의 내용

  다) 가맹본부가 가맹점사업자에게 가맹본부 또는 가맹본부가 지정한 자와 거래할 것을 강제 또는 권장한 품목과 관련하여 가맹본부가 직전 사업연도에 납품업체, 용역업체 등으로부터 금전, 물품, 용역, 그 밖의 경제적 이익을 얻는 경우 그 내용

  라) 가맹본부가 가맹점사업자에게 가맹본부의 특수관계인과 거래할 것을 강제한 품목과 관련하여 특수관계인이 직전 사업연도에 납품업체, 용역업체 등으로부터 경제적 이익을 얻는 경우 그 내용

---

10) "가맹본부가 필수품목을 지정하는 이유는 가맹사업을 경영하는 데에 필요할 뿐만 아니라 상품 또는 용역의 동일성을 유지하기 위한 것이다. …(중략)… 가맹본부는 가맹점사업자에게 부동산·용역·설비·상품·원재료 또는 부재료의 구입·판매 또는 임대차 등과 관련하여 부당하게 가맹점사업자에게 특정한 거래상대방(가맹본부 포함)과 거래할 것을 강제하는 행위를 하는 경우 구속조건부 거래행위의 법 위반에 해당하지만, 필수품목으로 지정하여 예외사유에 해당되는 경우 구속조건부 거래에 따른 거래상대방을 구속하여 거래할 수 있기 때문이다."(맹수석·정영교, 쉽게 풀어 쓴 프랜차이즈 법령과 실무, 피앤씨미디어, 2021년, 90~91면). '구속조건부 거래행위'와 관련한 자세한 내용은 [쟁점 13] 참고.

11) '필수품목(구입요구품목)' 중 전체 가맹점사업자가 전년도에 구매한 금액의 합을 기준으로 **상위 50%**에 해당하는 품목(가맹사업거래 정보공개서 표준양식에 관한 고시 제2조 제2항)

② 가맹본부의 온라인·오프라인 판매에 관한 사항

　가) 바로 전 사업연도 말 기준 연간 국내 매출액 중 온라인과 오프라인의 매출액
　비중

　나) 바로 전 사업연도 말 기준 국내 판매상품 중 온라인과 오프라인 전용 판매상
　품의 비중

③ 상품 또는 용역, 거래상대방 및 가맹점사업자의 가격 결정을 제한하는 경우 이
에 관한 상세한 내용

④ 가맹점사업자의 영업지역을 보호하기 위한 구체적인 내용

⑤ 계약기간, 계약의 갱신·연장·종료·해지 및 수정에 관한 상세한 내용

⑥ 가맹점운영권의 환매·양도·상속 및 대리행사, 경업금지, 영업시간 제한, 가맹본
부의 관리·감독 등에 관한 상세한 내용

⑦ 광고 및 판촉 활동

　가) 광고의 목적에 따른 가맹본부와 가맹점사업자의 비용분담기준

　나) 가맹점사업자가 가맹본부와 별개로 광고 및 판촉을 하려는 경우에 필요한
　조건 및 절차

⑧ 해당 가맹사업의 영업비밀 보호 등에 관한 내용

⑨ 가맹계약 위반으로 인한 손해배상에 관한 사항

7) 가맹사업의 영업 개시에 관한 상세한 **절차와 소요기간 및 비용**

8) 가맹본부의 경영 및 영업활동 등에 대한 **지원**(없는 경우 그 사실 기재)

9) **교육·훈련**에 대한 설명(없는 경우 그 사실 기재)

10) **직영점 운영현황**

　① 바로 전 사업연도 말 기준 전체 직영점의 명칭 및 소재지

　② 바로 전 사업연도 말 기준 전체 직영점의 평균 운영기간

　③ 바로 전 사업연도 말 기준 전체 직영점의 연간 평균 매출액

2. 정보공개서 등록제도(법 제6조의2)

(1) **취지** : 정보공개제도의 실효성 확보(정보의 신뢰성 제고)

(2) **정보공개서의 등록**

1) 등록(제출)처 : <u>공정거래위원회</u>[12] <u>또는 시·도지사</u>

◆ **정보공개서 등록기관의 구분**(법 시행령 제5조의2 제1항)

1. 주사무소소재지가 '서울특별시'인 경우 : 서울특별시장

2. 주사무소소재지가 '인천광역시'인 경우 : 인천광역시장

3. 주사무소소재지가 '경기도'인 경우 : 경기도지사

4. 주사무소소재지가 '부산광역시'인 경우 : 부산광역시장(정보공개서 등록기관 지정고시)

5. 주사무소소재지가 '그 밖의 지역'인 경우 : 공정거래위원회

2) 신규등록

신규등록신청(등록신청서 + 정보공개서, 직전 3개년도의 대차대조표 및 손익계산서, 직전 사업년도 말 현재 운영 중인 직영점 및 가맹점 목록, 가맹계약서 양식 사본, 직전 사업년도 말 현재 근무 중인 임직원 수를 확인할 수 있는 서류, 기타 공정거래위원회 또는 시·도지사가 제출하도록 요구하는 서류) → 서류확인(☞<u>보완요구 또는 등록거부</u>) → 등록증 교부(등록신청일로부터 **30일** 내/단, 법 제6조의4에 따라 등록이 취소된 후 재등록하는 경우에는 등록신청일로부터 **2개월** 내)

---

12) 단, 정보공개서의 등록, 등록 거부 및 공개 등에 관한 업무를 '한국공정거래조정원'에 위탁한다(법 제39조 제2항 제1호/법 시행령 제36조 제1항/정보공개서 등록, 등록 거부 및 공개 등에 관한 업무의 위탁기관 지정고시).

◆ 정보공개서의 보완요구 및 등록거부

1. 임의적 등록거부 사유

(1) 법에 규정된 사유(법 제6조의3 제1항/법 시행령 제5조의5)

  – 상당기간 내 변경·보완요구 또는 등록거부를 '할 수 있다'

  1) 정보공개서나 그 밖의 신청서류에 거짓이 있거나 필요한 내용을 **적지 아니한** 경우

  2) 정보공개서에 기재된 가맹사업의 내용에 **다른 법률에서 금지하고 있는 사항**이 포함되어 있는 경우

  3) 정보공개서를 신규로 등록하는 경우 등록 신청일 현재 정보공개서에 기재된 가맹사업과 영업표지가 동일하고 같은 품질기준이나 영업방식에 따라 상품이나 용역을 판매하는 **직영점이 없거나,** 그 운영기간(해당 직영점을 가맹본부의 임원으로 재직 중인 임원이 운영한 경우, 그 임원이 운영한 기간도 직영점 운영기간으로 봄)이 **1년 미만인** 경우. 단, 다음의 경우는 예외로 함.

    ① 가맹본부가 가맹사업의 영위를 위해 **관련 법령에 따라 허가 · 면허 등을 받거나 신고 · 등록 등을 한 경우**

    ② 가맹본부가 국내 또는 국외에서 정보공개서를 등록하려는 업종과 **같은 업종의 사업을 1년 이상 영위한 경우**

    ③ 그 밖에 가맹본부의 직영점 운영이 불필요하다고 **공정거래위원회가 정하여 고시**하는 경우

(2) 법 시행령에 규정된 사유(법 시행령 제5조의2 제5항)

  – '1회에 한하여' 상당한 기간을 정하여 변경·보완요구 또는 등록거부를 '할 수 있다'

  1) 정보공개서의 기재사항이 **사실과 다르거나 일부 내용이 빠진** 경우

  2) **첨부서류**를 제출하지 않은 경우

  3) 발기인의 **주민등록표 초본**(법인 설립등기 전 등록신청하는 때) 및 사업자 등록증의 확인에 **동의하지 아니하고 서류를 제출하지 아니**한 경우

2. 필요적 등록거부 사유(법 시행령 제5조의2 제6항)

  – 반드시 등록거부를 '하여야 한다' & 가맹본부에 통지 필요

  (1) 정보공개서의 기재사항이나 첨부서류에 **거짓**이 있는 경우

  (2) 정보공개서의 **변경 또는 보완요구에 가맹본부가 따르지 않는** 경우

3) 변경등록 및 변경신고

① 변경등록 : 대통령령으로 정해진 일정기간 내 변경등록신청 {등록신청서 + 정보공개서, 증명서류, 등록증(등록증 기재사항 변경시만) 제출 → 서류확인[☞보완요구 또는 등록거부(신규등록에 관한 규정 준용)] → 등록증 교부(변경신청일로부터 20일 내)}

② 변경신고 : 대통령령으로 정하는 경미한 사항의 경우, 변경신고(변경신고서 + 변경 내용증명서류)

참고 **정보공개서의 변경사항 및 변경기한(법 시행령 '별표 1의2')**

구분	정보공개서 기재사항	변경기한
변경 등록 사항	별표 1 제1호: 전체 별표 1 제2호: 가목, 나목(가맹본부와 관련된 정보만 해당한다), 다목부터 마목까지, 사목(대표자와 관련된 정보만 해당한다) 및 자목 별표 1 제3호: 나목 별표 1 제4호: 전체	변경사유가 발생한 날부터 30일
	별표 1 제2호: 차목 별표 1 제3호: 자목1) 및 2) 별표 1 제5호: 가목, 나목1)·3) 및 다목 별표 1 제6호: 라목부터 차목까지 별표 1 제8호: 전체 별표 1 제9호: 전체	변경사유가 발생한 분기가 끝난 후 30일
	별표 1 제2호: 바목 및 아목 별표 1 제3호: 다목부터 아목까지, 자목3) 및 차목 별표 1 제5호: 나목2) 별표 1 제6호: 가목 및 나목 별표 1 제10호: 전체	매 사업연도가 끝난 후 120일. 다만, 재무제표를 작성하는 개인사업자인 가맹본부는 매 사업연도가 끝난 후 180일 이내에 정보공개서 변경등록 신청 가능.
변경 신고 사항	별표 1 제2호: 나목(가맹본부의 특수관계인과 관련된 정보만 해당한다), 사목(대표자 이외의 임원과 관련된 정보만 해당한다) 별표 1 제3호: 가목, 카목 및 타목 별표 1 제7호: 전체	변경사유가 발생한 분기가 끝난 후 30일

(3) 정보공개서의 공개

1) 의의

공정거래위원회 및 시·도지사는 등록, 변경등록·신고된 정보공개서를 공개하여야
함(**의무사항**/법 제6조의2 제3항).

2) 대상

정보공개서 전체. 단,「개인정보보호법」상의 **'개인정보'** 및「부정경쟁방지 및 영업
비밀보호에 관한 법률」상의 **'영업비밀'**은 제외[13]

3) 정보공개의 사전통지 및 정정·비공개 요구

① 사전통지 : 공정거래위원회 및 시·도지사는 공개목적과 공개기간, 공개내용, 공
개방법, 가맹본부의 정정 또는 비공개 요구방법을 적은 서면으로 정보공개서 공
개일 **10일** 전까지 미리 알려야 하고, 사실과 다른 내용을 정정할 수 있는 기회를
주어야 함.

② 정정·비공개 요구 : 가맹본부는 사전통지 수령 후 7일 내 공정거래위원회 및 시·
도지사에 그 내용의 정정 또는 비공개를 요구할 수 있고, 이 경우 공정거래위원회
및 시·도지사는 해당 요구가 정당하다고 인정되는 때 그 요구를 받아들여야 함.

(4) 정보공개서의 등록취소(법 제6조의4)

1) 등록취소 사유

① 필요적 등록취소사유

i) **거짓 그 밖의 부정한 방법**으로 등록된 경우

ii) 정보공개서에 **다른 법률에서 금지하고 있는 사항**이 기재된 경우

② 임의적 등록취소사유

i) 정보공개서 기재사항 중 대통령령으로 정하는 **중요사항이 누락**된 경우[14]

---

13) 개인정보 : 살아 있는 개인에 관한 정보로서 성명, 주민등록번호 및 영상 등을 통하여 개인을 알아볼 수
있는 정보(해당 정보만으로는 특정 개인을 알아볼 수 없더라도 다른 정보와 쉽게 결합하여 알아볼 수 있는 것
을 포함 / 영업비밀 : 공공연히 알려져 있지 아니하고 독립된 경제적 가치를 가지는 것으로서, 합리적인 노력
에 의하여 비밀로 유지된 생산방법, 판매방법, 그 밖에 영업활동에 유용한 기술상 또는 경영상의 정보

14) 이 경우에는 원칙적으로 상당기간을 정하여 보완요구를 하여야 함. 단, 휴·폐업, 파산, 강제집행절차 또는
회생절차의 개시, 어음·수표가 부도 등으로 지급거절된 경우, 대표자의 사망·소재불명 등의 사유로 인한 영업
중단, 그 밖에 가맹본부가 가맹사업을 정상적으로 운영하기 어렵다고 공정거래위원회 또는 시·도지사가 판단
하는 경우, 가맹본부의 귀책정도, 회생가능성, 가맹희망자의 피해가능성, 기존 가맹점사업자에게 미치는 영향
등을 고려하여 보완 요구 없이 등록 취소 가능(법 시행령 제5조의6 제3항).

◆ **대통령령으로 정하는 중요사항** (법 시행령 제5조의6 제2항 '별표 1')

		해당 여부		해당 여부
제1호 (정보공개서의 표지)		O	제4호 (가맹본부와 그 임원의 법 위반사실 등)	O
제2호 (가맹본부의 일반현황)	가목, 나목 (설립일, 특수관계인 등)	O (나목은 가맹본부 관련사항만)	제5호 (가맹점사업자의 부담)	O
	다~바목(가맹본부, 연혁, 재무사항 등)	O	제6호 (영업활동에 대한 조건 및 제한)	O
	사목(가맹본부 임원 및 사업경험)	O(대표자 관 련사항만)	제7호 (가맹사업의 영업개시에 관한 상세 한 절차와 소요기간)	X
	아목~차목 (지식재산권 보유현 황 등)	O	제8호 (가맹본부의 경영 및 영업활동 등 에 대한 지원)	O
제3호 (가맹본부의 가맹사업 현황)	가목 (가맹사업 시작일)	X	제9호 (교육훈련에 대한 설명)	O
	나목~타목 (가맹점 수, 평균매출액 등)	O	제10호 (가맹본부의 직영점 현황)	X

ii) 가맹본부가 **폐업신고**를 한 경우

iii) 가맹본부가 정보공개서 **등록취소를 요청**하는 경우

2) 등록취소시의 처리

　① 취소사유의 서면 통지(필요적 취소사유에 한함) : 공정거래위원회 또는 시·도지사는 정보공개서의 등록을 취소한 날로부터 7일 이내 해당 가맹본부에 서면으로 그 사실과 취소 사유를 알려야 함(법 시행령 제5조의6 제1항).

　② 가맹본부의 명단 공개 : 공정거래위원회 및 시·도지사는 정보공개서 등록이 취소된 가맹본부의 명단을 공개할 수 있음(법 제6조의4 제2항).

(5) 위반시 효과

1) 정보공개서 등록의무 위반 : 제재 없음.

2) 기한 내 변경등록을 하지 아니하거나 거짓으로 변경등록 : 1,000만원 이하의 과태료

3) 기한 내 변경신고를 하지 아니하거나 거짓으로 변경신청 : 300만원 이하의 과태료

☞ **['12기출(계)]** 가맹본부가 가맹사업거래의 공정화에 관한 법률상의 정보공개서의 제공의무를 이행하지 아니한 경우에 동법상의 효과를 설명하고, 가맹계약과 관련하여 가맹희망자의 예상매출액·수익·매출총이익·순이익 등 장래의 예상수익에 관한 정보 등에 대한 상권조사의무의 주체와 근거를 설명하시오(가맹본부와 가맹희망자 사이에 상권조사의무에 관한 특약은 없음).(25점)

☞ **['18기출(계)]** 「가맹사업거래의 공정화에 관한 법률」상 가맹본부가 가맹희망자 및 가맹점사업자에 대하여 부담하는 정보제공의무와 그 위반의 효과에 대하여 설명하시오.(25점)

☞ **['21기출(사)]** 가맹본부 A가 작성한 정보공개서는 공정거래위원회에 적법하게 등록되었고 가맹계약 체결 10일 전에 가맹희망자 B에게 직접 제공되었다. B와 가맹계약이 체결된 후 A는 정보공개서의 '가맹점사업자의 부담'에 관한 내용을 변경등록하여 가맹점사업자의 추가 수수료를 정하였다. 가맹본부는 변경등록한 정보공개서를 B를 포함한 기존 가맹점사업자들에게도 즉시 일반우편으로 제공하였다. 「가맹사업거래의 공정화에 관한 법률」 및 같은 법 시행령에 따라 정보공개서의 정의를 설명하고, A가 B에게 정보공개서를 제공하는 과정에서 동법을 위반하였는지 여부를 설명하시오.(25점)

1. 서설

(1) **정보공개서 등의 제공의무** : 가맹본부는 가맹희망자에게 공정거래위원회에 등록 또는 변경등록한 정보공개서 및 인근가맹점 현황문서를 미리 제공하여야 함(법 제7조).

(2) **입법취지** : 정보량의 격차에 따른 가맹점의 피해 방지

2. 내용

(1) **제공주체** : 가맹본부(가맹지역본부, 가맹중개인 모두 포함)

(2) **제공대상문서** : 정보공개서 및 인근가맹점현황문서

   1) 정보공개서 : 가맹본부의 일반 현황, 가맹사업현황, 가맹본부와 그 임원의 법 위반사실 등을 수록한 문서(법 제2조 제10호)

   2) 인근가맹점 현황문서 : 가맹희망자의 점포 예정지에서 가장 인접한 가맹점 10개(10개 미만인 경우에는 해당 광역지방자치단체 내 가맹점 전체)의 상호, 소재지 및 전화번호가 적힌 문서

(3) **제공상대방** : 모든 가맹희망자 (제공신청을 하였는지 여부와 무관하게 상담, 협의를 하는 한 언제나 제공의무 존재)

(4) 제공시기 : 가맹금 최초 수령일 또는 가맹계약체결일로부터 14일(변호사 또는 가맹거래사 자문시에는 7일)[15] 이전

(5) 제공방법 (법 시행령 제6조 제1항)

다음 중 어느 하나에 해당하는 방법으로 함. 단, 3)과 4)의 경우, 문서의 형태로 인쇄 또는 출력이 가능하도록 하는 조치를 취해야 함.

1) 직접 전달

필수기재사항	비고
제공사실, 제공일시 및 장소	가맹희망자 자필 작성
가맹희망자의 성명,주소 및 전화번호	
가맹희망자의 서명 또는 기명날인	
가맹본부의 서명 또는 기명날인	

2) 정보공개서의 제공시점을 확인할 수 있는 **내용증명우편**

3) 정보통신망을 이용해 정보공개서 게시 후 게시사실 통지

단, 이 경우 가맹본부는 특정 가맹희망자가 정보공개서의 내용을 읽어 본 시간을 그 가맹희망자 및 가맹본부가 확인할 수 있는 시스템을 마련하여야 함.

4) 전자우편, 문자메시지 또는 이동통신단말장치에서 사용되는 애플리케이션을 이용하여 가맹희망자에게 정보공개서의 내용이 포함된 전자적 파일 송부

단, 이 경우 가맹본부는 전자적 파일의 발송시간과 수신시간의 확인이 가능한 방법으로 해야 함.

3. 위반시 제재

(1) 행정적 제재 : 시정조치 또는 시정권고 + 과징금(관련매출액의 2/100 이내)

(2) 형사적 제재 : 2년 이하의 징역 또는 5천만원 이하의 벌금(전속고발권 대상)

(3) 민사적 제재 : 기 수령한 가맹금의 반환(법 제10조 제1항 제1호)

---

15) 이를 '숙고기간(熟考其間)'이라고 한다.

주요사례 ㈜이에이*의 정보공개서 등 제공의무 위반행위에 대한 건(위법성 인정)

1. 인정사실

피심인은 조**가 대표이사로 재직하고 있던 주식회사 ****에 이 사건 점포의 운영을 위탁하기 위해 2013. 7. 25. ****와 이 사건 점포 대한 **위탁관리계약**을 체결하였다.

이 사건 위탁관리계약서는 피심인을 가맹본부(양도인)로, ****를 가맹점사업자(양수인)로 칭하고 있으며, 계약기간은 이 사건 커피전문점 사용허가 계약의 계약기간과 동일하게 규정되어 있었다.

****는 이 사건 위탁관리계약에 따라 피심인에게 이 사건 점포에 대한 1차 년도 사용료 123백만 원, 이 사건 점포의 인테리어 시공 비용·가맹비·교육비의 명목으로 180백만 원 등 총 316백만 원을 지급하였다(정보공개서 제공은 없었음).

2. 위법성 판단

이 사건 위탁관리계약이 피심인과 ****간 가맹사업에 해당하기 위해서는 법 제2조 제1호에서 규정하는 다섯 가지 요건[①가맹본부의 상표·서비스표·상호·간판 등 영업표지 사용, ②일정한 품질 기준이나 영업방식에 따라 상품·용역을 판매, ③영업활동에 대한 가맹본부의 지원·교육 및 통제, ④가맹점사업자는 영업표지 사용 및 지원·교육에 대한 대가로 가맹본부에 가맹금 지급, ⑤계속적인 거래관계]을 모두 충족하여야 한다.

피심인과 ****와의 거래형태가 위 다섯 가지 요건을 충족하는지 여부에 대하여 살펴보면, ****는 피심인의 잇커피(EAT.COFFEE) 영업표지를 사용하였고(①), 이 사건 점포의 시설·인테리어가 잇커피 컨셉에 부합하였고 피심인의 영업방식에 따라 피심인의 다른 가맹점들과 동일한 방식으로 커피, 음료 등을 판매하였으며 (②), 영업활동에 대한 피심인의 교육 및 통제가 있었고(③), ****가 피심인에게지급한 180백만원은 ****가 피심인의 영업표지사용 및 지원·교육 등에 대한 대가로 피심인에게 지급한 가맹금에 해당하고(④), ****가 이 사건 점포 운영 중 피심인으로부터 원·부자재를 지속적으로 공급받았으므로 계속적 거래관계(⑤)에 있었음이 인정된다. 따라서 이 사건 위탁관리계약은 그 명칭과는 별개로 그 내용과 운영의 실질이 법상 가맹사업에 해당하므로, 피심인이 ****에게 정보공개서를 제공하지 아니한 상태에서 가맹계약을 체결하고 가맹금을 수령한 행위는 법 제7조 제2항에 위반된다(공정거래위원회 2016가맹3179, 2017.08.09. 의결).

㈜예울***의 정보공개서 등 제공의무 위반행위에 대한 건(위법성 인정)

1. 인정사실

피심인은 2014. 2. 19. ~ 2016. 9. 12. 기간 동안 51개 가맹희망자와 가맹계약을 체결하면서 <u>정보공개서 및 인근 가맹점현황 문서(이하 '정보공개서 등')를 제공하지 아니하거나</u>, 정보공개서 등을 제공한 경우 **내용증명우편 등 제공시점을 객관적으로 확인할 수 있는 방법**에 따라 제공하지 아니하였거나 <u>정보공개서 등을 제공한 날부터 **14일**이 지나지 아니한 상태에서 가맹계약을 체결 또는 가맹금을 수령한 사실이 있다.</u>

2. 위법성 판단

피심인의 가맹희망자에게 정보공개서 등을 제공하지 아니한 행위, 정보공개서 등의 제공시점을 객관적으로 확인할 수 있는 방법에 따라 제공하지 아니하거나 정보공개서 등을 제공한 날부터 14일이 지나지 아니한 상태에서 가맹계약을 체결하거나 가맹금을 수령한 행위는 <u>법 제7조 제3항 (2014. 2. 14. 전 행위의 경우 법 제7조 제2항)에 위반되어 위법하다</u>(공정거래위원회 2016서제1985, 2018.08.13. 의결).

상권조사의무

1. 문제점

경업금지의무란 가맹점사업자가 가맹본부의 영업비밀이나 노하우를 다른 사업에 사용하는 것을 금지하는 의무로, 가맹사업법 제6조 제10호에서 규정하고 있는 바, 이러한 의무를 가맹계약서에 규정하였을 때 그 적용 범위가 문제됨.

2. 가맹본부가 상권조사의무를 부담하는 근거 : 신의칙상 보호의무

참고 관련 판례 : "프랜차이즈계약에 있어서는 영업지식과 경험이 부족한 가맹점주(프랜차이지)로서는 가맹점 운영에 관한 축적된 경험을 가진 본부(프랜차이저)가 제공하는 정보를 신뢰하고 그에 기초하여 점포를 선정하고 영업활동을 전개할 수밖에 없어 가맹점주의 영업상의 성패는 계약체결과정에 있어서의 입지선정과 그 이후의 교육훈련, 경영비법의 전수 등 프랜차이즈 본부가 제공하는 정보에 크게 의존한다고 할 것이므로, 프랜차이즈 본부는 계약체결 이후에는 물론이고 계약체결과정에 있어서도 계약체결 여부에 대한 객관적인 판단자료가 되는 정확한 정보를 제공할 신의칙상 의무를 진다고 할 것이고, 특히 프랜차이

저가 가맹점 모집에 즈음하여 시장조사를 실시하고 그 내용을 개시한 경우에는 그 내용은 가맹점에 가입하려는 사람에게는 계약체결의 가부를 판단함에 있어 극히 중요한 자료가 되는 것임에도 그 방면에 대한 경험이 부족하여 전문지식과 축적된 노하우에 의하여 조사된 프랜차이저측의 시장조사 결과를 분석하여 비판하는 것이 쉽지 아니한 점을 고려할 때 그 시장조사 내용이 객관성을 결여하여 가맹점 가입계약 체결 여부에 관한 판단을 그르치게 할 우려가 큰 경우에는 그 프랜차이저는 신의칙상 보호의무 위반의 책임을 면할 수 없다."(대전지방법원 2002.08.14. 선고, 2001가합9179 판결)

3. 위반여부의 판단기준 : ① 기초자료의 합리성 ② 사업성 판단의 객관성

참고 관련 판례 : "가맹본부의 조사방법과 그 분석결과가 통상적인 사업자가 스스로 새로운 점포를 개설하려고 하는 때의 조사방법과 분석결과를 기준으로 할 때 매상수이계측의 합리성과 적정성, 그 설명내용의 정확성 등 여러 가지 면에서 객관적으로 적절하지 않다고 인정되는 경우에는 가맹본부에 대하여 잘못된 정보제공에 대한 책임을 물을 수 있다고 할 것"(서울고법 2006나94873〈본소〉, 2006나 94880〈반소〉 판결)

4. 가맹본부가 부담하는 책임

(1) 허위·과장된 정보제공 등의 금지 의무 위반에 따른 책임

행정적·형사적·민사적 제재 – [쟁점 6] 참고

(2) 계약 해지 및 손해배상청구권(민법 제390조, 제750조)

(3) 착오 및 사기에 기한 취소권의 행사(민법 제109조, 제110조)

이에 따라 기 지급한 가맹금 등에 대한 '부당이득반환청구' 가능

피자전문점을 운영하는 가맹본부 갑은 인천공항과 입점계약을 체결하였다. 입점계약에서 갑이 직접 A피자전문점을 운영하여야 한다는 계약조항으로 인해, 갑은 이 점포의 운영을 원하는 을과 위탁관리계약을 체결하였다. 이 계약에 따라 을은 갑에게 1년치 임차료, 인테리어 시공비용, 교육비 등의 명목으로 총 3억원을 지급하였고, 이 매장은 갑의 다른 A피자전문점과 유사한 형태로 운영되었다. 갑은 을과 계약 체결시 위탁관리계약이라는 이유로 정보공개서를 제공하지 않았다.(50점)

(1) 위 사례에서 갑이 정보공개서를 제공하지 아니한 행위가 「가맹사업거래의 공정화에 관한 법률」에 위반되는지 설명하시오.(30점)
(2) 위 사례에서 을이 취할 수 있는 조치들을 설명하시오.(20점)

[답안 예시]

Ⅰ. 물음(1)의 해결

1. 문제의 소재

2. 위탁관리계약을 가맹계약으로 볼 수 있는지 여부

  (1) 가맹계약의 의의

  (2) 가맹계약의 요건

  (3) 사안의 경우

  갑과 을이 체결한 계약은 가맹계약의 요건을 모두 구비하였음에 비추어 볼 때, 형식은 위탁관리계약이지만 실질은 가맹계약으로 판단된다.

3. 정보공개서 제공의무 위반 여부

  (1) 정보공개서 제공의무의 의의

  (2) 정보공개서 제공의무의 내용

  (3) 위반시 제재

4. 사안의 해결

  갑과 을이 체결한 위탁관리계약은 실질적으로는 가맹계약이므로, 갑은 동 계약을 체결하기 14일 전에 을에게 정보공개서를 제공했어야 한다. 그럼에도 불구하고 갑은 이를 이행하지 아니한 바, 가맹사업법 제7조 제3항을 위반한 것이라고 판단된다.

II. 물음(2)의 해결

1. 문제의 소재

2. 행정적·형사적 제재를 위한 조치

(1) 공정거래위원회에 대한 신고 - [쟁점 20] 참고

  1) 행정적 제재 : 시정조치 또는 시정권고 + 과징금(관련매출액의 2/100 이내)

  2) 형사적 제재 : 2년 이하의 징역 또는 5천만원 이하의 벌금(전속고발권 대상)

(2) 가맹사업거래분쟁조정협의회에 대한 조정신청 - [쟁점 19] 참고

3. 민사적 제재를 위한 조치

(1) 가맹금 반환신청 - [쟁점 10] 참고

(2) 손해배상청구(법 제37조의 2 제1항) - [쟁점 21] 참고

4. 사안의 해결

을은 실질이 가맹계약인 '위탁관리계약' 체결 14일 전 갑이 정보공개서를 제공하지 않아 가맹사업법 제7조 제3항을 위반하였음을 이유로 공정거래위원회에 신고하여 갑이 행정적·형사적 제재처분을 받게 할 수 있다(형사적 제재의 경우, 이는 전속고발권 대상이므로 반드시 공정거래위원회의 고발이 필요하다). 또한, 갑에게 기 지급한 3억원의 가맹금에 대한 반환신청을 할 수도 있다고 판단되며, 만약 이로 인하여 을에게 손해가 발생했다면 손해상청구도 별도로 가능할 것이다. 물론, 분쟁의 원만한 해결을 위해 가맹사업거래분쟁조정협의회에 분쟁조정을 신청하는 방안도 고려할 수 있다.

쟁점 6 허위·과장된 정보제공 등의 금지

☞ **['14기출(사)]** 가맹사업거래의 공정화에 관한 법령상 가맹본부가 가맹점사업자나 가맹희망자에게 정보를 제공하는 경우, 금지되는 행위 유형에 대하여 설명하시오.(25점)

☞ **['15기출(사)]** 가맹계약 체결시 가맹본부의「예상매출액 산정서」 제공 의무에 관하여 설명하시오.(25점)

1. 의의

가맹본부는 가맹희망자나 가맹점사업자에게 허위·과장된 정보제공행위, 즉 '허위·과장의 정보제공행위' 및 '기만적인 정보제공행위'를 하여서는 아니됨(법 제9조 제1항).

2. 허위·과장된 정보제공행위의 유형(법 제9조 제2항/법 시행령 제8조/고시)

대분류	소분류	가맹사업거래상 허위·과장 정보제공행위 등의 유형 지정고시[16]
허위과장의 정보 제공 행위	객관적 근거 없이 가맹희망자의 **예상수익상황을 과장**하여 제공하거나 사실과 다르게 가맹본부가 **최저수익을 보장**하는 것처럼 정보를 제공하는 행위	가. 객관적인 근거 없이 가맹희망자의 예상매출액, 영업이익, 순이익 등(이하 "예상매출액 등")을 임의로 부풀려 제공 나. 객관적인 근거 없이 수익상황이 좋은 특정 점포 또는 특정 시기를 기준으로 예상매출액 등을 산정하여 제공 다. 예상매출액 등 산정방식을 사실과 다르게 제공 라. 사실과 다르게 최저수익 등을 보장하는 것처럼 정보를 제공
	가맹희망자의 점포예정지 상권의 분석 등과 관련하여 **사실여부가 확인되지 아니한 정보**를 제공하는 행위	점포 예정지 인근 지역에 동종업종 점포가 다수 존재함에도 불구하고, 동종업종 점포가 없는 것처럼 정보를 제공한 경우

---

16) 이 고시는 가맹사업거래에서 허위과장의 정보제공행위 등에 해당될 수 있는 공통적이고 대표적인 사항을 중심으로 규정되었으므로 고시에 열거되지 아니한 행위라고 해서 법 제9조 제1항에 따른 허위과장의 정보제공행위 등에 해당되지 않는 것은 아니다. 또한, 특정행위가 이 고시에서 제시된 허위과장의 정보제공행위 등에 해당될 수 있는 사례(예시)와 유사하더라도, 최종적인 법 위반 해당 여부는 개별 사안의 구체적인 사실관계에 대한 입증 및 위법성 심사를 통해 결정된다(가맹사업거래 상 허위·과장 정보제공행위 등의 유형 지정고시 'Ⅰ.목적' 中).

대분류	소분류	가맹사업거래상 허위·과장 정보제공행위 등의 유형 지정고시[16)
허위 과장의 정보 제공 행위	취득하지 아니한 **지식재산권을 취득한 것처럼** 정보를 제공하는 행위	가. 가맹본부가 상표권을 취득한 사실이 없음에도 불구하고, 상표권을 취득한 것처럼 "가맹본부가 사용을 허용하는 지식재산권", "출원 제00-00호", "등록 제00-00호"등의 표현이 기재된 정보를 제공한 경우 나. 특허 출원만 하고 등록은 되지 않은 상태에서 "특허받은 ○○를 사용"이라는 표현이 기재된 정보를 제공한 경우 다. 자신의 협력회사에 대한 특허보유현황을 자신에 대한 현황인 것처럼 기재한 정보를 제공한 경우
	사실과 다르게 또는 사실을 부풀려 정보를 제공하는 행위로서 <u>공정거래위원회가 정하여 고시하는 행위</u>	가. 회사 연혁, 사업실적, 가맹점 현황, 임직원 현황, 재무현황, 자산보유현황 등 가맹본부에 관한 정보를 사실과 다르게 또는 부풀려서 제공하는 행위 나. 가맹점사업자에게 공급하는 상품, 용역, 설비, 원부재료 등에 대한 정보를 사실과 다르게 또는 부풀려서 제공하는 행위 다. 가맹본부가 제공하는 경영 및 영업활동 등에 대한 지원 등에 관한 정보를 사실과 다르게 또는 부풀려서 제공하는 행위 라. 가맹금 등 가맹사업을 개시영위하는 동안 가맹점사업자에게 발생하는 경제적 부담을 사실과 다르게 제공하는 행위

대분류	소분류	가맹사업거래상 허위·과장 정보제공행위 등의 유형 지정고시[16]
기만적인 정보제공 행위	**중요사항을 적지 아니한 정보공개서**를 가맹희망자에게 제공하는 행위	점포예정지 인근 가맹점 존재여부 및 변동현황을 누락한 정보공개서를 가맹희망자에게 제공한 경우
	가맹점사업자에게 지원하는 금전, 상품 또는 용역 등이 일정 요건이 충족되는 경우에만 지원됨에도 불구하고 **모든 경우에 지원되는 것처럼** 정보를 제공하는 행위	가. 본사에 이익이 되는 조건을 충족하는 경우에만 창업경영안전자금이 지원됨에도 불구하고 이를 제시하지 않고 가맹점 30호점까지는 제한 없이 창업경영안전자금이 지원되는 것처럼 정보를 제공한 경우 나. 24시간 영업을 하는 경우에만 판매장려금 또는 전기료가 지원됨에도 불구하고 이를 제시하지 않고 조건 없이 판매장려금 또는 전기료가 지원되는 것처럼 정보를 제공한 경우
	계약의 체결·유지에 중대한 영향을 미치는 사실을 **은폐하거나 축소하는 방법**으로 정보를 제공하는 행위로서 <u>공정거래위원회가 정하여 고시하는 행위</u>	가. 가맹본부에 관한 중요사실을 은폐하거나 축소하는 방법으로 정보를 제공하는 행위 나. 가맹점사업자에게 공급하는 상품, 용역, 설비, 원부재료 등에 관한 중요사실을 은폐하거나 축소하는 방법으로 정보를 제공하는 행위 다. 가맹본부가 제공하는 경영 및 영업활동 등에 대한 지원 등에 관한 중요사실을 은폐하거나 축소하는 방법으로 정보를 제공하는 행위 라. 가맹금 등 가맹사업을 개시영위하는 동안 가맹점사업자에게 발생하는 경제적 부담에 관한 중요사실을 은폐하거나 축소하는 방법으로 정보를 제공하는 행위 마. 가맹희망자의 예상수익상황 또는 점포예정지 상권과 관련한 중요사실을 은폐하거나 축소하는 방법으로 정보를 제공하는 행위

3. 적용범위

정보공개서 뿐만이 아니라 **제공되는 정보 일체**에 대하여 적용됨.

4. 허위·과장의 정보 등인지 여부에 관한 판단기준

(1) **객관적 기준** : 가맹계약의 체결과 유지 등 가맹희망자의 **의사결정에 중대한 영향을 줄 수 있는 사실** 또는 가맹희망자가 일정한 사정에 관하여 **고지를 받았더라면 가맹계약을 체결하지 않았을 것임이 경험칙상 명백한지 여부**에 따라 판단함.[17]

---

17) ① [갑 등이 점포를 임차한 후 을 주식회사로부터 위 점포에 관해 가맹점운영권을 부여받아 편의점을 운영하였는데, 지방자치단체로부터 위 점포가 산업집적활성화 및 공장설립에 관한 법률에 따라 일반인을 대상으로 한 편의점으로는 운영될 수 없는 곳이라는 이유로 철거 등의 경고를 받은 후 영업을 중단하게 되자, 을 회사를 상대로 '가맹점개설에 관한 법률적 문제가 없다고 한 을 회사에 귀책사유가 있다.'고 주장하며 위 계약의 해지를 통보한 사안에서, 위 점포의 입지와 같은 경우 가맹점을 개설하여 운영하더라도 일반인을 대상으로 하는 통상적인 편의점 영업은 할 수 없고 공장 종업원들만을 대상으로 하는 제한적인 구내매점 형태의 영업을 할 수밖에 없다는 사정은 가맹계약의 체결과 유지 등 가맹희망자의 의사결정에 중대한 영향을 줄 수 있는 사실 또는 가맹희망자가 이러한 사정에 관하여 고지를 받았더라면 가맹계약을 체결하지 않았을 것임이 경험칙상 명백한 경우에 해당할 여지가 있는데, 갑 등이 가맹계약을 체결하기 위하여 상담하거나 협의하는 과정에서 을 회사에 이를 문의하였음에도 을 회사가 그와 같은 사정을 고지하지 아니하였다면 이러한 행위는 구 가맹사업법 제9조 제1항에서 정한 중요사항의 누락, 즉 정보제공의무 내지 고지의무 위반에 해당한다고 한 사례] "구(舊) 가맹사업법 제9조 제1항의 중요사항을 누락한 경우라 함은, 가맹계약의 체결과 유지 등 가맹희망자의 의사결정에 중대한 영향을 줄 수 있는 사실 또는 가맹희망자가 일정한 사정에 관하여 고지를 받았더라면 가맹계약을 체결하지 않았을 것임이 경험칙상 명백한 경우 그와 같은 사정 등을 가맹계약을 체결하기 위하여 상담하거나 협의하는 단계에서 가맹희망자에게 고지하지 아니한 경우를 의미한다. 가맹본부가 이러한 행위를 하면 가맹사업법 제9조 제1항에 따른 정보제공의무 내지 고지의무를 위반하게 되어, 가맹본부는 가맹희망자에 대하여 가맹사업법 제37조 제3항으로 준용되는 독점규제 및 공정거래에 관한 법률 제56조 제1항에 의한 손해배상책임을 부담한다. 그리고 **법률상 제한 내지 장애로 말미암아 가맹희망자가 가맹점을 개설·운영할 수 없는 사정**이 존재하는 경우, 이 사정은 가맹희망자의 의사결정에 중대한 영향을 미치는 사실에 해당한다."(대법원 2020.11.26. 선고, 2019다211324 판결). 그런데 이 판결에 대해, 구 가맹사업법 제9조 제1항의 "중요사항"이란 "구 가맹사업법 제2조 제10호 각 목의 기재사항 중 대통령령으로 정하는 중요한 사항"을 의미하는 것으로 본건 대법원 판결과 같이 그 의미를 확장하여 해석할 수 없다는 점, 대법원은 가맹본부가 부담하는 신의칙상 고지의무가 계약에 의해 면제됨으로써 발생할 수 있는 부당한 결과를 막기 위해 구 가맹사업법 제9조 제1항의 "중요사항"을 신의칙상 고지의무의 대상과 유사하게 해석한 것으로 보이나, 이는 구 가맹사업법 제6조의4 제2호를 간과한 것으로 구 가맹사업법의 문언 및 체계에 반한다는 점 등을 이유로, 결론에 의문을 제기하는 견해도 있다(허승, 최근 공정거래 관련 민사판결의 회고와 분석, 경쟁법연구 제47권. 2023년 3월, 65~70면).
② "[1] 거래에 있어 거래 상대방이 일정한 사정에 관한 고지를 받았더라면 그 거래를 하지 않았을 것임이 **경험칙상 명백한 경우**에는 신의칙상 사전에 상대방에게 그와 같은 사정을 고지할 의무가 있으며, 그와 같은 고지의무의 대상이 되는 것은 직접적인 법령의 규정뿐 아니라 널리 계약상, 관습상 또는 조리상의 일반원칙에 의하여도 인정될 수 있고, 일단 고지의무의 대상이 되는 사실이라고 판단되는 경우 이미 알고 있는 자에 대하여는 고지할 의무가 별도로 인정될 여지가 없지만, 상대방에게 스스로 확인할 의무가 인정되거나 거래관행상 상대방이 당연히 알고 있을 것으로 예상되는 예외적인 경우가 아닌 한, 실제 그 대상이 되는 사실을 알지 못하였던 상대방에 대하여는 비록 알 수 있었음에도 알지 못한 과실이 있다. 하더라도 그 점을 들어 추후 책임을 일부 제한할 여지가 있음은 별론으로 하고 고지할 의무 자체를 면하게 된다고 할 수는 없다. [2] 피고 회사는 이 사건 가맹계약의 체결을 주도하면서 원고들에게 이 사건 가맹계약에 의한 이 사건 교육원의 운영방식이 현행법 및 교육청 방침에 위배되는 것이어서 발각될 경우 행정적 제재나 형사처벌을 받을 수 있다는 점을 알면서도 이를 고의로 고지하지 아니하였고, 이로써 이 사건 교육원이 적법하게 운영될 것이라고 믿은 원고들을 기망하여 피고 회사와 이 사건 가맹계약을 체결하도록 하였다 할 것인데, 원고들은 그 이후 위와 같은 사실을 알고 이 사건 교육원을 결국 폐업하게 되었으므로, 피고의 이러한 행위는 원고들에 대한 직접적인 불법행위에 해당한다 할 것이어서 피고는 민법 제750조에 의하여 이 사건 가맹계약으로 인하여 원고들이 입은 손해를 배상할 책임이 있다."(서울고등법원 2014.11.13. 선고, 2013나80216(본소),2013나80223(반소) 판결)

(2) 주관적 기준 : 보통의 주의력을 가진 가맹희망자 및 가맹점사업자

주요사례 **(주)놀*의 허위·과장의 정보 제공행위에 대한 건 (위법성 인정)**

1. 인정사실

피심인은 2011.1월부터 2011.7월까지 기간 동안 수도권 및 충청지역의 '**부대찌개' 사업설명회를 약 2회 내지 3회 개최하고, 사업설명회 과정에서 프리젠테이션 방식으로 가맹희망자에게 수익구조(부대찌개), 일매출 150만원 30일 영업할 경우 월 매출액 4,500만원, 순이익 630~990만원"이라는 내용으로 장래의 수익상황에 관한 정보를 제공하였다. 또한, 피심인은 2011.6월부터 2011.8월까지 기간 동안 피심인의 영남사업소(604호) 및 부산역 내 회의실(103호)에서 영남권 맞춤형 창업설명회를 총 5회 개최하고, 창업설명회 과정에서 프리젠테이션 방식으로 총 30명의 가맹희망자에게 "수익구조(보쌈), 일매출 200만원 30일 영업할 경우 월 매출액 6,000만원, 순이익 780~1,680만원", "수익구조(부대찌개), 일매출 150만원 30일 영업할 경우 월 매출액 4,500만원, 순이익 630~990만원"이라는 내용으로 장래의 수익상황에 관한 정보를 제공하였다. 그런데 피심인은 '**보쌈' 및 '**부대찌개' 가맹점의 월 순이익을 산출할 때 인테리어, 주방기기 등 가맹점사업자의 사업용 고정자산의 감가상각비와 가맹점사업자가 부담해야 하는 세금을 제외하였다.

2. 위법성 판단

첫째, 피심인은 자신의 '**보쌈' 및 '**부대찌개'가맹점과 관련한 구체적이고 객관적인 통계자료를 기초로 하지 않고 임의적으로 월 매출액 수준별 일정 순이익을 추정하여 가맹희망자들에게 일정 순이익을 얻을 수 있는 것처럼 정보를 제공한 것으로, 제공된 정보내용을 입증할 만한 객관적인 근거자료를 제시하지 못하고 있다. 또한, 피심인은 전체 가맹점 중 극히 일부(약 4.9%)에 불과한 가맹점의 단 3개월 기간 동안의 매출액 및 영업이익을 바탕으로 예상 순이익을 산출하였고, 상권이 전혀 다른 수도권과 영남권의 수익구조가 동일하다고 가정한 점을 고려할 때, 피심인이 가맹점의 장래의 예상수익상황에 관한 정보를 합리적이고 객관적으로 산출하여 제시하였다고 보기 곤란하다.

둘째, 피심인은 '**보쌈' 및 '**부대찌개' 가맹점의 장래 예상 순이익을 산출하는 과정에서 사업용 고정자산(인테리어, 주방기기 등)의 감가상각비 및 세금 등 가맹희망자가 가맹계약 체결이후 부담해야 하는 상당한 **비용을 누락**하였다. 실제 법원도 이 사건과 유사하게 가맹본부가 가맹희망자에게 장래 수익에 관한 정보를 제공한 행위에 대하여 가맹점사업자의 실제 평균 순수익, 통계자료 등 객관적 근거에 바탕을 둔 것이 아니라 막연한 추정을 근거로 장래 예상수익을 산출하였고, 순수익을 계산할 때 인테리어비용, PC 및 집기류(책상, 의자) 구입 등 상당한 **비용을 누락**한 것은 장래 수익예측의 합리성, 적정성, 정확성 등 여러 면에서 객관적으로 적절하지 않은 허위 또는 과장

된 정보를 제공한 행위라고 판시하였다(대법원 2013. 1. 24. 2012두22560 판결, 서울고등법원 2012. 8. 23. 2012누8764 판결 참조). 또한, 위원회 심결에서도 **세전소득을 '순익'으로 광고한 행위**를 거짓 또는 과장성이 있는 광고라고 의결하였다.(2012. 10. 19. 의결(약) 제2012-140호 참조). 한편, 피심인이 가맹희망자에게 제공한 정보내용에 "제시된 수익률은 점포 및 원재료의 상황에 따라 수익률이 달라질 수 있습니다"라는 단서가 기재되었으나, 앞서 살펴본 바와 같이 순이익 산정시 수익률 변동에 상당한 영향을 미치는 요인인 감가상각비 및 세금 등의 비용항목을 누락하고, 기존 가맹점의 실질적인 월 평균 수익 등 객관적인 근거에 기초하지 않은 임의적 방식에 따라 순이익 등을 산정하였다는 점에서 과장된 정보제공에 의한 가맹희망자의 오인성이 치유되었다고 보기 곤란하다(공정거래위원회 2014가맹1019, 2014.08.19. 의결).

주요사례 ****쉐프의 기만적인 정보 제공행위에 대한 건 (위법성 인정)**

1. 인정사실

(1) 인근가맹점 존재여부를 누락한 정보공개서 제공 행위

피심인은 2021. 9. 20.에 가맹희망자 강ㅇㅇ에게 정보공개서 및 인근 가맹점 현황문서를 제공하면서 해당 시점에 강ㅇㅇ의 장래 점포 예정지인 천안시가 속한 광역지방자치단체인 충청남도에서 2개의 가맹점을 운영하고 있었음에도 다른 광역지방자치단체에 소재한 충청북도 청주의 직영점 1곳만을 기재하여 제공하였다.

(2) 밀키트 공급업체와의 공급계약 종료 사실 은폐 행위

1) 기초사실

피심인은 최초 가맹사업을 시작할 때부터 '충청북도 향토요리대회 조리사부문 대상을 2회 수상한 자'가 대표로 있는 □□□□로부터 밀키트 상품을 제공받는다는 점을 부각하여 홍보하였다. 그러나 2021. 9월 □□□□는 피심인의 가맹점사업자가 급격히 늘어남에 따라 상품의 공급이 힘든 점을 사유로 들어 더이상 공급계약 연장이 불가하다고 피심인에게 사전 통보하였고, 2022. 11. 1.에 피심인과의 공급계약을 중단하였다.

2) 행위사실

피심인은 □□□□와의 공급계약이 2021. 10. 31.자로 종료될 것이라는 사실을 2021. 9월경 □□□□에게 이미 통보받아 알고 있었음에도 불구하고 가맹희망자 강ㅇㅇ에게 이러한 사실을 알리지 않고 2021. 10. 10.에 가맹계약을 체결하였으며, 가맹점 매장 전면 배너 및 측면에 충청북도 향토음식 경연대회 조리사부문 대상수상자가 만든 밀키트를 판매한다

는 내용의 문구를 기재 부착하게 하는 등 강○○으로 하여금 □□□□로부터 계속해서 물품을 공급받을 수 있을 것으로 오해하게 하였다. 이후 피심인은 □□□□와의 계약종료 이틀 전인 2021. 10. 29.에 강○○에게 □□□□와의 공급계약 종료 사실을 통보하였다.

2. 위법성 판단

(1) 인근가맹점 존재여부를 누락한 정보공개서 제공 행위

가맹본부가 가맹희망자에게 인근 가맹점 현황문서를 제공하도록 한 것은 가맹희망자로 하여금 인근 가맹점의 실제 운영 상황 등을 확인하여 신중하게 계약을 체결하도록 하기 위한 것으로, 인근 가맹점 존재여부 및 현황은 가맹점사업자가 해당 가맹본부와 계약을 체결할지 여부를 결정함에 있어 상당한 영향을 미치는 정보로서 가맹계약 체결 유지에 중대한 영향을 미치는 사실에 해당한다. 피심인이 가맹희망자의 장래 점포 예정지가 속한 광역지자체에서 영업 중인 가맹점 존재 여부를 누락한 정보공개서 및 인근 가맹점 현황문서를 제공한 행위는 가맹계약의 체결 유지에 중대한 영향을 미치는 중요사항을 기재하지 않은 정보공개서를 제공한 행위로 법 제9조 제1항 제2호 및 법 시행령 제8조 제2항 제1호에 해당한다.

(2) 밀키트 공급업체와의 공급계약 종료 사실 은폐 행위

피심인이 영위하는 밀키트 상품 판매 가맹사업의 특성상 최초 공급자가 누구인지가 곧바로 판매하는 상품의 맛이나 품질로 이어지며, 이는 소비자의 밀키트 상품 선택과 가맹점 수익에도 직결되는 사항으로 밀키트 공급업체와의 공급계약 종료사실은 가맹계약의 체결 및 유지에 중대한 영향을 미치는 사실에 해당한다. 피심인이 2021. 9월 경 □□□□로부터 밀키트 공급이 중단될 것이라는 사실을 통보받아 알고 있었음에도 이를 알리지 않고 가맹계약을 체결한 행위는 가맹계약 체결 유지에 중요한 사실을 은폐한 행위로 법 제9조 제1항 제2호에 해당한다.

3. 결론

피심인의 상기 행위는 법 제9조 제1항에 위반된다(공정거래위원회 2022전사0460, 2022 전사0662, 2023.06.05. 의결).

5. 수익상황 및 예상매출액산정서의 서면제공의무

(1) 수익상황에 대한 서면제공의무 및 근거자료 비치의무

1) 수익상황에 대한 서면제공의무

가맹본부는 가맹희망자나 가맹점사업자에게 다음의 정보를 제공하는 경우에는 **서면**으로 하여야 함(법 제9조 제3항).

① 가맹희망자의 예상매출액·수익·매출총이익·순이익 등 **장래의 예상수익상황에 관한 정보**

② 가맹점사업자의 매출액·수익·매출총이익·순이익 등 **과거의 수익상황이나 장래의 예상수익상황에 관한 정보**

2) 근거자료 비치 등 의무(법 제9조 제4항)

① 대상 : 수익상황에 관한 정보의 산출근거가 되는 자료로서 <u>대통령령으로 정하는 자료</u>

◈ **대통령령으로 정하는 자료(법 시행령 제9조 제1항)**

1. 현재수익 또는 예상수익의 산출에 사용된 사실적인 근거와 예측에 관한 자료

2. 현재수익 또는 예상수익의 산출근거가 되는 다음의 자료

　(1) 산출근거가 되는 가맹사업의 점포(직영점과 가맹점 포함)의 수

　(2) 해당 가맹사업의 전체 점포 수 대비 산출근거가 되는 점포의 수

　(3) 산출근거가 되는 점포와 점포예정지와의 거리

3. 최근의 일정기간 동안에 가맹본부나 가맹중개인이 표시 또는 설명하는 현재수익 또는 예상수익과 같은 수준의 수익을 올리는 가맹점사업자의 수와 그 비율(최근의 일정기간에 대하여 시작하는 날짜와 끝나는 날짜 표시 필수)

② 내용 : 가맹본부의 사무소에 **비치** / 영업시간 중에 언제든지 가맹희망자나 가맹점사업자의 요구가 있는 경우 **열람**할 수 있도록 하여야 함.

(2) 예상매출액 산정서의 서면제공 의무

1) 의의

'예상매출액 산정서'란, 예상매출액의 범위(가맹희망자의 점포예정지에서 영업개시일로부터 **1년** 간 발생할 것으로 <u>예상되는 매출액의 최저액과 최고액으로 확정된 범위</u>) 및 그 산출근거가 기재된 서면으로서, 일정 요건에 해당하는 가맹본부는 가맹계

약체결시 가맹희망자에게 이를 **서면**으로 제공하여야 함(법 제9조 제5항/법 시행령
제9조 제3항 내지 제5항).

◆ **예상매출액의 최고액과 최고액으로 획정된 범위**

1. 원칙 : 예상매출액의 최고액은 최저액의 **1.7배**를 초과하여서는 안됨
(법 시행령 제9조 제3항 단서).

2. 예외 : 가맹희망자의 점포 예정지가 속한 해당 시ㆍ도에 해당 가맹본부의 가맹점(직전 사업연
도의 영업기간이 6개월 이상인 가맹점으로 한정)이 5개 이상 있는 경우에는 그 **점포 예정지에서
가장 인접한 가맹점 5개 중 직전 사업연도 매출환산액이 가장 작은 가맹점과 가장 큰 가맹점을 제
외한 나머지 3개 가맹점의 직전 사업연도 매출환산액 중 최저액과 최고액으로 획정된 범위**로 갈음
가능(법 시행령 제9조 제4항).

  2) 제공의무자(제공주체)
    ① **중소기업자가 아닌 가맹본부**
    ② 직전연도 말 기준 가맹점사업자(가맹본부가 복수의 영업표지를 보유하는 경우에는
      동일한 영업표지를 사용하는 가맹점사업자에 한정)의 수가 **100개 이상**인 가맹본부
  3) 제공시기 : 가맹계약 체결시
  4) 가맹본부의 예상매출액 산정서 보관기간 : 가맹계약 체결일로부터 **5년**
(법 제9조 제6항)

| 주요사례 | ㈜알볼로****의 예상매출액 산정서 제공의무 위반행위에 대한 건 (위법성 인정) |

1. 인정사실

(1) 피심인의 예상매출액 산정방식

2013년 말 기준, 피심인이 운영한 가맹점 수는 총 122개로 2014년부터 법 제9조 제5항에 따
른 예상매출액 산정서 교부 의무가 발생하였다. 이에 피심인은 2014.1.1. 이후 체결되는 가맹
계약에 대해 공정거래위원회의 '예상매출액 산정서의 표준양식에 관한 규정'에 의거 예상매출
액 산정서를 교부하였다.

(2) 예상매출액 산정서에 기재된 산정방식과 다른 방식으로 산정된 예상매출액을 제공한 행위

  1) 인근 1개 가맹점의 매출액만을 근거로 예상매출액 산정

  피심인은 2019.11.15.~2021.3.18. 기간 동안 4명의 가맹희망자들에게 인근 가맹점 1개
  의 매출액만을 근거로 예상매출액을 산정하면서 법 시행령 제9조 제4항의 방식으로 산출한

것처럼 기재된 예상매출액 산정서를 교부하였다. 피심인은 법 시행령 제9조 제4항의 방식에 따라 예상매출액이 산정되었음을 알리는 기본양식을 활용하면서, 실제로는 임의로 선정한 1개매장의 매출액을 기준으로 최고매출액과 최저매출액을 산정한 후 교부하였다.

2) 타 광역자치단체 소재 가맹점의 매출액을 포함하여 예상매출액 산정

피심인은 2019. 11. 25. ○○○ ○○점과 관련한 가맹계약을 진행 하면서, 점포예정지가 속한 ○○○시 내 직전 사업연도의 6개월 이상인 가맹점 수가 ○개에 불과함에 따라 원칙적으로 법 시행령 제9조 제4항의 방식을 통해 예상매출액을 산정할 수 없는 상황임에도 불구하고, 인근 ○○○도에 소재한 2개 가맹점의 매출액까지 포함하여 예상매출액을 산정하면서 법 시행령 제9조 제4항의 방식으로 산출한 것처럼 기재된 예상매출액 산정서를 교부하였다.

2. 위법성 판단

피심인은 이 사건 가맹희망자들 5명과 가맹계약을 체결하면서 예상매출액산정서에 자신이 예상매출액 산출 근거로 삼았다고 기재한 산정기준과 전혀 다른 기준으로 예상매출액을 산정하였다. 법 시행령 제9조 제4항의 방식은 인근 가맹점 매출액을 활용한 방식으로, 가맹희망자의 점포예정지에 가장 인접한 가맹점 5개 중 연간 매출순위 차상위 가맹점과 차하위 가맹점의 매출액을 각각 예상매출액의 최고액과 최저액으로 제시하는 방식이다. 따라서 법 시행령 제9조 제4항의 방식은 가맹희망자의 점포예정지가 속한 광역자치단체에 5개 이상의 가맹점이 존재하는 경우에만 적용할 수 있으며 가맹희망자의 입장에서는 산출근거에 대한 별도의 설명이 없더라도 예상매출액이 해당 지역의 충분한 표본에 근거하여 객관적으로 산정된 것으로 인식하게 된다. 피심인은 각 가맹희망자의 점포예정지가 속한 광역자치단체에 5개 이상의 가맹점이 존재하지 않아 법 시행령 제9조 제4항의 방식에 따른 예상매출액 산정이 불가능함에도 불구하고, 예상매출액산정서에 시행령 제9조 제4항의 방식에 따라 예상매출액을 산정한 것처럼 오인할 수 있게 표기하면서 실제로는 다른 방식으로 예상매출액을 기재하였는바, 그 자체로 허위의 정보를 제공한 것으로 판단된다. 더불어 피심인은 ○○ ○○점, ○○ ○○○점, ○○점 등 4개 가맹희망자에 대하여 원칙이나 일관된 기준 없이 각각 1개 가맹점을 임의적으로 선정하여 전년도 매출액을 기준으로 예상매출액을 산정하는 등 가맹희망자에게 제시한 예상매출액이 합리적으로 산정되었다고 보기 어렵고 그 산출 근거에 대한 설명도 제대로 이루어졌다고 볼 수 없다. 이와 같이 피심인이 가맹희망자에게 제공한 예상매출액, 즉 장래의 수익상황에 관한 정보는 예측의 합리성과, 적정성, 그 설명내용의 정확성 등을 갖추지 못한 것으로 판단된다.

3. 결론

피심인의 상기 행위는 법 제9조 제1항에 위반된다(공정거래위원회 2021가조1422, 2023.01.30. 의결).

6. 위반시 제재

(1) 제9조 제1항 위반시

1) 행정적 제재 : 시정조치 또는 시정권고 + 과징금(관련매출액의 2/100 이내)

2) 형사적 제재 : 5년 이하의 징역 또는 3억원 이하의 벌금(전속고발권 대상)

3) 민사적 제재

　　① 손해액 3배 이내의 손해배상책임(징벌적 손해배상/법 제37조의2 제2항)

　　② 기 수령한 가맹금의 반환(법 제10조 제1항)

(2) 제9조 제3항 내지 제6항 위반시 : 1,000만원 이하의 과태료

심화학습 **착오 및 사기에 의한 취소와 불법행위책임과의 관계**

1. 문제의 소재

가맹점사업자 모집에 있어서 계약체결을 유도하기 위한 가맹본부의 광고에 허위·과장 또는 기만적인 정보가 있어 이를 신뢰한 가맹희망자가 이에 대해 착오 또는 사기를 이유로 자신의 의사표시를 취소하고 부당이득반환청구를 할 수 있는지 여부 및 불법행위책임과의 관계를 검토함.

2. 착오 및 사기에 의한 취소

(1) 취소권의 행사

민법 제109조는 의사표시는 법률행위의 중요부분에 착오가 있을 때, 그 착오가 표의자의 중대한 과실로 인한 경우를 제외하고 취소할 수 있도록 하고 있으며, **민법 제110조**는 사기 또는 강박에 의한 의사표시를 취소할 수 있도록 하고 있음.

(2) 취소권 행사의 효과

부당이득반환(민법 제748조) → 가맹본부는 기 수령한 가맹금을, 가맹희망자는 가맹본부로부터 지급받은 물품 등을 반환할 의무 발생(원상회복의무)

3. 불법행위에 기한 손해배상

가맹본부의 사기·강박이 불법행위의 요건(고의 또는 과실, 가해행위, 위법성, 손해발생, 가해행위와 손해 간의 인과관계)을 갖춘 경우, 가맹희망자는 불법행위에 기한 손해배상 청구권의 행사도 가능함.

참고 단, 이 때는 가맹희망자 또는 가맹점사업자의 이중이득 방지를 위해 취소권 행사에 기한 부당이득반환청구권과 선택적으로 행사할 수 있음.

"떡볶이마당"이라는 브랜드로 가맹사업을 운영하는 가맹본부인 갑은 2013년 5월 25일 을에게 가맹사업에 관한 정보공개서를 제공하고, 2013년 5월 30일 을과 가맹계약을 체결하였다. 계약 체결 과정에서 을은 갑의 계약담당 직원으로부터 '정보공개서에 기재되어 있지는 않지만, 일 평균 예상매출액이 최저 100만원 정도에 이를 것'이라는 이야기를 들었다. 하지만 을의 실제 매출액은 일 평균 50만원에도 미치지 못하였고, 임차료와 인건비 등을 지급 하면 매월 100만원 정도의 손실을 보고 있다. 다음 물음에 답하시오.(50점)

(1) 위 사례에서 갑이 정보제공과 관련하여 가맹사업거래의 공정화에 관한 법률을 위반한 사항에 대해 설명하시오.(30점)
(2) (1)의 위반사항 별로 공정거래위원회가 갑에게 취할 수 있는 조치에 대해 설명하시오.(20점)

[답안 예시]

Ⅰ. 물음(1)의 해결
 1. 문제의 소재
 2. 정보공개서 사전제공의무 위반 여부
 3. 수익상황에 대한 서면제공의무 위반 여부
 4. 허위·과장된 정보 제공행위 금지 위반 여부
 5. 사안의 해결
갑은 정보공개서를 제공한지 5일만에 을과 가맹계약을 체결하였으므로 법 제7조 제3항을 위반하였고, 수익상황에 대한 사실을 서면이 아닌 구두로 전하였으므로 법 제9조 제 3항도 위반하였다. 또한, 당시 제시한 예상매출정보와 실제매출액이 현저히 차이나는 점에 대해서는 가맹본부의 예상수익상황의 예측의 합리성, 적정성, 그 설명내용의 정확성 등을 고려하여 허위·과장된 정보 등 제공행위에 해당하는지 판단하여야 한다고 사료된다.

Ⅱ. 물음(2)의 해결

1. 문제의 소재

2. 행정적 제재

  (1) 시정조치·시정권고 및 과징금(관련매출액의 2/100 이내)

  (2) 과태료 처분(법 제9조 제3항 위반) - 1,000만원 이하

3. 형사적 제재

  (1) 위반사항별 제재

    1) 법 제7조 제3항 위반 - 2년 이하 징역 또는 5천만원 이하 벌금

    2) 법 제9조 제1항 위반 - 5년 이하 징역 또는 3억원 이하 벌금

  (2) 전속고발제도 - [쟁점 23] 참고

  형사적 제재를 가하기 위해서는 검찰의 공소제기에 따른 법원의 판결이 있어야 하는데, 법 제7조 제3항 및 법 제9조 제1항 위반을 이유로 한 공소제기를 위해서는 공정거래위원회의 고발이 필요함.

4. 민사적 제재

(* '공정거래위원회'가 취할 수 있는 조치는 아니지만, 학습차원에서 보기 바람)

  (1) 손해배상 - 단, 제9조 제1항 위반시 '징벌적 손해배상' 적용

  (법 제37조의2 제2항)

  (2) 가맹금의 반환 - 법 제7조 제3항 및 제9조 제1항 위반에 따른 효과

5. 사안의 해결

행정적 제재 가능 / 형사적 제재를 위한 고발 가능

음식점 관련 가맹사업을 영위하는 가맹본부 갑은 가맹점 개설을 희망하는 을에게 「가맹사업거래의 공정화에 관한 법률」 제9조 제3항에 따라 월 2,000만원의 매출액 및 월 550만원의 순이익이 예상된다는 사업계획서를 서면으로 제공하였다. 이러한 갑의 사업계획서를 받아 본 을은 충분한 수익이 확보될 수 있는 사업이라고 판단하여 1,000만원의 가맹금을 지급하면서 갑과 3년의 기간으로 가맹계약을 체결하였다. 그러나 막상 사업을 해보니 수익은 절반에도 훨씬 미치지 못하여, 결국 을은 계약체결 1년 만에 사업을 철수하려고 한다.

(1) 을은 갑이 제공한 사업계획서상 예상 순이익과 실제 순이익의 차이가 크다는 이유로 계약을 해지하고 손해배상을 청구할 수 있는지의 여부와 그 근거에 대해서 설명하시오.(30점)

(2) 을이 사업을 병에게 양도하고자 할 때, 갑은 을이 지급한 가맹금과는 별도로 병에게 새로이 가맹금의 지급을 요구할 수 있는지에 대해서 설명하시오.(20점)

[답안 예시]

Ⅰ. 물음(1)의 해결

1. 문제의 소재

2. 허위·과장된 정보제공행위인지 여부

　(1) 의의 및 유형

　(2) 판단기준

　(3) 검토

가맹본부 갑의 행위가 허위·과장된 정보제공행위로 인정되기 위해서는 가맹본부 갑이 제공한 사업계획서상 예상수익정보에 대한 근거자료를 확인해야 할 필요가 있다. 확인 결과 그 내용이 위에 서술한 판단기준에 의하여 부적절한 것으로 판단되면 허위·과장된 정보제공행위로 인정 가능할 것으로 사료된다.

3. 계약해지 및 손해배상 가부

　(1) 계약해지 - 상법 제168조의10

　(2) 손해배상 - 가맹사업법 제37조의2 제2항(징벌적 손해배상)

4. 사안의 해결

가맹점사업자 을은 상법 제168조의10의 규정에 따라 계약을 해지할 수 있고, 가맹사업법에 근거해 갑에게 손해배상을 청구할 수 있다. 그런데 이 경우 손해배상은 징벌적 손해배상의 성격으로서, 손해액의 3배 범위 내의 금액이 될 것이다.

II. 물음(2)의 해결

1. 문제의 소재

2. 사업(영업) 양도의 의의

영업이라 함은, 영업목적을 위하여 조직화된 유기적 일체로서의 기능적 재산을 말한다. 또한 영업양도라 함은, 이러한 인적·물적 조직을 그 동일성을 유지하면서 일체로서 이전하는 것을 말한다.

3. 사업 양도·양수의 효과

영업양도·양수계약을 체결함에 따라 양수인은 양도인의 모든 법적권리 및 의무를 포괄적으로 승계하는 바, 양도인의 모든 채권 및 채무관계가 양수인에게 이전되므로, 양수인은 기존 양도인의 의무를 준수하여야 한다.

4. 사안의 해결

을이 병에게 가맹사업을 양도하는 경우, 병은 을의 모든 채권·채무관계를 포괄적으로 승계받기 때문에 가맹금은 이미 지급된 것으로 보아야 하므로, 갑이 병에게 이를 추가 지급할 것을 요구할 수 없다고 판단된다.

햄버거를 판매하는 가맹본부 A는 가맹중개인 B와 창업컨설팅 용역계약을 맺고 수익성 검토, 자료제공 및 가맹계약 진행관리를 의뢰하였다. B는 2020년 4월 14일 자신을 찾아온 가맹희망자 C에게 A의 햄버거 가맹사업에 대한 기초적인 정보를 제공하였고, 2020년 4월 15일 또다시 자신을 찾아온 C에게 월매출 3천만원일 때 예상되는 수익과 비용부분을 설명하였다. 그러나 A와 가맹계약을 맺은 가맹점사업자의 실제 월평균 매출액은 5백만원이었고, B가 가맹희망자들에게 월 매출을 사실과 다르게 말하는 것을 A는 알고 있었지만 별다른 조치를 취하지는 아니하였다. 2020년 4월 16일 A와 C는 가맹계약을 체결하였고, 가맹계약 체결시 B는 C에게 정보공개서 및 인근가맹점 현황문서의 수령일자를 2020년 3월 25일로 소급하여 기재하게 하였다. 다음 물음에 답하시오.(50점)

(1) B가 C에게 정보공개서 및 인근가맹점 현황문서의 수령일자를 소급하여 기재하게 한 행위가 「가맹사업거래의 공정화에 관한 법률」에 위반되는지 설명하시오.(30점)
(2) C가 가맹점 개설 이후 자신의 월평균 매출액을 산정하였더니 5백만원이었다. 가맹계약 체결 전에 B가 C에게 월매출 3천만원으로 수익과 비용부분을 설명한 행위가 「가맹사업거래의 공정화에 관한 법률」에 위반되는지 설명하시오.(20점)

[답안 예시]
Ⅰ. 물음(1)의 해결

1. 문제의 소재

가맹본부는 가맹희망자에게 공정거래위원회에 등록 또는 변경등록한 정보공개서 및 인근가맹점현황문서(이하 "정보공개서 등")를 미리 제공하여야 하는데, 가맹중개인인 B에게도 해당 의무가 있는지 여부와 만약 해당 의무가 있다면 제공일자의 소급기재에 위법 요소가 없는지가 문제된다.

2. 가맹중개인 B에게 정보공개서 등의 제공의무가 있는지 여부

  (1) 정보공개서 등의 제공주체 - 가맹본부(가맹지역본부, 가맹중개인 포함)
  (2) 제공대상 문서 - 정보공개서 및 인근가맹점현황문서

(3) 정보공개서 등의 제공상대방 – 모든 가맹희망자

(4) 사안의 경우

B는 가맹중개인으로서 정보공개서 등 제공주체에 해당하고, C는 가맹희망자로서 제공상대방에 해당하므로, B에게는 C에 대한 정보공개서 등 제공의무가 존재한다.

3. 정보공개서 등 제공일자의 소급기재의 위법 여부

(1) 정보공개서 등 제공방법

(2) 정보공개서 등 제공시기

1) 내용 – 가맹금 최초 수령일 또는 가맹계약체결일로부터 14일(7일) 이전

2) 제공시기의 판단 – '실제 제공일자'를 기준으로 판단

(3) 사안의 경우

A와 C는 2020년 4월 16일에 가맹계약을 체결하였으므로, 그로부터 14일 전에는 정보공개서 등이 제공되어야 하나, B는 4월 14일과 15일에 해당 정보를 제공하였으므로, 형식적 제공일자 기재와는 무관하게 법 제7조 위반 사실이 있다고 보인다.

4. 사안의 해결

상기와 같은 이유로, B가 C에게 정보공개서 및 인근가맹점 현황문서의 수령일자를 소급하여 기재하게 한 행위는 법 제7조에 위반된다고 판단된다.

Ⅱ. 물음(2)의 해결

1. 문제의 소재

법 제9조는 허위·과장된 정보제공 등의 금지의무를 '가맹본부'에 부여하고 있는 바, '가맹중개인'인 B가 해당 행위를 한 경우에도 이를 가맹본부인 A가 위반한 것으로 볼 수 있는지 여부가 문제된다.

2. B의 행위가 허위·과장된 정보제공 등의 행위에 해당하는지 여부

(1) 허위·과장된 정보제공 등의 행위의 의의

(2) 유형 – '허위·과장의 정보제공행위' 및 '기만적인 정보제공행위'

(3) 판단기준

(4) 검토 – '허위·과장의 정보제공행위'에 해당함.

3. B의 허위·과장의 정보제공행위를 A의 행위로 볼 수 있는지 여부

(1) 가맹중개인의 의의

(2) 사안의 경우

B가 가맹희망자들에게 월 매출을 사실과 다르게 말하는 것을 A는 알고 있었지만 별다른 조치를 취하지는 아니하였는 바, 가맹본부와 가맹중개인 간의 위탁관계를 고려할 때 B의 허위·과장의 정보제공행위는 사실상 A가 한 것과 같은 것으로 볼 수 있다(* 고득점 포인트 : 민법상 '이행보조자' 개념에 포섭!).

4. 사안의 해결

상기와 같은 이유로, 가맹계약 체결 전에 B가 C에게 월매출 3천만원으로 수익과 비용 부분을 설명한 행위는 가맹본부인 A의 허위·과장의 정보제공행위로서 법 제9조 제1항에 위반된다 할 것이다.

가맹금 예치제도

☞ **['10기출(사)]** 「가맹사업거래의 공정화에 관한 법률」상 가맹금 예치제도에 대하여 설명하시오.(25점)

☞ **['12기출(계)]** 갑은 가맹본부 을과 가맹계약을 체결하고자 병에게 가맹금을 예치하였고, 을이 가맹금을 수령하였다. (1) 을과 병 사이의 법률관계를 서술하고, (2) 갑의 착오에 의한 예치를 근거로 갑이 예치계약을 취소한 경우 예치계약의 효력을 설명하시오.(25점)

☞ **['18기출(계)]** 가맹본부 갑은 가맹점사업자 을과 가맹계약을 체결하였고 병은행을 가맹금 예치기관으로 지정하여 병과 가맹금의 예치에 관한 계약을 체결하였다. 갑, 을, 병 사이에 가맹금의 예치신청을 위한 절차와 예치가맹금의 지급 절차에 관하여 설명하시오.(25점)

☞ **['23기출(사)]** 「가맹사업거래의 공정화에 관한 법률」상 '가맹금 예치제도'의 의의와 절차에 관하여 설명하시오.(25점)

1. 가맹금의 의의 및 종류

(1) 의의

'명칭이나 지급형태에 관계 없이', 가맹본부가 가맹점사업자로부터 가맹사업과 관련하여 수령하는 일체의 수익

(2) 종류(법 제2조 제6호/법 시행령 제3조)

1) **개시지급금** : 가맹사업 시작을 위해 가맹점운영권이나 영업활동에 대한 지원·교육 등을 받기 위하여 지급하는 대가(例 : 가입비, 교육비 등)

2) **계약이행보증금** : 상품의 대금 등에 관한 채무액이나 손해배상액의 지급을 담보하기 위하여 지급하는 대가(例 : 보증금, 담보제공 등)

3) **초도물품비** : 가맹사업 시작을 위해 가맹본부로부터 공급받는 정착물·설비·상품의 가격 또는 부동산 임차료 명목으로 지급하는 대가(例 : 인테리어 비용, 최초 공급 상품 비용 등)

4) **정기·비정기지급금** : 영업표지의 사용과 영업활동 등에 관한 지원·교육 등에 대한 대가로 정기 또는 비정기적으로 지급하는 아래의 대가(例 : 상품사용료, 광고 분담금, 물품대금의 유통이익 등)

① 가맹점사업자가 상표 사용료, 리스료, 광고 분담금, 지도훈련비, 간판류 임차료·영업지역 보장금 등의 명목으로 **정액 또는 매출액·영업이익 등의 일정 비율로 가맹본부에 정기적으로 또는 비정기적으로 지급**하는 대가

② 가맹점사업자가 가맹본부로부터 공급받는 상품·원재료·부재료·정착물·설비 및 원자재의 가격 또는 부동산의 임차료에 대하여 가맹본부에 정기적으로 또는 비정기적으로 지급하는 대가 중 **적정한 도매가격을 넘는 대가**(가맹본부가 취득한 자신의 상품 등에 관한 「특허법」에 따른 권리에 대한 대가는 제외)

5) **그 밖에** 가맹점운영권 취득 또는 유지를 위하여 지급하는 대가

> **참고** **가맹금에서 제외되는 대가(법 시행령 제3조 제1항)**
>
> 가. 신용카드사에 지불하는 수수료
>
> 나. 상품권 발행회사에 지급하는 수수료나 할인금
>
> 다. 전자금융거래법상의 지급수단발행회사나 지급결제대행회사에 지급하는 수수료나 할인금
>
> 라. 가맹본부에 지급하는 초도물품비 중 적정 도매가격
>
> (도매가격이 형성되지 아니하는 경우에는 가맹점사업자가 정상적인 거래관계를 통하여 해당 물품이나 용역을 구입·임차 또는 교환할 수 있는 가격, 가맹본부가 해당 물품이나 용역을 다른 사업자로부터 구입하여 공급하는 경우에는 그 구입가격)
>
> 마. 그 밖에 가맹본부에 귀속되지 아니하는 금전으로서 소비자가 제3의 기관에 지불하는 것을 가맹본부가 대행하는 것

2. 가맹금 예치제도의 내용

(1) 의의 및 취지

- 가맹본부와 가맹사업자가 가맹계약 체결시 일정범위의 가맹금을 가맹본부가 아닌 독립적인 제3의 기관에 일정기간 동안 예치할 것을 의무화함으로써 가맹본부가 직접 가맹금을 수령하는 것을 금지하는 제도
- 가맹본부의 사기적인 가맹점 모집으로 인한 가맹점사업자의 피해 방지

(2) 적용범위(법 제6조의5 제1항)

1) 가맹금 예치제도가 적용되지 않는 경우

가맹본부가 **가맹점사업자피해보상보험계약 등**[18]을 체결한 경우

2) 예치대상가맹금

'개시지급금' 또는 **'계약이행보증금'**으로서, **금전**으로 지급하는 경우에 한함.

---

18) 보험계약, 채무지급보증계약, 공제조합과의 공제계약(법 제15조의2). [쟁점 8] 참고.

(3) 가맹금 예치제도의 내용 및 절차

1) 예치기관(법 시행령 제5조의 8)

① 「은행법」에 따른 **금융회사**

② 「우체국 예금·보험에 관한 법률」에 따른 **체신관서**

③ 「보험업법」에 따른 **보험회사**

④ 「자본시장과 금융투자업에 관한 법률」에 따른 **신탁업자**

2) 예치절차(법 시행령 제5조의9 제1항 내지 제3항)

① 가맹본부와 예치기관 간 가맹금예치계약 체결

② 가맹본부가 가맹점사업자에게 '가맹금예치신청서' 교부

- 이 때 가맹본부는 아래 3)-③ 요건 충족시 예치가맹금이 가맹본부에 귀속된다는 사실을 알려야 함.

③ 가맹점사업자의 가맹금예치신청

3) 예치기관의 예치가맹금 관리 및 지급

① 예치가맹금의 관리(법 시행령 제5조의9 제4항)

- 예치기관의 명의로 예치하여야 함.

- 다른 금융자산과 분리하여 관리하여야 함.

② 예치통지 및 예치증서 교부(법 제6조의5 제2항/법 시행령 제5조의9 제5항)

- 예치일로부터 **7일** 내 예치사실을 가맹본부에 통지하여야 함.

- 가맹본부와 가맹사업자에게 '가맹금예치증서'를 교부하여야함.

③ 예치가맹금의 지급(법 제6조의 5 제3항)

- 예치기관은 가맹점사업자의 **영업개시 후** 또는 **가맹계약 체결일로부터 2개월 경과 후**, 가맹본부의 지급요청이 있으면 (별도의 지급보류사유가 없는 한) **지급요청일로부터 10일 내** 이를 지급하여야 함.

4) 예치가맹금의 지급보류 및 지급거부(**의무사항**/법 제6조의5 제5항)

① 예치가맹금의 지급보류

가) 예치가맹금의 지급보류 사유

㉠ 가맹점사업자가 예치가맹금 반환을 위한 **소** 제기시

㉡ 가맹점사업자가 예치가맹금 반환을 위한 **알선·조정·중재** 등 신청시

㉢ 가맹점사업자가 **법 제10조(가맹금반환규정) 위반**을 이유로 가맹본부를 공정

거래위원회에 **신고시**

나) 예치가맹금의 지급보류 기간

가맹사업거래분쟁조정협의회의 조정이나 그 밖의 분쟁해결의 결과 또는 공정거래위원회의 시정조치가 확정될 때까지

② 예치가맹금의 지급거부(또는 내용 변경 요구)

- 가맹본부가 **거짓이나 그 밖의 부정한 방법**으로 예치가맹금 지급 요청시

5) 예치가맹금의 반환 또는 지급(법 제6조의5 제6항, 제7항)

청구권자	지급/반환요건	지급기한
가맹본부, 가맹점사업자	분쟁조정 등의 결과나 시정조치 결과를 첨부하여 예치가맹금의 지급 또는 반환 청구	요청일로부터 **30일** 내
가맹점사업자	가맹본부의 동의를 받아 예치가맹금의 반환 요청	요청일로부터 **10일** 내

(4) 가맹금 예치제도 위반시 제재

1) 행정적 제재 : 시정조치 또는 시정권고 + 과징금(관련매출액의 2/100 이내)

2) 형사적 제재

① 가맹본부가 예치기관을 통하지 아니하고 가맹금 직접 수령시

- **2년 이하의 징역 또는 5천만원 이하의 벌금**(전속고발권 대상)

② 거짓이나 부정한 방법으로 예치가맹금 지급요청시

- **예치가맹금의 2배에 상당하는 금액 이하의 벌금**

3) 민사적 제재

가맹희망자가 가맹본부의 기망 (또는 그로 말미암은) 착오로 말미암아 가맹금을 가맹본부에 직접 지급하였다면, 가맹계약 취소(민법 제109조, 제110조)에 기한 **부당이득반환청구** 또는 불법행위에 기한 **손해배상청구** 가능.

주요사례 ㈜미미*의 가맹금 예치의무 위반행위에 대한 건(위법성 인정)

1. 인정사실

피심인은 2019년 6월 27일 부터 2020년 10월 22일 기간 동안 신고인을 포함한 45명의 가맹희망자들과 가맹계약을 체결하는 과정에서 각각 2,200천 원에서 7,700천 원에 이르는 가맹금을 예치기관에 예치하도록 하지 않고 피심인의 법인계좌, 대표이사의 개인 계좌등에 입금하게 하는 방식으로 직접 수령하였다. 한편, 피심인은 예치대상 가맹금을 직접 수령한 전후로 법 제15조의2에 따른 가맹점사업자피해보상보험계약 등을 체결한 사실은 없다.

2. 위법성 판단

피심인이 법 제15조의2에 따른 가맹점사업자피해보상보험계약 등을 체결하지 아니한 상태에서 45명의 가맹희망자들로부터 가입비, 교육비 등을 법인계좌 등으로 직접 수령한 행위는 법 제6조의5 제1항에 위반되어 위법하다(공정거래위원회 2021서가0716, 2021.09.15. 의결).

심화학습 가맹금예치설정계약과 가맹금예치계약의 법적성질 및 관련 법적 쟁점

1. 가맹금예치설정계약

(1) 계약당사자 : '가맹본부'와 예치기관

(2) 법적성질 : **정지조건부 인도계약**

☞ 조건(가맹계약 체결 후 2개월 경과 또는 가맹사업자의 사업개시)이 성취되어야 가맹금 인도 가능

2. 가맹금예치계약

(1) 계약당사자 : '가맹점사업자'와 예치기관

(2) 법적성질 : **조건부 제3자를 위한 계약**

☞ 가맹점사업자(요약자)가 가맹본부(제3자/수익자)를 위하여 가맹금을 예치하고, 이를 수령한 예치기관(낙약자)은 조건이 성취되었을 때 이를 가맹본부(수익자)에 지급하여야 함(가맹본부는 조건 성취시, 예치치관에 대하여 가맹금 지급청구권 보유).

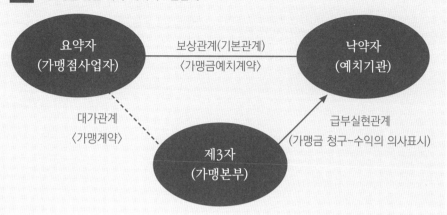

참고 '제3자를 위한 계약'에서의 3면관계

요약자
(가맹점사업자)

보상관계(기본관계)
〈가맹금예치계약〉

낙약자
(예치기관)

대가관계
〈가맹계약〉

제3자
(가맹본부)

급부실현관계
(가맹금 청구-수익의 의사표시)

[민법]

제539조(제삼자를 위한 계약) ①계약에 의하여 당사자 일방이 제삼자에게 이행할 것을 약정한 때에는 <u>그 제삼자는 채무자에게 직접 그 이행을 청구할 수 있다.</u>
②전항의 경우에 <u>제삼자의 권리는 그 제삼자가 채무자에 대하여 계약의 이익을 받을 의사를 표시한 때에 생긴다.</u>

☞ 제3자(가맹본부)는 수익의 의사표시로 직접 채권을 취득하게 되므로, 민법상 제3자 보호규정(제109조 제2항, 제110조 제3항)상의 제3자가 아님[즉, 보상관계(가맹금예치계약)가 취소 등으로 종료되는 경우, 보호받지 못함].

3. 관련 쟁점[19]

(1) 문제점

가맹본부(또는 이외의 제3자도 가능)의 '사기'를 이유로 가맹점사업자가 가맹금예치계약을 취소하는 경우, 그 예치계약의 효력이 문제됨.

(2) 사실관계의 정리

예치기관 갑과 가맹점사업자 을은 가맹금예치계약을 체결하고 가맹금 1억원을 지급하였고, 이 과정에서 가맹본부 병이 가맹점사업자 을을 기망하였다. 이 경우, 을이 갑과의 가맹금예치계약을 취소하고 가맹금으로 지급한 1억원 상당 부당이득의 반환을 청구하고, 가맹본부 병을 상대로는 불법행위에 따른 손해배상을 청구하였다.

---

19) 김중연, 2018년, 선택과 집중 민법, 100~101면 사례변형

(3) 법률관계의 정리

1) 취소권 행사의 요건

상대방이 있는 의사표시에 관하여 제3자가 사기나 강박을 행한 경우에는 상대방이 그 사실을 알았거나 알 수 있었을 때에 한하여 그 의사표시를 취소할 수 있다(민법 제110조 제2항).

2) 제3자의 해당 여부

민법 제110조 제2항에서 정한 제3자에 해당될 수 없는 자란 그 의사표시에 관한 **상대방의 대리인 등 상대방과 동일시할 수 있는 자**만을 의미하고, 단순히 상대방의 피용자이거나 상대방이 사용자책임을 져야 할 관계에 지나지 않는 자는 상대방과 동일시할 수는 없어 이 규정에서 말하는 제3자에 해당한다.

참고 관련 판례 : [은행의 출장소장이 어음할인을 부탁받자 그 어음이 부도날 경우를 대비하여 담보조로 받아두는 것이라고 속이고 금전소비대차 및 연대보증 약정을 체결한 후 그 대출금을 자신이 인출하여 사용한 사안] "위 출장소장의 행위는 은행 또는 **은행과 동일시할 수 있는 자**의 사기일 뿐 제3자의 사기로 볼 수 없으므로, 은행이 그 사기사실을 알았거나 알 수 있었을 경우에 한하여 위 약정을 취소할 수 있는 것은 아니다."(대법원 1999.02.23. 선고, 98다 60828,60835 판결)

3) 가맹점사업자 을의 권리구제방안

① 가맹금예치계약의 취소(민법 제110조 제2항)

위 사실관계에서 가맹본부 병은 제3자에 해당하므로, 예치기관 갑이 알았거나 알 수 있었을 경우라면 가맹점사업자 을은 가맹금예치계약을 취소할 수 있다. 이 경우, 가맹금예치계약은 소급하여 무효가 되며, 이미 지급한 가맹금 1억원에 대하여 부당이득의 반환을 구할 수 있다(민법 제741조, 제748조).

참고 관련 판례 : "제3자를 위한 계약관계에서 낙약자와 요약자 사이의 법률관계(이른바 기본관계)를 이루는 계약이 무효이거나 해제된 경우 그 계약관계의 청산은 계약의 당사자인 **낙약자와 요약자 사이**에 이루어져야 하므로, 특별한 사정이 없는 한 낙약자가 이미 제3자에게 급부한 것이 있더라도 낙약자는 계약해제 등에 기한 원상회복 또는 부당이득을 원인으로 제3자를 상대로 그 반환을 구할 수 없다."(대법원 2010.08.19. 선고, 2010다31860, 31877 판결)

② 손해배상청구(민법 제750조)

가맹본부 병의 기망은 동시에 불법행위를 구성하므로, 가맹점사업자 을은 병에게 불법행위에 따른 손해배상을 청구할 수 있다(단, 이 경우 취소권 행사에 따른 부당이득반환청구권과 선택적으로 행사 가능).

국내 유명 외식업체 "KAM CUISINE"의 영업표지권을 가진 가맹본부 갑은 2016년 5월경 가맹희망자를 수시로 모집하여, 위 가맹사업을 통하여 실제 얻을 수 있는 영업수익보다 훨씬 많은 이익을 보장하겠다는 감언이설로 가맹사업에 대한 상담 및 협의를 진행하고 있었다. 가맹희망자 중의 한 사람이었던 을은 갑의 감언이설에 속아 가맹계약을 체결하기에 이르렀는데, 갑이 병은행을 가맹금 예치기관으로 지정한 후 을에 대하여 가맹금 2억 원을 예치하도록 요구하자, 을은 사기를 의심하면서도 예상보다 많은 수익을 기대하고 이를 예치하였다.(50점)

(1) 가맹금 예치와 관련하여 병이 갑과 을에 대하여 부담하는 의무를 설명하시오.(20점)

(2) 위 가맹계약이 갑의 사기에 의하여 체결된 것으로 밝혀졌다. 이 경우 을이 갑의 사기를 이유로 가맹계약의 효력을 부정하기 위해 취할 수 있는 법적 조치와 그에 따라 예치가맹금의 반환을 청구할 수 있는 근거를 설명하시오.(30점)

[답안 예시]

Ⅰ. 물음(1)의 해결

1. 문제의 소재

2. 병이 갑에 대하여 부담하는 의무

  (1) 갑과 병 간 체결한 계약의 법적성질

  가맹금예치설정계약 – 정지조건부 인도계약

  (2) 병이 갑에 대하여 부담하는 의무

3. 병이 을에 대하여 부담하는 의무

  (1) 을과 병 간 체결한 계약의 법적성질

  가맹금예치계약 – 조건부 제3자를 위한 계약

  (2) 병이 을에 대하여 부담하는 의무

4. 사안의 해결

II. 물음(2)의 해결

1. 문제의 소재

2. 을이 '가맹계약'의 효력을 부정하기 위해 할 수 있는 법적 조치

(1) 계약의 취소(민법 제110조 제1항)

(2) 계약의 해지(상법 제168조의 10)

(3) 소결

3. 예치가맹금의 반환을 청구할 수 있는 근거('가맹금예치계약'의 취소 가부)

(1) 문제점

가맹금예치계약의 당사자가 아닌 '제3자'인 가맹본부 갑의 기망이 있는 경우에도 가맹금예치계약을 취소할 수 있는지가 문제된다.

(2) 가맹본부 갑의 법적지위

가맹본부 갑은 민법 제110조 제2항의 제3자에는 해당하나, 제3자를 위한 계약 상 '수익자'의 지위에 있으므로 동 조 제3항의 제3자에는 해당하지 아니함(즉, 가맹금예치계약의 취소로서 대항 가능).

(3) 소결

예치기관인 병은행이 가맹본부 갑의 기망행위를 알았거나 알 수 있었던 경우라면, 을은 가맹금예치계약을 취소하고 가맹금 2억원에 해당하는 금액을 부당이득으로서 반환청구 할 수 있을 것으로 판단된다.

4. 사안의 해결

병은행이 가맹본부 갑의 기망행위를 알았거나 알 수 있었던 경우라면, 을은 갑의 사기를 이유로 가맹금예치계약을 취소할 수 있다. 이 경우 보상관계(기본관계)가 부존재하게 되는 바, 병은 보호받는 '선의의 제3자'에 해당하지 아니하므로 을은 병에 대하여 예치가맹금 2억원에 해당하는 금액을 반환청구 할 수 있다고 판단된다.

"Y피자"라는 상호로 가맹사업을 영위하고 있는 가맹본부 甲은 A시(市) 소재 B공원 입구에서 피자점을 운영할 신규 가맹점을 모집하고 있다. 최근 회사를 명예퇴직한 乙은 친구 丙의 적극적인 권유로 2023. 5. 1. 甲으로부터 정보공개서 및 인근가맹 점 현황문서를 제공받은 후, 2023. 5. 3. 다음과 같은 내용이 포함된 Y피자 가맹 계약을 체결하였다.(50점)

제5조(가맹기간)

가맹사업의 기간은 계약체결일로부터 2년으로 한다.

제8조(가맹금의 예치 또는 지급)

계약체결 즉시 乙은 가맹금을 예치하거나 甲에게 지급하여야 한다.

제10조(영업시간)

① 乙은 24시간 영업하여야 한다.

② 피자점의 영업이 개시된 후에는, 乙은 甲에 대하여 영업수익의 감소 등 어떠한 이유로도 영 업시간의 단축을 요구할 수 없다

참고 아래 물음 1), 물음 2)는 별개의 독립된 문제임

(1) 가맹사업거래의 공정화에 관한 법령상 영업시간에 관한 가맹계약 제10조의 적 법성에 관하여 설명하시오.(20점)

(2) 丙은 乙에게 계약체결을 권유하면서, B공원 내에 조만간 대단위 청소년 여가시 설이 건설될 예정이라고 속였다. 乙은 위와 같은 丙의 말을 믿고 가맹계약을 체결 하였는데, 계약체결 직후 丙으로부터 사기를 당한 것을 알게 되었다. 乙이 위 가맹 계약에 따라 이미 예치(또는 지급)한 가맹금을 돌려받기를 원한다면, 乙은 민법과 가맹사업거래의 공정화에 관한 법령에 기초하여 각각 어떠한 조치를 취할 수 있는 지에 관하여 설명하시오.(30점)

[답안 예시]

I. 물음(1)의 해결

1. 문제의 소재24시간 영업을 원칙으로 하면서, 어떠한 이유로도 영업시간의 단축을

요구할 수 없다고 규정한 Y피자 가맹계약서 제10조가, 가맹사업법 상 불공정거래행위에 해당하는지 문제된다.

2. 불공정거래행위 중 '거래상 지위의 남용' 해당 여부 – [쟁점 13] 참고

  (1) 의의 및 요건

  (2) 유형

  (3) 적용예외

  (4) 소결

가맹계약서 제10조는 24시간 영업을 요구하면서도 어떠한 경우에도 영업시간 단축을 요구할 수 없다고 규정하고 있는 바, 이는 가맹점사업자가 이행하기 곤란하거나 가맹점사업자에게 불리한 계약조항을 설정한 것으로 보인다. 따라서, 이는 불공정거래행위에 해당하는 거래상 지위의 남용 중 '부당한 계약조항의 설정 또는 변경'에 해당한다고 판단된다.

3. 불공정거래행위 중 '부당한 영업시간 구속금지' 해당 여부 – [쟁점 14] 참고

  (1) 의의

  (2) 부당한 영업시간 구속행위로 간주되는 행위

  (3) 소결

가맹본부는 부당하게 가맹점사업자의 영업시간을 구속하는 행위를 하여서는 아니 되고, 가맹사업법 및 동 법 시행령은 해당 행위로 간주되는 행위를 규정하고 있는데, 가맹계약서 제10조는 이와 같은 규정에 정면으로 위배되는 내용이다. 따라서, 이는 '부당한 영업시간 구속금지'에 해당한다고 판단된다.

4. 사안의 해결

II. 물음(2)의 해결

1. 문제의 소재

을은 제3자인 병의 기망행위에 의하여 가맹계약을 체결하고 가맹금까지 예치(지급)하였는 바, 이 경우 을이 병의 사기를 이유로 기 예치(지급)한 가맹금을 반환 받을 수 있는 수단이 문제된다.

2. 을이 민법에 의하여 취할 수 있는 조치

  (1) 취소권 행사 가부

  상대방이 있는 의사표시에 관하여 제3자가 사기나 강박을 행한 경우에는 상대방이

그 사실을 알았거나 알 수 있었을 때에 한하여 그 의사표시를 취소할 수 있다(민법 제110조 제2항).

(2) 가맹점사업자 을의 가맹금 반환을 위한 수단

　1) 가맹금예치(지급) 관련 계약의 취소

　병은 제3자에 해당하므로, 예치기관(또는 가맹본부)이 병의 기망행위를 알았거나 알 수 있었을 경우라면 가맹점사업자 을은 가맹금예치계약을 취소할 수 있다. 이 경우, 가맹금예치계약은 소급하여 무효가 되며, 기 지급한 가맹금에 대하여 부당이득 반환을 구할 수 있다(민법 제741조, 제748조).

　2) 손해배상청구

　병의 기망은 동시에 불법행위를 구성하므로, 만약 상기와 같은 취소권 행사하지 못하는 경우라 하더라도, 가맹점사업자 을은 병에게 불법행위에 따른 손해배상을 청구할 수 있다(민법 제750조).

3. 을이 가맹사업법에 의하여 취할 수 있는 조치

(1) 가맹금이 예치기관에 예치된 경우

가맹점사업자 을은 가맹본부 갑의 동의를 얻어 예치가맹금의 반환을 요청할 수 있고, 이 경우 예치기관은 요청일로부터 10일 내 예치가맹금을 반환하여 주어야 한다(법 제6조의5 제7항).

(2) 가맹금이 가맹본부에 지급된 경우 - [쟁점 10] 참고

　1) 반환사유(요건)

　2) 해당 여부

　가맹본부의 허위·과장된 정보제공 등의 금지의무 위반행위는 없다고 보여지는 바, 가맹금 반환사유에 해당하지는 않는 것으로 판단된다.

(3) 소결

가맹점사업자 을은, 만약 가맹금이 예치기관에 예치된 경우라면 가맹본부 갑의 동의를 얻어 예치가맹금의 반환을 요청할 수 있지만, 가맹금이 이미 가맹본부에 지급된 경우라면 가맹사업법 상 반환받을 수단은 없을 것으로 보인다.

4. 사안의 해결

　　　가맹점사업자피해보상보험계약 등

☞ **['16기출(사)]** 「가맹사업거래의 공정화에 관한 법률」 및 같은 법 시행령상 가맹본부가 가맹점사업자의 피해를 보상하기 위하여 체결하는 가맹점사업자피해보상보험계약 등에 관하여 설명하시오.(25점)

1. 의의 및 제도의 취지

- 법 제6조의5 제1항 단서에 따른 제도(가맹금 예치제도에 따른 예치의무의 예외)
- 가맹본부의 선택·재량권 존중 취지

2. 가맹점사업자피해보상보험계약 등의 내용

(1) 계약의 종류(법 제15조의2 제1항)

1) 「보험업법」에 따른 **보험계약**

2) 「금융위원회의 설치 등에 관한 법률」에 따른 기관의 **채무지급보증계약**

3) 법 제15조의3에 따라 설립된 공제조합과의 **공제계약**

(2) 계약의 필수충족요건(법 시행령 제16조의2 제1항)

1) 가맹본부의 가맹금반환의무의 불이행 등으로 인한 가맹점사업자의 **피해를 보상하는 내용**일 것

2) **피보험자·채권자·수익자**는 가맹점사업자 또는 가맹점사업자가 지정한 자일 것

3) 계약금액은 **예치가맹금 이상**으로 할 것

4) 정당한 사유 없이 가맹점사업자의 **의사표시 방법을 제한**하거나 가맹점사업자에게 **지나친 입증책임**을 지우지 아니할 것

5) 정당한 사유 없이 피해보상의 범위나 보험자 · 보증인 · 공제조합 또는 가맹본부의 **책임을 한정**하지 아니할 것

6) 계약기간은 **2개월 이상**으로 하고, 정당한 사유 없이 쉽게 계약을 해지할 수 있도록 하여 가맹점사업자에게 불이익을 주지 아니할 것

7) 그 밖에 가맹점사업자에게 예상하기 어려운 **위험이나 손해**를 줄 염려가 있거나 부당하게 **불리**한 약정을 두지 아니할 것

8) 보험금 · 보증금 또는 공제금은 가맹점사업자 또는 가맹점사업자가 지정한 자가 **직접** 수령할 수 있도록 할 것

3. 가맹점사업자피해보상보험계약 등의 체결 및 피해보상금의 지급

(1) 계약의 체결

1) 거짓자료 제출의 금지(법 제15조의2 제3항)

가맹본부는 가맹점사업자피해보상보험계약 등을 체결하기 위하여 매출액 등의 자료를 제출함에 있어서 거짓자료를 제출하여서는 아니됨.

2) 계약의 규모 및 수준(법 제15조의2 제4항)

가맹본부는 가맹점사업자피해보상보험계약 등을 체결함에 있어서 가맹점사업자의 피해 보상에 적절한 수준이 되도록 하여야 함.

3) 가맹점사업자피해보상보험계약 등의 체결 사실 표지 사용

① 가맹점사업자피해보상보험계약 등을 체결한 가맹본부는 그 사실을 나타내는 표지를 사용할 수 있음(법 제15조의2 제5항).

② 가맹점사업자피해보상보험계약 등을 체결하지 아니한 가맹본부는 가맹점사업자피해 보상보험계약 등의 표지를 사용하거나 이와 유사한 표지를 제작 또는 사용하여서는 아니됨(법 제15조의2 제6항).

(2) 피해보상금의 지급(법 제15조의2 제2항)

1) 즉시 지급의무

가맹점사업자피해보상보험계약 등에 의하여 가맹점사업자 피해보상금을 지급할 의무가 있는 자는 그 지급사유가 발생한 경우 지체 없이 이를 지급하여야 함.

2) 지연배상책임

가맹점이 피해보상금의 지급을 지연한 경우, 지연배상금을 지급하여야 함.

4. 위반시 제재

(1) 가맹점사업자피해보상보험계약 등 체결시 거짓자료 제출 (법 제15조의2 제3항 위반시)
시정조치 또는 시정권고 + 과징금(관련매출액의 2/100 이내)

(2) 가맹점사업자피해보상보험계약 등을 미체결 하였음에도 그 표지 사용 또는 이와 유사한 표지 제작·사용(법 제15조의2 제6항 위반시)

1) 행정적 제재 : 시정조치 또는 시정권고 + 과징금(관련매출액의 2/100 이내)

2) 형사적 제재 : **2년 이하의 징역** 또는 **5천만원 이하의 벌금**(전속고발권 대상)

공제조합의 설립

☞ **['12기출(사)]** 「가맹사업거래의 공정화에 관한 법률」상 공제조합의 설립절차와 운영 및 의무에 관하여 설명하시오.(25점)

1. 공제조합의 의의 및 설립취지

- 가맹본부가 공제사업을 영위하기 위하여 공정거래위원회의 인가를 받아 설립하는 법인(법 제15조의3 제1항)
- 가맹본부의 자력으로 가맹점사업자에게 가맹금의 안전성을 담보하는 데 있어서의 한계를 보완하여 가맹점사업자 보호하기 위함.[20]

2. 공제조합의 설립요건(법 시행령 제16조의3 제1항 내지 제3항)

(1) 정관작성 및 창립총회의 의결

1) 원칙

10명 이상이 발기인이 되어 정관을 작성하고 창립총회의 의결을 거쳐 공정거래위원회의 인가를 신청하여야 함.

2) 예외

특정업종에 속하는 가맹본부만을 조합원으로 하는 공제조합을 설립하려는 때에는 **가맹본부 총수의 1/10 이상**의 발기인을 요함.

(2) 공정거래위원회의 인가 및 공고

1) 공제조합이 공제사업을 하거나 공제규정을 변경하고자 하는 때에는 공정거래위원회의 인가를 받아야 함.

2) 공정거래위원회는 공제조합의 인가를 한 때 이를 공고하여야 함.

3. 공제조합의 설립시기

주된 사무소의 소재지에 등기를 함으로써 설립됨.

---

20) 이러한 취지에도 불구하고, 2007년 해당 조항 신설 이후 현재까지 가맹사업 관련 공제조합이 설립된 사례가 단 하나도 없는데, 이토록 동 제도가 활성화 되지 못하는 이유로는 소관부서인 공정거래위원회가 공제조합의 유치를 위한 노력에 적극성을 보이지 못하였거나 가맹사업법상 가맹금 예치제도나 가맹점사업자 피해보상보험계약만으로도 가맹희망자 또는 가맹점사업자의 가맹금을 충분히 보호할 수 있다고 판단하였기 때문으로 보는 견해가 있다(송인방·류석희, 가맹사업법 제15조의3 공제조합의 존치 여부에 관한 검토, 기업법연구 Vol.29 No.4. 2015년, 203-228면).

4. 공제조합의 설립효과

가맹본부가 공제조합과의 공제계약을 체결하는 경우에는 가맹희망자로부터 직접 가맹금을 수령할 수 있음(가맹금 예치제도 적용의 제외).

5. 공제조합의 운영

(1) 공제조합의 정관

1) 정관 기재사항(법 시행령 제16조의4 제1항, 제2항)

① 목적, ② 명칭, ③ 사무소의 소재지, ④ 출자금과 그 납부 방법 및 그 지분계산에 관한 사항, ⑤ 조합원의 자격과 가입·탈퇴에 관한 사항 ⑥ 조합원의 권리·의무에 관한 사항, ⑦ 자산 및 회계에 관한 사항, ⑧ 총회에 관한 사항, ⑨ 운영위원회에 관한 사항, ⑩임원 및 직원에 관한 사항, ⑪ 융자에 관한 사항, ⑫ 업무와 그 집행에 관한 사항, ⑬ 정관의 변경에 관한 사항, ⑭ 해산과 남은 재산리에 관한 사항, ⑮ 공고의 방법에 관한 사항

2) 정관변경 방법

민법 제42조 제2항에 따라 주무관청의 허가를 득할 것을 요함 (법 제15조의3 제9항).

[가맹사업법]

제15조의3(공제조합의 설립) ⑨ 공제조합에 관하여 이 법에 규정된 것을 제외하고는 민법 중 사단법인에 관한 규정을 준용한다.

[민법]

제42조(사단법인의 정관의 변경) ① 사단법인의 정관은 총사원 3분의 2 이상의 동의가 있는 때에 한하여 이를 변경할 수 있다. 그러나 정수에 관하여 정관에 다른 규정이 있는 때에는 그 규정에 의한다. ② 정관의 변경은 주무관청의 허가를 얻지 아니하면 그 효력이 없다.

(2) 공제조합의 기본재산

1) 공제조합에 가입한 가맹본부는 공제사업의 수행에 필요한 출자금 등을 조합에 납부해야함.

2) 공제조합의 기본재산은 조합원의 출자금 등으로 조성함.

(3) 조합원의 자격 등

1) 공제조합의 조합원의 자격, 임원에 관한 사항 및 출자금의 부담기준에관한 사항

은 정관으로 정함.

2) 공제조합의 설립인가 기준 및 절차, 정관기재사항, 운영 및 감독 등에 관해 필요한 사항은 대통령령으로 정함.

6. 공제조합에 대한 감독 – 결산보고서의 제출

공제조합은 매 사업연도가 지난 후 2개월 이내에 결산을 마치고 해당 사업연도의 공제실적등을 포함한 사업실적 보고서 및 결산보고서를 3월 31일까지 공정거래위원회에 제출해야 함.

7. 준용 및 적용 제외(법 제15조의3 제8항 내지 제10항)

(1) 공제조합에 관하여 법에 규정된 것을 제외하고는 민법 중 사단법인에 관한 규정을 준용함.

(2) 공제조합의 사업에 대해서는 「보험업법」을 적용하지 아니함.

쟁점 10   가맹금의 반환

☞ **['11 기출(사)]** 「가맹사업거래의 공정화에 관한 법률」에 의한 가맹금 반환의 절차, 요건, 그리고 그 금액의 확정에 대하여 설명하시오.(25점)

☞ **['14 기출(계)]** 가맹희망자 또는 가맹점사업자가 가맹본부에 대하여 가맹금의 반환을 요구할 수 있는 경우와 그 요건에 대하여 설명하시오.(25점)

☞ **['22 기출(계)]** 가맹본부 甲은 가맹사업거래의 공정화에 관한 법령에서 정한 중요사항 중 일부를 고의로 기재하지 않은 정보공개서와 인근가맹점 현황문서를 위 법령에서 정한 바에 따라 가맹희망자 乙에게 제공하였다. 乙은 정보공개서를 받은 날로부터 20일 후에 가맹점운영권을 취득하기 위해 甲과 가맹계약을 체결하고, 그 대가로 가맹금(1억원)을 지급하였다. 이후 乙은 정보공개서에 중요사항이 누락된 것을 알게 되었으며, 그 사항이 제공되었다면 乙은 위 가맹계약을 체결하지 않았을 것이 명백하였다. 계약체결일로부터 2개월이 지난 후 乙은 이를 이유로 甲에게 가맹금 반환을 청구하였다. 이 경우, 「가맹사업거래의 공정화에 관한 법률」에 따른 가맹금 반환요건의 충족 여부를 판단하고, 그 근거를 설명하시오.(25점)

1. 서설

(1) 의의

일정한 사유가 발생한 경우, 가맹본부는 가맹희망자 또는 가맹점사업자에게 가맹금을 반환하여야 함(법 제10조 제1항).

(2) 제도의 취지

신속하고 실질적인 구제를 통한 가맹희망자 및 가맹점사업자 보호[21]

2. 반환요건

(1) 반환청구권자 : 가맹희망자 또는 가맹점사업자

(2) 각 반환사유 별 반환요건

1) **정보공개서 제공의무 위반시**(법 제7조 제3항 위반시)

가맹희망자 또는 가맹점사업자가 가맹계약 체결 전 또는 가맹계약 **체결일로부터 4개월 내** 가맹금 반환을 요구할 것

2) **허위·과장된 정보제공 등의 금지의무 위반시**(제9조 제1항 위반시)

① 가맹희망자 : 가맹계약 **체결 전**에 가맹금의 반환을 요구할 것

② 가맹점사업자 : 허위 또는 과장된 정보나 중요사항의 누락된 내용이 계약 체결에 중대한 영향을 준 것으로 인정되는 경우, 가맹계약의 **체결일부터 4개월 내**에

---

21) 이론적으로는 민법 제109조(착오에 의한 취소) 또는 제110조(사기·강박에 의한 취소)에 의한 취소 및 그에 기한 부당이득반환청구권 행사를 통한 가맹금 반환으로도 보호할 수 있다. 하지만 이는 상당한 시간과 비용이 소요되므로 효과적인 구제수단으로는 보기 어렵다.

가맹금 반환을 요구할 것

3) 가맹사업의 일방적인 중단시

가맹점사업자가 <u>가맹사업의 중단일</u>로부터 **4개월 내** 가맹금 반환 요구

◆ **가맹사업의 중단일 (법 시행령 제11조)**

1. 가맹본부가 가맹사업자에게 가맹사업의 중단일을 통지하는 경우에는 그 통지가 가맹점사업자에게 **도달**된 날

2. 가맹본부가 가맹점사업자에게 미리 통지함이 없이 가맹사업을 영위하는데 중대한 영향을 미치는 부동산·설비·상품 등의 거래를 **10일** 이상 중단하고 가맹점사업자가 **서면**으로 거래재개일을 정하여 거래재개를 요청하였음에도 불구하고 가맹본부가 이에 응하지 아니한 경우에는 위 **서면으로 정한 거래재개일**

(3) 반환요구의 방법 : 서면으로 요구하여야 함.

참고 **반환요구시 기재사항(법 시행령 제10조)**

– 가맹금의 반환을 요구하는 가맹점사업자 또는 가맹희망자의 주소 · 성명

– 가맹본부가 허위 또는 과장된 정보를 제공하거나 중요사항을 누락한 사실

– 가맹본부가 허위 또는 과장된 정보를 제공하거나 중요사항을 누락하여 계약체결에 중대한 영향을 준 것으로 인정되는 사실

– 가맹본부가 정당한 이유없이 가맹사업을 일방적으로 중단한 사실과 그 일자

– 반환대상이 되는 가맹금의 금액

– 가맹본부가 정보공개서를 제공하지 아니한 사실 또는 정보공개서를 제공한 날부터 14일(변호사 또는 가맹거래사의 자문을 받은 경우에는 7일)이 지나지 아니한 상태에서 가맹희망자로부터 가맹금을 수령하거나 가맹희망자와 가맹계약을 체결한 사실과 그 날짜

3. 반환기간 : 반환요구일로부터 1개월 내[22]

4. 반환금액의 범위 및 대상

(1) 반환범위 결정시 고려사항(법 제10조 제3항)

1) 가맹계약의 체결 경위

2) 금전이나 그 밖에 지급된 대가의 성격

3) 가맹계약기간 및 계약이행기간

4) 가맹사업당사자의 귀책정도

---

22) 비교 쟁점 : 예치가맹금의 지급시기는 지급요청일로부터 10일 내. [쟁점 7] 참고.

(2) 반환대상 가맹금

구분	반환여부	반환의 구체적 범위
개시지급금	○	남은 기간에 비례하여 반환
계약이행보조금	○	손해에 충당한 후 남은 금액 반환
초도물품비	△	물품공급대가(적정도매가)를 초과하는 이윤 반환
정기·비정기지급금	X	-

5. 법 위반의 효과

(1) 행정적 제재

시정조치 또는 시정권고 + 과징금(관련매출액의 2/100 이내)

(2) 형사적 제재

1) 직접적인 처벌 규정은 없음.

2) 시정조치명령 불응시, **3년 이하의 징역** 또는 **1억원 이하의 벌금**(전속고발권 대상)

(3) 민사적 제재

1) 가맹희망자 또는 가맹점사업자의 **손해배상청구**

2) 계약의 취소(민법 제109조, 제110조)에 기한 **부당이득반환청구**

주요사례 ㈜백*의 가맹금 반환의무 위반에 대한 건(위법성 인정/반환범위 제한)

1. 인정사실

피심인은 자신의 직영점 ************점을 *****에게 양도하여 일반 가맹점으로 전환하면서 *****로부터 2016. 9. 27. 부터 총 4회에 걸쳐 140,000천 원의 양도대금을 수령하고, 4회째 수령일인 2016. 10. 26. 가맹계약을 체결하였다. 이후 피심인은 *****가 가맹계약 체결일부터 3개여월이 지난 2017. 1. 17. <u>피심인이 정보공개서를 제공하지 아니하고 가맹계약을 체결하였다는 이유를 들어 내용증명우편으로 기 지급한 위 **140,000천 원**의 반환을 요구해 오자, 수령 금액 전부가 가맹금에 해당하지는 않는다는 사유로 지급을 거절</u>하였고, 이후 2017. 6. 11.*****의 식자재 외부 사입이 계속된다는 이유로 식자재 상품 공급을 중단하면서*****와의 거래를 종료하였다.

2. 위법성 판단

위 인정사실 및 아래 제반 사정을 관련 법 규정에 비추어 보면 <u>반환 대상 가맹금은 **3,896천 원**으로 산정</u>되고, 이를 반환하지 아니한 피심인의 행위는 법 제10조 제1항에 위반되어 위법하다.

(1) 정보공개서등 제공의무 위반

피심인은 가맹희망자 *****에게 **정보공개서 등을 제공하지 아니한 상태에서 가맹금을 수령**하고 가맹계약을 체결함으로써 법 제7조 제3항을 위반한 것으로 인정된다.

(2) 법정기한 내 반환 요청

피심인이 2016. 10. 26. 가맹계약을 체결한 후, 2017. 1. 17. 가맹금 반환을 요구하는 내용증명 우편물을 수령한 것으로 볼 때 법정기한인 가맹계약 체결일부터 **4개월** 내에 *****의 가맹금 반환 요구가 있었음이 인정된다.

(3) 이 사건 가맹금의 구분

피심인은 가맹계약 체결일 또는 이를 전후하여 *****로부터 교육비, 가맹비, 계약이행보증금 명목으로 총 9,700천 원을 수령하였음을 인정하면서도, 그 외 나머지 금액에 대하여는 가맹금이 아니라 권리금, 인테리어 비용 등이라고 주장하고 있는 반면, *****는 단지 자신이 지급한 금액 전부를 반환받아야 한다고만 할 뿐 얼 마의 금액이 어떤 종류의 가맹금에 해당하는지를 달리 설명하지 못하고 있다. 따라서…(중략)…이 사건 가맹사업과 관련하여 피심인이 *****로부터 수령한 가맹금은 **9,700천원**으로 봄이 타당하다.

(4) 미반환 가맹금의 산정

피심인은 *****로부터 가맹계약 체결과정에서 가맹비 5,500천 원, 교육비 2,200천 원, 계약이행보증금 2,000천 원 등 총 9,700천 원의 가맹금을 수령하였고 가맹계약 이후 영업 중에는 매월 로열티를 수령해 온 것으로 인정된다. 그러나 위 로열티의 경우 월 매출액에 따라 후불 형식으로 지급되는 가맹금이라는 점에서 그 성질상 반환 대상에서 제외된다 할 것이고, **교육비** 또한, 통상 가맹점 오픈과 관련하여 가맹본부로부터 영업노하우 등을 전수받는 대가로 지급하는 금원으로서 교육이 실시된 후에 소멸한다는 점에서 이미 *****에게 교육을 실시한 사실이 인정되므로 반환대상 가맹금에서 제외된다 할 것이다. 한편, **계약이행보증금**의 경우 가맹사업거래과정에서 발생하는 *****의 외상대금이나 각종 손해금을 담보하기 위하여 가맹본부가 유치하는 금원이라 할 것인 바, 현재 손해액 등이 확정되지 아니하여 당사자가 민사소송을 통해 다투고 있는 점을 감안하면, 이의 반환금액 산정도 불가하므로 이 사건 반환대상금액 산정에서는 제외함이 타당하다고 판단된다. 위와 같은 사정을 종합하면, 이 사건 가맹금 반환요청에 따른 반환 대상 가맹금은 가맹비인 **5,500천 원**에 국한되고, 해당 가맹비는 전체 계약기간을 대상으로 지불된 비용이므로 이 사건 가맹사업거래가 종료된 2017. 6. 11.을 기준으로 잔여 계약기간에 해당하는 가맹비가 이 사건 반환대상 가맹금이라 할 수 있다. 이에 따른 이 사건 반환대상 가맹금은 **3,895,830원**이다(공정거래위원회 2017부사0824, 2018.09.18. 의결).

* 반환대상 가맹금 산정내역 : 가맹비(5,500천 원) ÷ 계약기간 월수(24) × 계약 잔여월수(17) = 3,895,830원

① 'PGA스크린골프'라는 브랜드의 가맹사업을 운영하는 가맹본부 갑은 A시 외곽에 신규 가맹점을 모집하기로 하였다. 마침 스크린골프 사업을 계획하고 있던 을이 갑에게 가맹사업에 대한 의사를 밝히자 갑은 을에게 예상매출액과 함께 "2020년에 추진될 A시 지하철노선 연장으로 인해 향후 지속적인 인구 유입에 따른 매출 증대가 예상된다"는 정보를 서면으로 제공하였다. 을은 이 정보를 믿고 가맹사업 준비에 착수하였으며, 스크린골프장 운영권에 대한 대가로 갑에게 가맹금을 지급하였으나 아직 계약은 체결하지 않고 있었다. 그런데 이후 을이 지하철노선 연장 계획에 관하여 확인해 본 결과, 부동산 개발업자들로부터의 소문은 있었지만 사실이 아닌 것으로 밝혀졌다. ② 이에 을은 스크린골프 사업계획을 철회하고 갑에게 가맹금 반환을 서면으로 요구하였으나, 갑은 반환요구일로부터 2개월째 반환을 거부하고 있다.(50점)

(1) 위 사례에서 갑의 행위가 「가맹사업거래의 공정화에 관한 법률」 및 같은 법 시행령에 위반되는지를 ①과 ②의 경우로 나누어 설명하시오.(30점)
(2) 위 사례에서 ②의 행위가 위 법령에 위반된다고 볼 경우에 공정거래위원회가 취할 수 있는 조치를 설명하시오.(20점)

[답안 예시]

Ⅰ. 물음(1)의 해결

1. 문제의 소재

2. 행위 ①의 위법성 검토

(1) 정보공개서 및 가맹계약서 사전제공의무 위반 여부

갑은 정보공개서 및 가맹계약서 제공 전에 가맹금을 수령하였으므로, 법 제7조 제3항 및 법 제11조 제1항을 위반했다고 판단된다.

(2) 가맹금 예치제도 위반 여부

갑은 가맹점사업자피해보상보험계약 등을 별도로 체결하지 아니하였음에도 예치기

관을 배제한 채 가맹금을 직접 수령하였으므로, 법 제6조의5 제1항을 위반했다고 판단된다.

(3) 허위·과장된 정보제공 등의 금지의무 위반 여부

'허위·과장의 정보'로 보이므로, 법 제9조 제1항을 위반했다. 단, 수익상황에 관한 정보는 서면으로 제공하였으므로, 법 제9조 제3항 위반사실은 없다고 판단된다.

(4) 사안의 경우

3. 행위 ②의 위법성 검토

(1) 가맹금 반환의무의 의의

(2) 반환요건

(3) 사안의 경우

갑은 을의 가맹금반환요구일로부터 2개월째 이를 반환하지 아니하고 있으므로, 법 제10조 제1항을 위반하고 있다고 판단된다.

4. 사안의 해결

II. 물음(2)의 해결

1. 문제의 소재

2. 행정적 제재 : 시정조치 또는 시정권고 + 과징금(관련매출액의 2/100 이내)

3. 형사적 제재

(1) 형벌 부과 여부

직접적인 처벌 규정은 없다. 단, 시정조치명령 불응시 3년 이상의 징역 또는 1억원 이하의 벌금에 처해질 수 있다.

(2) 전속고발권의 행사

시정조치명령에 대한 불응은 전속고발권 대상이므로 공정거래위원회 고발이 있어야 검찰의 공소제기가 가능한 바, 공정거래위원회는 형사적 제재를 위해 이 전속고발권을 행사할 수 있다.

4. 사안의 해결

가맹계약서 일반

☞ **['12기출(사)]** 가맹사업거래의 공정화에 관한 법률상 가맹계약서에 대하여 설명하시오.(25점)

☞ **['17기출(사)]** 가맹본부 갑은 가맹희망자 을과 가맹사업거래에 관한 가맹계약서를 작성하고자 한다. 이 때 「가맹사업거래의 공정화에 관한 법률」 및 같은 법 시행령에 따라서 가맹계약서에 기재하여야 할 사항들에 관하여 설명하시오.(25점)

☞ **['20기출(계)]** 가맹사업자에게 불리한 내용이 기재된 정보공개서가 공정거래위원회에 등록되어 공개되고 가맹사업자에게 제공된 경우, 해당 내용이 가맹본부와 가맹사업자 간의 별도 합의 없이도 가맹계약의 내용에 편입될 수 있는지에 관하여 설명하시오.(25점)

☞ **['22기출(사)]** 피자 가맹사업을 운영하는 가맹본부 A는 가맹희망자 B와 가맹계약을 체결하고자 한다. 「가맹사업거래의 공정화에 관한 법률」상 가맹계약서의 정의 및 그에 포함해야 할 사항들을 설명하시오.(25점)

1. 가맹계약서의 의의

가맹사업의 구체적 내용과 조건 등에 있어 가맹본부 또는 가맹점사업자의 권리와 의무에 관한 사항을 기재한 문서(법 제2조 제9호)

2. 가맹계약서의 기재사항

(1) 필수적 기재사항(법 제11조 제2항) - 총 20개[23]

1) **영업표지**의 사용권 부여에 관한 사항

2) 가맹점사업자의 영업활동 **조건**에 관한 사항

3) 가맹점사업자에 대한 **교육·훈련, 경영지도**에 관한 사항

4) **가맹금** 등의 지급에 관한 사항[24]

5) **영업지역의 설정**에 관한 사항

6) **계약기간**에 관한 사항

7) **영업의 양도**에 관한 사항

8) **계약해지의 사유**에 관한 사항

9) 가맹희망자 또는 가맹점사업자가 가맹계약을 체결한 날부터 2개월(가맹점사업자가 2개월 이전에 가맹사업을 개시하는 경우에는 가맹사업개시일)까지의 기간 동안 **예치가맹금을 예치기관에 예치**하여야 한다는 사항(가맹점사업자피해보상보험계약 등을 체결한 경우에는 그에 관한 사항)

10) 가맹희망자가 정보공개서에 대하여 **변호사 또는 가맹거래사의 자문**을 받은 경우 이에 관한 사항

11) **가맹본부 또는 가맹본부 임원의 위법행위 또는 가맹사업의 명성이나 신용을 훼손**하는 등 사회상규에 반하는 행위로 인하여 **가맹점사업자에게 발생한 손해에 대한 배상의무**에 관한 사항

12) 그 밖에 가맹사업당사자의 권리 · 의무에 관하여 대통령령이 정하는 사항

◆ **대통령령이 정하는 사항 (법 시행령 제12조)**

1. 가맹금 등 금전의 **반환조건**에 관한 사항

2. 가맹점사업자의 영업설비 · 집기 등의 설치와 유지 · 보수 및 그 **비용의 부담**에 관한 사항

3. 가맹계약의 **종료 및 해지에 따른 조치** 사항

4. 가맹본부가 가맹계약의 **갱신을 거절할 수 있는 정당한 사유**에 관한 사항

5. 가맹본부의 **영업비밀**에 관한 사항

6. 가맹계약 위반으로 인한 **손해배상**에 관한 사항

7. 가맹본부와 가맹점사업자 사이의 **분쟁 해결절차**에 관한 사항

8. 가맹본부가 다른 사업자에게 **가맹사업을 양도하는 경우**에는 종전 가맹점사업자와의 계약에 관한 사항

9. 가맹본부의 **지식재산권 유효기간 만료 시 조치**에 관한 사항

---

23) 24년 하반기에는 20개 사항 외 다음 1개 사항이 더 추가된다 ☞「가맹본부가 가맹점사업자에게 **가맹본부 또는 가맹본부가 지정한 자와 거래할 것을 강제할 경우 그 강제의 대상이 되는 부동산·용역·설비·상품·원재료 또는 부재료·임대차 등의 종류 및 공급 가격 산정방식에 관한 사항**」(시행일 : 24.07.03. 부록 #2 참고)

24) "피자전문점 가맹본부인 갑 유한회사가 가맹점사업자들에게 구매·마케팅·영업기획·품질관리 등과 관련하여 제공하는 서비스의 대가로 가맹점사업자와 사전에 협의하거나 동의를 받지 않고 가맹계약서에 기재되지 아니한 이른바 **어드민피(Administration Fee)**는 가맹사업법 제2조 제6호 (라)목에서 정하는 '영업활동등에 관한 지원에 대하여 지급하는 대가'에 해당하므로 가맹사업법 제11조 제2항 제4호에 따라 가맹계약서 상 기재가 반드시 필요한데, **가맹계약서**에는 가맹점사업자들에게 부과되는 최초 가맹비, 고정수수료 등에 관하여는 명시적인 근거 조항이 존재하나 어드민피에 관하여는 명시적인 근거 조항이 없는 점 등에 비추어, 갑 회사가 가맹계약서에 어드민피 지급에 관한 사항을 기재하였다고 볼 수 없으므로 그와 같은 행위는 **가맹사업법 제11조 제2항 제4호에 위반**되고, 갑회사가 어드민피에 관하여 내부전산망 공지, 정보공개서 등록, 사업설명회와 오리엔테이션 자료 배부, 일부 가맹점사업자들로 구성된 프랜차이즈 협의회와의 미팅에서 어드민피 인상을 통보한 사실만으로 어드민피 부담에 관하여 가맹점사업자의 의사가 반영되었다고 볼 수 없고 어드민피 도입 당시 또는 요율 변경 당시 가맹점사업자들의 대표와 사전협의를 거치거나 동의를 얻었다고 볼 수 없는 점 등에 비추어, 갑 회사의 어드민피 부과행위는 가맹사업법 제12조 제1항 제3호에서 정한 **거래상의 지위를 이용하여 가맹점사업자에게 부당하게 불이익을 주는 행위**로서 가맹사업의 공정한 거래를 해할 우려가 있다."(서울고등법원 2017.08.17. 선고, 2017누38630 판결)

(2) 임의적 기재사항

사적자치의 원칙상 필요적 기재사항 외의 사항도 '상호 합의' 하에 계약서에 기재 가능[25]

(3) 위반시 제재(필요적 기재사항 미기재시)

1) 행정적 제재 : 시정조치 또는 시정권고 + 과징금(관련매출액의 2/100 이내)

2) 형사적 제재

  ① 직접적인 처벌 규정 없음.

  ② 시정조치명령 불응시, **3년 이하의 징역** 또는 **1억원 이하의 벌금**(전속고발권 대상)

3. 가맹계약서 보관의무

(1) **내용** : 가맹본부는 가맹계약서를 거래종료일로부터 3년 간 보관하여야 함.[26]

(2) **위반시 제재** : 1,000만원 이하의 과태료

4. 표준가맹계약서(법 제11조의2)

(1) 의의 및 취지

– 공정거래위원회는 가맹사업거래에서 표준이 되는 가맹계약서(표준가맹계약서)를 마련하고, 가맹본부, 가맹본부로 구성된 사업자단체, 가맹점사업자 및 가맹점사업자 단체에 이를 사용하도록 **권장**할 수 있음

– 건전한 가맹사업거래질서 확립 및 불공정한 내용의 가맹계약 통용 방지

---

25) [가맹점사업자인 갑 등이 가맹본부인 을 유한회사를 상대로 을 회사가 가맹계약상 근거를 찾을 수 없는 'SCM Adm'(Administration Fee)이라는 항목으로 갑 등에게 매장 매출액의 일정 비율에 해당하는 금액을 청구하여 지급받은 것은 부당이득에 해당한다며 그 금액 상당의 반환을 구한 사안] "가맹사업거래의 공정화에 관한 법률(이하 '가맹사업법'이라 한다) 제2조 제10호, 제6조의2, 제6조의3, 제6조의4, 제7조, 제9조 제1항, 제11조 제1항, 구 가맹사업법(2017. 4. 18. 법률 제14812호로 개정되기 전의 것) 제11조 제1항, 제2항, 가맹사업법 시행령 제5조의2 제1항의 규정 내용, 그에 따라 가맹본부가 정보공개서와 가맹계약서에 각 기재할 내용에 더하여, 가맹사업법의 입법 목적과 가맹본부로 하여금 가맹계약 체결 전에 가맹희망자에게 계약 체결에 필요한 가맹본부와 가맹사업 등에 관한 충분한 정보를 제공하도록 함으로써 가맹사업의 구조적 특성에 기인하는 가맹본부와 가맹점사업자 사이의 정보의 비대칭성으로 인해 발생할 수 있는 부작용을 예방하고 상대적으로 불리한 지위에 있는 가맹점사업자의 권익을 보호하려는 정보공개서 제도의 취지 등을 종합하여 보면, <u>정보공개서에 가맹점사업자에 불리한 내용이 기재되어 있고 그것이 공정거래위원회에 등록되어 공개되었다거나 가맹계약 체결 전 가맹점사업자에게 제공되었다고 하여 그 자체가 가맹계약의 일부가 된다거나 별도의 합의 없이 가맹계약 내용에 당연히 편입된다고 볼 수 없다.</u>"(대법원 2018.06.15. 선고, 2017다248803 판결).

26) 예상매출액산정서' 보관기간(**5년**)과 비교학습한다.

(2) 표준가맹계약서의 제정 및 개정

1) 제정 또는 개정 요청 : 가맹본부, 가맹본부로 구성된 사업자단체, 가맹점사업자 및 가맹점사업자단체는 공정거래위원회에 표준가맹계약서의 제정 또는 개정을 요청할 수 있음.

2) 의견청취 : 공정거래위원회는 표준가맹계약서의 제정 또는 개정을 위하여 필요한 경우 이해관계자 또는 가맹사업거래에 관한 학식과 경험이 풍부한 전문가 등으로부터 의견을 들을 수 있음.

심화학습   약관의 규제에 관한 법률

1. 문제의 소재

가맹계약서는 일반적으로 가맹본부와 가맹점사업자의 권리 및 의무를 미리 정해놓고 이를 일률적으로 적용하는 '약관'의 성질을 가지는 경우가 많다. 따라서 가맹계약서와 이와 관련한 법률관계에 대하여 「약관의 규제에 관한 법률」(이하 "약관법")이 적용되는 경우가 많은 바, 이에 대한 검토가 필요하다.

2. 약관의 의의

계약의 일방당사자가 다수의 상대방과 계약을 체결하기 위해 일정한 형식에 의하여 미리 마련한 계약내용

3. 약관규제의 형태

(1) 편입통제

1) 약관의 명시·설명의무(약관법 제3조)

사업자는 약관 내용을 한글로 작성하고 고객에게 약관의 내용을 분명하게 밝히고 고객이 요구하면 약관의 사본을 주어 약관의 내용을 알 수 있게 하여야 하고, 약관의 중요한 내용을 고객에서 이해할 수 있도록 설명할 의무가 있음. 사업자가 이러한 내용을 위반하면 해당 약관을 계약의 내용으로 주장할 수 없음.

2) 개별약정 우선의 원칙(약관법 제4조)

사업자와 고객이 약관에서 정하고 있는 사항과 다른 내용의 합의를 한 경우에는 그 합의 사항이 약관보다 우선함.

(2) 해석통제

1) 공정해석의 원칙(약관법 제5조 제1항)

약관은 신의성실의 원칙에 따라 공정하게 해석되어야 하고 고객에 따라 다르게 해석되어서는 아니 됨.

2) 작성자 불이익 해석의 원칙(약관법 제5조 제2항)

약관의 내용이 명백하지 아니한 경우에는 고객에게 유리하게 해석되어야 함.

(3) 내용(불공정성) 통제

1) 의의

약관법 제6조 내지 제14조에 해당하여 불공정 조항이라고 판단될 때 해당 조항은 무효가 됨(약관법 제6조 제1항).

2) 내용

① 불공정성 추정 조항(약관법 제6조 제2항)

가) 고객에게 부당하게 불리한 조항

나) 고객이 계약의 거래형태 등 관련된 모든 사정에 비추어 예상하기 어려운 조항

다) 계약의 목적을 달성할 수 없을 정도로 계약에 따르는 본질적 권리를 제한하는 조항

② 면책조항(약관법 제7조)

가) 사업자, 이행 보조자 또는 피고용자의 고의 또는 중대한 과실로 인한 법률상의 책임을 배제하는 조항

나) 상당한 이유 없이 사업자의 손해배상 범위를 제한하거나 사업자가 부담하여야 할 위험을 고객에게 떠넘기는 조항

다) 상당한 이유 없이 사업자의 담보책임을 배제 또는 제한하거나 그 담보책임에 따르는 고객의 권리행사의 요건을 가중하는 조항

라) 상당한 이유 없이 계약목적물에 관하여 견본이 제시되거나 품질·성능 등에 관한 표시가 있는 경우 그 보장된 내용에 대한 책임을 배제 또는 는 제한하는 조항

③ 과중한 손해배상 의무 부담 조항(약관법 제8조)

고객에게 부당하게 과중한 지연 손해금 등의 손해배상 의무를 부담시키는 조항

④ 계약의 해제·해지권 행사의 제한 등에 관한 조항(약관법 제9조)

가) 법률에 따른 고객의 해제권 또는 해지권을 배제하거나 그 행사를 제한하는 조항

나) 사업자에게 법률에서 규정하고 있지 아니하는 해제권 또는 해지권을 부여하여 고객에게 부당하게 불이익을 줄 우려가 있는 조항

다) 법률에 따른 사업자의 해제권 또는 해지권의 행사 요건을 완화해 고객에게 부당하게 불이익을 줄 우려가 있는 조항

라) 계약의 해제 또는 해지로 인한 원상회복의무를 상당한 이유 없이 고객에게 과중하게 부담시키거나 고객의 원상회복청구권을 부당하게 포기하도록 하는 조항

마) 계약의 해제 또는 해지로 인한 사업자의 원상회복의무나 손해배상의무를 부당하게 경감하는 조항

바) 계속적인 채권관계의 발생을 목적으로 하는 계약에서 그 존속기간을 부당하게 단기 또는 장기로 하거나 묵시적인 기간의 연장 또는 갱신이 가능하도록 정하여 고객에게 부당하게 불이익을 줄 우려가 있는 조항

⑤ 채무의 이행에 관하여 고객에게 불리한 조항(약관법 제10조)

가) 상당한 이유 없이 급부의 내용을 사업자가 일방적으로 결정하거나 변경할 수 있도록 권한을 부여하는 조항

나) 상당한 이유 없이 사업자가 이행하여야 할 급부를 일방적으로 중지할 수 있게 하거나 제3자에게 대행할 수 있게 하는 조항

⑥ 고객의 권익을 배제·제한하는 조항(약관법 제11조)

가) 법률에 따른 고객의 항변권, 상계권 등의 권리를 상당한 이유 없이 배제하거나 제한하는 조항

나) 고객에게 주어진 기한의 이익을 상당한 이유 없이 박탈하는 조항

다) 고객이 제3자와 계약을 체결하는 것을 부당하게 제한하는 조항

라) 사업자가 업무상 알게 된 고객의 비밀을 정당한 이유 없이 누설하는 것을 허용하는 조항

⑦ 의사표시에 관한 의제조항(약관법 제12조)

가) 일정한 작위 또는 부작위가 있을 경우 고객의 의사표시가 표명되거

나 표명되지 아니한 것으로 보는 조항(고객에게 상당한 기한 내에 의사표시를 하지 아니하면 의사표시가 표명되거나 표명되지 아니한 것으로 본다는 뜻을 명확하게 따로 고지한 경우이거나 부득이한 사유로 그러한 고지를 할 수 없는 경우는 예외)

나) 고객의 의사표시의 형식이나 요건에 대하여 부당하게 엄격한 제한을 두는 조항

다) 고객의 이익에 중대한 영향을 미치는 사업자의 의사표시가 상당한 이유 없이 고객에게 도달된 것으로 보는 조항

라) 고객의 이익에 중대한 영향을 미치는 사업자의 의사표시 기한을 부당하게 길게 정하거나 불확정하게 정하는 조항

⑧ 대리인의 책임 가중 조항(약관법 제13조)

고객의 대리인에 의하여 계약이 체결된 경우, 고객이 그 의무를 이행하지 아니하는 경우에 대리인에게 그 의무의 전부 또는 일부를 이행할 책임을 지우는 내용의 조항

⑨ 소송제기 금지 등 조항(약관법 제14조)

가) 고객에게 부당하게 불리한 소송 제기 금지 조항 또는 재판 관할 합의 조항

나) 상당한 이유 없이 고객에게 입증책임을 부담시키는 약관 조항

3) 내용통제의 효과(약관법 제16조)

약관의 전부 또는 일부의 조항이 무효로 판단되는 경우, 계약은 나머지 부분만으로 유효하게 존속(일부무효의 원칙). 다만, 유효한 부분만으로는 계약의 목적 달성이 불가능하거나 그 유효한 부분이 한쪽 당사자에게 부당하게 불리한 경우, 약관 전체가 무효(전부무효의 예외).

참고 관련 판례 : "[치킨 가맹사업거래의 특성과 치킨제품의 가격결정구조에 비추어, 가맹점사업자가 **치킨제품을 판매할 때 백깍두기나 양배추샐러드와 같은 보조음식을 무료로 제공하는 것과 같은 영업형태는 치킨가맹사업거래에 있어서 일반적이고 공통된 것**이어서 가맹본부가 가맹점사업자와 가맹점계약을 체결함에 있어 가맹점사업자에게 별도의 설명을 하지 아니하여도 **충분히 예상할 수 있는 사항**이라고 할 것이므로, 그러한 사항에 대하여까지 명시·설명의무가 있다

고 할 수는 없다고 한 사례].가맹사업은 가맹본부와 가맹점사업자 사이의 상호의존적 사업방식으로서 신뢰관계를 바탕으로 가맹점사업자의 개별적인 이익보호와 가맹점사업자를 포함한 전체적인 가맹조직의 유지발전이라는 공동의 이해관계를 가지고 있으며, 가맹사업에 있어서의 판매촉진행사는 비록 전국적인 것이라고 하더라도 1차적으로는 가맹점사업자의 매출증가를 통한 가맹점사업자의 이익향상에 목적이 있고, 그로 인하여 가맹점사업자에게 공급하는 원·부재료의 매출증가에 따른 가맹본부의 이익 역시 증가하게 되어 가맹본부와 가맹점사업자가 모두 이익을 얻게 되므로, 가맹점계약에서 가맹본부와 가맹점사업자 사이에 판매촉진행사에 소요된 비용을 합리적인 방법으로 분담하도록 약정하고 있다면, 비록 가맹본부가 판매촉진행사의 시행과 집행에 대하여 가맹점사업자와 미리 협의하도록 되어 있지 않더라도 그러한 내용의 조항이 약관의 규제에 관한 법률 제6조 제2항 제1호 소정의 고객에 대하여 부당하게 불리한 조항에 해당한다고 할 수는 없다."(대법원 2005.06.09. 선고, 2003두 7484 판결)

가맹계약서 사전제공(교부) 의무

☞ ['11기출(계)] 가맹계약 체결시에 부담하여야 하는 가맹본부의 의무에 대해서 모두 기술하시오.(25점)

1. 서설

(1) 의의

가맹본부는 가맹계약서를 가맹희망자에게 제공한 날부터 14일이 지나지 아니한 경우에는 가맹희망자로부터 가맹금을 수령하거나 가맹희망자와 가맹계약을 체결하는 행위를 하여서는 아니 됨(법 제11조 제1항).

(2) 제도의 취지

가맹희망자가 가맹계약의 내용을 미리 이해하고 충분히 검토할 시간 부여

2. 내용

(1) 가맹계약서 제공시기 : 가맹금 수령 및 가맹계약 체결 14일(변호사 또는 가맹거래사 자문시에는 7일) 이전

(2) 가맹계약서 제공 후 14일 경과 전 금지행위

1) 가맹희망자로부터의 가맹금 수령행위

가맹희망자가 예치기관에 예치가맹금을 예치하는 때에는 최초로 예치한 날(가맹희망자가 최초로 가맹금을 예치하기로 가맹본부와 합의한 날이 있는 경우에는 그 날)에 가맹금을 수령한 것으로 봄.

2) 가맹희망자와의 가맹계약 체결 행위

3. 위반시 제재

(1) 행정적 제재 : 시정조치 또는 시정권고 + 과징금(관련매출액의 2/100 이내)

(2) 형사적 제재

1) 직접적인 처벌 규정은 없음.

2) 시정조치명령 불응시, **3년 이하의 징역** 또는 **1억원 이하의 벌금**(전속고발권 대상)

(3) 민사적 제재

가맹희망자가 가맹금 제공일로부터 14일 전 가맹본부로부터 가맹계약서를 제공받지 아니하였거나, 가맹계약서를 제공받았더라도 그로부터 14일 경과 전에 가맹본부와

가맹계약을 체결하였다면, 가맹계약 취소(민법 제109조, 제110조)에 기한 **부당이득
반환청구** 또는 불법행위에 기한 **손해배상청구**가 가능함.

주요사례 ㈜**에프앤비의 가맹사업법 위반행위에 대한 건(위법성 인정)**

1. 인정사실

(1) 가맹금 예치의무 위반행위

피심인은 2012. 8월부터 2017. 9월까지 최○○(□□□점) 등 65명의 가맹점사업자와 가맹계약
을 체결하면서, 가맹점사업자피해보상보험계약 등을 체결하지 아니하였음에도 가맹금 995,000
천원을 예치기관에 예치하도록 하지 아니하고 자신의 금융계좌 등으로 직접 수령한 사실이 있다.

(2) 정보공개서 등 제공의무 위반행위

피심인은 2012. 8월부터 2017. 11월까지 최○○(□□□점) 등 222명의 가맹희망자에게 정보공
개서 또는 인근가맹점 현황문서(이하 '정보공개서 등')를 제공하지 아니하거나 제공한 날부터 14
일이 지나지 아니한 상태 또는 정보공개서 등을 직접 제공하면서 법 시행령 제6조 제1항 제1호의
규정에 따라 작성되지 아니한 서면을 제공한 상태에서 가맹희망자로부터 가맹금을 수령하거나 가
맹계약을 체결하였다.

(3) 가맹계약서 제공의무 위반행위

피심인은 2014. 4월부터 2017. 6월까지 고○○(□□□점) 등 36명의 가맹희망자에게 사전[현행
법에 따르면 14일 전(저자 註)]에 가맹계약서를 제공하지 아니한 상태에서 이들로부터 가맹금을
수령하거나 가맹계약을 체결한 사실이 있다.

2. 위법성 판단

(1) 가맹금 예치의무 위반행위

피심인이 가맹점사업자피해보상보험계약 등을 체결하지 아니한 상태에서 최○○(□ □□점) 등
65명의 가맹점사업자로 하여금 예치가맹금을 예치기관에 예치하도록 하지 아니하고 직접 수령한
행위는 법 제6조의5 제1항에 위반되어 위법하다.

(2) 정보공개서 등 제공의무 위반행위

피심인이 최○○(□□□점) 등 222명의 가맹희망자에게 정보공개서 등을 제공하지 아니하거나
제공한 날부터 14일이 지나지 아니한 상태 또는 정보공개서 등을 직접 제공하면서 법 시행령 제6
조 제1항 제1호의 규정에 따라 작성되지 아니한 서면을 제공한 상태에서 이들로부터 가맹금을 수
령하거나 가맹계약을 체결한 행위는 법 제7조 제3항에 위반되어 위법하다.

(3) 가맹계약서 제공의무 위반행위

피심인이 고○○(□□□점) 등 36명의 가맹희망자에게 가맹금의 최초 수령일 또는 가맹계약의 체결일 이후에 가맹계약서를 제공한 행위는 법 제11조 제1항에 위반되어 위법하다(공정거래위원회 2016서경3416, 2019.04.23. 의결).

1. 불공정거래행위 금지규정

(1) 규정의 체계

가맹사업법은 법 제12조 제1항에서 가맹본부의 금지되는 '불공정거래행위'를 5가지 유형으로 구분하고, 시행령에서 이를 다시 세부유형으로 구분하고 있음. 또한, 법 12조의2 내지 12조의5에서는 '새로운 유형의 불공정거래행위' 4가지를 각각 추가로 규정하고 있음.

(2) 규정의 취지

가맹본부의 가맹점에 대한 통제를 가맹사업법의 본질을 훼손하지 않는 범위 내로 제한하여 가맹점사업자의 권익을 보호하기 위함.

2. 금지되는 불공정거래행위의 유형

조문	구분	세부유형	비고
법 제12조 제1항 제1호	거래거절	가. 영업지원 등의 거절 나. 부당한 계약갱신 거절 다. 부당한 계약해지	[쟁점 13] 불공정 거래행위의 금지
법 제12조 제1항 제2호	구속 조건부 거래	가. 가격의 구속 나. 거래상대방의 구속 다. 가맹점사업자의 상품 또는 용역의 판매제한 라. 영업지역의 준수강제 마. 그 밖에 가맹점사업자의 영업활동의 제한	
법 제12조 제1항 제3호	거래상 지위의 남용	가. 구입강제 나. 부당한 강요 다. 부당한 계약조항의 설정 또는 변경 라. 경영의 간섭 마. 판매목표 강제 바. 불이익제공	
법 제12조 제1항 제5호	부당한 손해배상 의무 부과행위	가. 과중한 위약금 설정·부과행위 1) 계약 중도해지 시 과중한 위약금 설정·부과행위 2) 과중한 지연손해금 설정·부과행위 나. 소비자 피해에 대한 손해배상의무 전가행위 다. 부당한 영업위약금 부과행위 라. 그 밖의 부당한 손해배상의무 부과행위	

조문	구분	세부유형	비고
법 제12조 제1항 제6호	그 밖의 불공정거래행위	부당한 이익을 제공하거나 위계 기타의 행위를 통한 경쟁업자 유인행위	[쟁점 13] 불공정 거래행위의 금지
법 제12조의2	부당한 점포환경 개선강요 금지	정당한 사유 없이 점포환경개선을 강요하는 행위를 금지하고, 개선요구시 40% 이내 비용 부담	[쟁점 14] 새로운 유형의 불공정거래 행위의 금지
법 제12조의3	부당한 영업시간 구속금지	정상적인 거래관행에 비추어 부당하게 가맹점사업자의 영업시간을 구속하는 행위 금지	
법 제12조의4	부당한 영업지역 침해 금지	가맹계약서에 가맹점사업자의 영업지역 설정 및 정당한 사유 없이 계약기간 중 동일업종 설치 금지	
법 제12조의5	보복조치의 금지	가맹점사업자의 분쟁조정 신청, 서면실태조사 협조, 공정거래위원회 신고 등에 대한 불이익 행위 금지	

3. 위법성 심사의 일반원칙[27)]

(1) 법 제12조 및 법 제12조의2, 3, 4의 위법성 심사기준

1) **공정한 거래를 저해할 우려(공정거래저해성)**의 판단

① **'거래내용의 불공정성'**을 중심으로 판단하되, 필요한 경우 **'경쟁제한성'**이나 **'경쟁수단의 불공정성'**도 포함하여 판단함.

- 거래내용의 불공정성 : 가맹점사업자의 자유로운 의사결정을 저해하거나 불이익을 강요함으로써 가맹사업에서 공정거래의 기반이 침해되거나 침해될 우려가 있음.

- 경쟁제한성 : 해당 행위로 인해 시장 경쟁의 정도 또는 경쟁사업자(잠재적 경쟁사업자 포함)의 수가 유의미한 수준으로 줄어들거나 줄어들 우려가 있음.

- 경쟁수단의 불공정성 : 상품 또는 용역의 가격과 품질 이외에 바람직하지 않은 경쟁수단을 사용함으로써 정당한 경쟁을 저해하거나 저해할 우려가 있음.

- 우려 : 공정한 거래를 저해하는 효과가 실제로 구체적인 형태로 나타나는 경우뿐 만 아니라 나타날 가능성이 큰 경우를 의미함. 또한, 현재는 그 효과가 없거나

---

27) 이하의 내용은 공정거래위원회가 '23.12.29에 행정예고한 '가맹분야 불공정거래행위 심사지침('24년 중 시행 예정)'의 내용 중 일부를 발췌하여 요약·정리한 것이다. 각 유형별 위법성 판단에 관한 이해를 돕기 위한 것이므로 어디까지나 참고 수준으로 알아두면 족하다.

미미하더라도 미래에 발생할 가능성이 큰 경우를 포함함.

② 공정거래저해성은 그 판단방법과 관련하여 **'부당하게'**와 **'정당한 이유없이'**로
구체화

- '부당하게'를 요건으로 하는 행위유형 : 당해 행위의 외형이 있다고 하여도 그
사실만으로 공정거래저해성이 있다고 인정되는 것은 아니며, 원칙적으로 경쟁제
한성·불공정성과 효율성 증대효과·소비자후생 증대효과 등을 비교 형량하여 경쟁
제한성·불공정성의 효과가 보다 큰 경우에 위법한 것으로 봄. 따라서 이 행위유형
에서는 공정거래위원회가 위법성에 대해 입증책임을 부담함.

- '정당한 이유(사유) 없이'를 요건으로 하는 행위유형 : 당해 행위의 외형이 있는
경우에는 원칙적으로 공정거래저해성이 있는 것으로 봄. 따라서 이 행위유형에서
는 피심인이 정당한 이유가 있는지에 대해서 입증책임을 부담함.

2) 위법성 판단시 고려사항

① 원칙적으로 공정거래저해성은 당해 행위의 효과를 기준으로 판단함. 사업자의
의도나 거래상대방의 주관적 예측은 공정거래저해성을 입증하기 위한 정황증거로
서의 의미를 가짐.

② 법 제5조 및 제6조는 법 제4조의 신의성실의 원칙에 기초하여 가맹사업당사자
로서 가맹본부와 가맹점사업자가 준수하여야 하는 사항을 규정하고 있음. 이는 공
정하며 안정적인 가맹거래 관계를 유지하기 위한 전제로서 가맹사업당사자의 행
위준칙으로서의 의미를 가지는 만큼 위법성 심사 과정에서 가맹본부와 가맹점사
업자의 귀책 여부를 판단할 때 보충적으로 고려될 수 있음.

(2) 법 제12조의5의 위법성 심사기준

가맹점사업자의 신고 등 행위와 보복조치로서 이루어지는 행위 간 인과관계를 중심
으로 판단함.

불공정거래행위의 금지

☞ **['13기출(사)]** 가맹사업거래의 공정화에 관한 법률 및 동법 시행령상 불공정거래 행위 중 거래상 지위 남용에 해당하는 행위의 유형 및 기준에 관하여 설명하시오.(25점)

☞ **['17기출(계)]** 가맹사업거래의 공정화에 관한 법령상 가맹본부는 가맹사업의 공정한 거래를 저해할 우려가 있는 행위를 하거나 다른 사업자로 하여금 그러한 행위를 행하도록 하여서는 아니된다. 이러한 불공정거래행위의 유형 5가지를 설명하시오.(25점)

☞ **['19기출(사)]** 가맹본부 A는 가맹점사업자 B에게 해당 점포 인테리어의 시공 및 설비 · 기기 · 용품 등의 구입을 A가 지정한 C업체와만 거래하도록 하였다. 이 경우 A의 행위가 「가맹사업거래의 공정화에 관한 법률」및 같은 법 시행령상 어떠한 불공정거래행위에 해당하는지와, 그 유형의 불공정거래행위가 성립되지 않을 수 있는 3가지 요건을 설명하시오.(다만, 같은 법 제12조 제1항 제3호의 거래상 지위의 남용은 논하지 말 것)(25점)

☞ **['19기출(계)]** 가맹본부 甲과 가맹점사업자 乙은 가맹계약을 체결하면서 위약금약정을 하였다. 이후 가맹계약의 기간 중에 乙이 가맹계약을 위반하자, 甲은 乙에 대하여 위 위약금약정에 근거하여 위약금을 지급할 것을 요구하였다. 이때 甲이 요구하는 과중한 위약금이 부당한지에 대한 가맹사업거래의 공정화에 관한 법령상 4가지의 판단기준을 제시하고, 과중한 위약금이 부당한 경우 가맹사업거래의 공정화에 관한 법령상의 행정적 제재와 그 근거를 설명하시오.(25점)

1. 거래거절

(1) 의의

가맹점사업자에 대하여 상품이나 용역의 공급 또는 영업의 지원 등을 부당하게 중단 또는 거절하거나 그 내용을 현저히 제한하는 행위(법 제12조 제1항 제1호)

(2) 유형

1) **영업지원 등의 거절** : 부동산·설비·상품·원재료 등의 공급과 이와 관련한 영업지원을 중단 또는 거절하거나 이를 현저히 제한하는 행위[28]

2) **부당한 계약갱신 거절**[29]

---

28) **"가맹본부가 가맹점사업자에 대하여 상품이나 용역의 공급 또는 영업의 지원 등을 중단 또는 거절하는 행위**가 불공정거래행위로서의 거래거절에 해당하기 위해서는 가맹점사업자의 계약위반 등 가맹점사업자의 귀책사유로 인하여 가맹사업의 거래관계를 지속하기 어려운 중대한 사정이 없음에도 불구하고 가맹점사업자의 계속적인 거래기회를 박탈하여 그 사업활동을 곤란하게 하거나 가맹점사업자에 대한 부당한 통제 등의 목적달성을 위하여 그 실효성을 확보하기 위한 수단 등으로 부당하게 행하여진 경우라야 한다."(대법원 2005.06.09. 선고, 2002두332 판결)

29) 법 제13조는 가맹점사업자에게 가맹계약갱신요구권을 인정하고 있고, 가맹점사업자의 귀책사유가 없는 한 가맹본부는 **최초 계약기간을 포함한 10년 간** 이 갱신요구를 거절할 수 없도록 규정하고 있다. [쟁점 18] 참고.

① 가맹본부가 정당한 사유 없이 가맹점의 영업지역에 직영점을 설치할 목적으로 가맹점사업자의 계약갱신 요구를 거절하는 행위(다만, 가맹본부가 가맹점사업자로부터 가맹점을 양수하거나, 가맹점사업자가 계약갱신 요구를 하지 않은 경우로서 가맹본부가 적법하게 가맹계약을 갱신하지 않는다는 사실을 통지함으로써 가맹계약이 종료된 경우는 제외)

② 가맹본부가 정당한 사유 없이 특정 가맹점사업자에 대해서만 차별적으로 계약갱신 요구를 거절하는 행위(다만, 가맹본부가 소속 가맹점사업자에게 공통적으로 적용되는 평가기준, 평가시기, 평가방식 등을 포함한 계약갱신 기준을 사전에 통지하고 이에 따라 가맹점 평가를 실시한 후 그 결과에 따라 계약갱신 요구를 거절하는 행위는 제외)

③ 가맹본부의 요구에 따른 점포환경개선 비용 중 가맹점사업자가 부담한 금액, 점포환경개선 후 가맹점 영업 기간, 해당 기간 동안의 가맹점 수익상황 등에 비추어 가맹점사업자가 점포환경개선 비용을 회수할 수 있는 충분한 기간이 경과하지 않았음에도 불구하고 정당한 사유 없이 가맹점사업자의 계약갱신 요구를 거절하는 행위

④ ①부터 ③까지에 준하는 행위로서 가맹본부가 부당하게 가맹점사업자와의 계약갱신을 거절하는 행위

3) **부당한 계약해지** : 가맹계약서에 정해진 계약해지사유 외의 사유에 의한 계약해지, 법에서 정한 해지절차에 의하지 아니한 계약해지

(3) 적용 제외

계약위반 등 가맹점사업자의 귀책사유로 가맹사업의 거래관계를 계속하기 어려운 사정이 발생하는 경우

주요사례 ㈜**에이지의 거래 거절행위에 대한 건(위법성 인정)

1. 인정사실 - 거래거절이 있었는지 여부

피심인은 ○○이 점포를 이전하여 영업을 시작한 2015. 3. 7.부터 2015. 4. 6.까지 ○○에게 물품 공급을 중단하고, 홈페이지 상 이 사건 가맹점을 휴업 중으로 공지하였으므로 거래기간 중에 가맹사업을 영위하는데 필요한 상품·원재료 등에 대한 공급을 거절하고, 온라인 고객의 접근을 차단하여 영업지원을 중단하는 행위가 있었음이 인정된다.

2. 위법성 판단 - 거래거절에 정당한 이유가 있는지 여부

첫째, 이 사건 가맹계약서에는 피심인이 주장하는 점포 입지조건과 관련한 내용이 포함되어 있지 않으며, 피심인은 ○○에게 가맹계약 체결과정에서 점포 입지조건과 관련한 정보를 구두로 제공하였다고 주장하나, 이를 뒷받침 할 만한 입증자료를 전혀 제출하지 못하고 있다. 또한, 피심인이 정보공개서에 가맹점의 점포 입지조건을 기재한 사실은 있으나 , 이는 이 사건 분쟁 이후 2015. 7. 29.에 변경 등록된 정보공개서에 처음 기재되었으며, 이전의 정보공개서에는 관련내용이 기재된 바 없었다. 따라서, 피심인은 입지조건에 대해 알리지 않아 이를 모르는 ○○에게 입지조건 위반을 이유로 물품공급을 중단한 것이므로 부당하다.

둘째, 이 사건 분쟁당시 피심인의 정보공개서에 따르면 가맹점의 입지는 가맹점사업자가 자신의 판단과 책임으로 조사·선정하고 이에 대하여 책임을 지며, 가맹본부가 조언한 경우라도 최종 의사결정은 가맹점사업자가 한다고 기재되어 있다. 따라서, 점포입지 결정권한은 ○○에게 있음에도 피심인이 ○○에게 피심인이 정한 점포 입지조건을 위반하였다는 이유로 물품공급을 중단하는 것은 정보공개서 내용과 모순되는 것으로 부당하다.

셋째, 피심인이 ○○이 위반한 것으로 주장하고 있는 가맹계약서 제6조 제9호는 "가맹본부의 동의를 얻지 아니한 경우 사업장의 위치변경을 금지"하고 있는 바, 동 규정이 피심인에게 점포승인 여부에 대한 재량을 부여하는 것은 아니다. 이는 가맹점사업자가 피심인의 허락 없이 점포를 이전할 경우 타 가맹점의 영업지역을 침해하거나, 피심인 브랜드의 통일성을 훼손하는 등의 문제가 발생할 수 있으므로 이러한 문제를 사전에 방지하기 위한 것이다. 이 사건 신규 점포는 기존 점포에서 불과 50m 떨어진 곳에 위치하여 가맹점 이전에 따라 상권의 중대한 변화를 가져오는 것도 아니고, 피심인의 타 가맹점의 영업지역을 침해하는 것도 아니며, 타 가맹점(명동 영플라자점)도 피심인의 입지조건(1층)과 다른 5층에서 운영 중인 바, 이 사건 신규 점포의 입지가 피심인 브랜드의 통일성을 훼손하는 것으로 볼 여지도 없다.

넷째, 이 사건 가맹계약서 제27조에 따르면, 피심인이 물품공급을 중단하기 위해서는 15일 전에 해당사유를 적시한 서면으로 예고하여야 한다고 정하고 있다. 그러나, 피심인은 이러한 서면통지

없이 일방적으로 물품공급을 중단하였는 바, 이는 계약에서 정한 절차도 거치지 않은 것으로 정당한 공급중단으로 보기 어렵다.

3. 예외인정 요건 해당여부

○○이 피심인의 동의를 얻지 않고 신규 점포로 이전한 사실은 인정되나, 앞에서 살펴본 바와 같이, 점포 입지조건은 당초 가맹계약서 및 정보공개서에 기재되어 있지 않아 ○○이 입지조건에 대해 알 수 없었던 점, ○○이 점포를 이전한 것은 기존 점포의 임대차 계약이 갱신되지 않아 불가피한 측면이 있었던 점, ○○이 새로운 점포 물색 과정에서 여러 차례에 걸쳐 피심인 담당자에게 이를 알리고 협조를 구하는 등 필요한 조치를 취한 점, 이전한 점포의 위치가 다른 가맹점의 영업지역을 침해하거나 피심인 가맹사업의 통일성을 훼손하는 사정도 보이지 않는 점 등을 감안할 때 이 사건 점포이전 행위를 ○○의 귀책사유로 인해 거래관계를 지속하기 어려운 사정이 발생한 것으로 보기는 어려우므로 예외인정 요건에 해당하지 않는다(공정거래위원회 2016가맹2311, 2017.08.08. 의결).

2. 구속조건부거래

(1) 의의

가맹점사업자가 취급하는 상품 또는 용역의 가격, 거래상대방, 거래지역이나 가맹점사업자의 사업활동을 부당하게 구속하거나 제한하는 행위(법 제12조 제1항 제2호)

(2) 유형

1) 가격의 구속

① 개념 : 정당한 이유 없이 가맹점사업자가 판매하는 상품 또는 용역의 가격을 정하여 그 가격을 유지하도록 하거나 가맹점사업자가 가격을 결정하는 것을 구속하는 행위

② 적용 제외

- 판매가격을 정하여 가맹점사업자에게 이를 따르도록 권장하는 행위(**가격권장**)
- 가맹점사업자가 판매가격을 결정하거나 변경하는 경우, 그 내용에 관하여 **사전에 협의**하도록 하는 행위

2) 거래상대방의 구속

① 개념 : 부동산·용역·설비·상품·원재료 또는 부재료의 구입·판매 또는 임대차 등과 관련하여 부당하게 가맹점사업자에게 특정거래상대방(가맹본부 포함)과 거래할 것을 강제하는 행위

② 적용 제외(아래 요건을 모두 충족하여야 함)[30]

i) 부동산·용역·설비·상품·원재료 또는 부재료가 가맹사업을 경영하는 데에 **필수적**이라고 객관적으로 인정되는 경우

ii) 특정한 거래상대방과 거래하지 아니하는 경우에는 **가맹본부의 상표권을 보호**하고 **상품 또는 용역의 동일성을 유지**하기 어렵다는 사실이 객관적으로 인정되는 경우

iii) 가맹본부가 **미리 정보공개서를 통하여 가맹점사업자에게 해당 사실을 알리고** 가맹사업자와 계약을 체결하는 경우

---

30) [가맹본부인 원고가 가맹점사업자에게 원고와 특정 업체를 통해서만 인테리어공사를 하도록 하고 원고를 통해서만 설비·기기·용품 일체의 공급을 받도록 하는 가맹계약을 체결한 사안에서, 가맹계약 체결에 특정한 거래상대방과 거래하여야 하는 사정을 정보공개서를 통해 알렸다는 사정만으로 '부당하게 가맹점사업자에게 특정한 거래상대방과 거래할 것을 강제하는 행위'에 해당하지 않는다고 단정할 수 없다고 한 사례] "가맹본부가 인테리어 시공 및 설비·기기·용품 등의 구입을 자기 또는 자기가 지정한 자로부터 하도록 하는 행위가 '부당하게 가맹점사업자에게 특정한 거래상대방과 거래할 것을 강제하는 행위'에 해당하는지 여부는, 가맹사업의 목적과 가맹점계약의 내용, 가맹금의 지급방식, 가맹사업의 대상인 상품 또는 용역과 설비와의 관계에 비추어 보았을 때, ① 객관적으로 설비 등이 가맹사업을 경영하는 데에 필수적인 것인지, ② 가맹사업의 통일적 이미지 확보와 상품의 동일한 품질 유지를 위한 기술관리·표준관리·유통관리·위생관리의 필요성 등의 측면에서 가맹점사업자에게 사양서나 품질기준만을 제시하고 임의로 구입 또는 설치하도록 방치하여서는 가맹사업의 통일적 이미지 확보와 상품의 동일한 품질을 보증하는 데 지장이 있는지, ③ 미리 정보공개서를 통하여 가맹점사업자에게 특정한 거래상대방과 거래해야만 한다는 점을 알리고 가맹점사업자와 계약을 체결하였는지 등을 종합적으로 고려하여 판단하여야 한다. 한편, 특정한 거래상대방과 거래하도록 '강제'하는 행위에는, 상대방이 구입하지 아니할 수 없는 객관적인 상황을 만들어내는 것도 포함된다. 또한 가맹점사업자가 가맹계약 체결 전에 특정한 거래상대방과 거래하여야 하는 사정을 정보공개서를 통해 알리거나, 그에 대하여 사전에 의사 합치가 있는 상태에서 가맹계약을 체결하였다는 사정이 있다고 하더라도, 그와 같은 사정이 있기만 하면 언제나 '부당하게 가맹점사업자에게 특정한 거래상대방과 거래할 것을 강제하는 행위'에 해당하지 않는다고 단정할 수는 없다."(대법원 2018.11.09. 선고, 2015두59686 판결).

주요사례 ㈜***린의 거래상대방 구속행위에 대한 건(위법성 일부 인정)

1. 인정사실

피심인은 2012. 12. 3.부터 2017. 9. 10.까지 냅킨, PT병, 대나무포크, 타이머, 가마로강정 컵 뚜껑, 마스케어, 소스컵, 조미소금, 정선흰통 및 정선흰망 등 10개 품목의 부자재와 생맥주를 필수품목으로 지정하여 정보공개서에 기재하고, 가맹계약서에 가맹점사업자가 필수품목을 피심인 또는 피심인이 지정한 사업자로부터 공급받는 것을 원칙으로 하며 이를 위반하는 경우에는 상품공급을 중단 하거나 가맹계약을 해지할 수 있도록 규정하여 이들 10개 품목의 부자재와 생맥주를 자신 또는 자신이 지정한 사업자로부터 구입하도록 하는 내용으로 총 386명의 가맹점사업자와 가맹계약을 체결하였다.

2. 위법성 판단

(1) 부자재에 대한 행위(O)

조미소금을 제외한 9개 품목의 부자재를 피심인으로부터만 구입하도록 한 행위는 ① 피심인이 이들 9개 품목의 부자재를 필수품목으로 지정하여 이를 자신으로부터 구입하지 않을 경우에 가맹계약을 해지하도록 규정함으로써 거래를 강제하였고 실제로도 가맹점사업자가 이를 피심인으로부터만 구입한 점, ② 당해 품목들은 일반 시중에서 충분히 구입가능한 공산품으로서 치킨, 닭강정 등 중심상품의 맛·품질과 직접적인 관련이 없고 가맹사업의 통일적 이미지에도 큰 영향을 주지 않는 점, ③ 피심인이 별도의 품질기준을 제시하고 가맹점사업자가 그 기준에 맞춰 자유롭게 구입하더라도 그 용도나 기능에 지장이 있다고 보기 어려운 점 등을 고려할 때, 법 시행령 제13조 제1항 [별표 2] 2. 나목의 부당하게 가맹점사업자에게 특정한 거래상대방과 거래할 것을 강제하는 행위에 해당되어 법 제12조 제1항 제2호에 위반된다[이외 **주방집기**(소스통, 쓰레기통, 도마, 칼 등 41개 품목) 구매강제도 문제되었으나, 이 또한 같은 이유로 위법성이 인정되었다(저자 註)].

(2) 조미소금 및 생맥주에 대한 행위(X)

① 조미소금과 생맥주는 제품마다 그 특성이 상이할 뿐만 아니라 중심상품인 치킨, 닭강정 등과 결합하여 전체적인 상품의 구성, 맛·품질 등을 결정하는 점, ② 피심인은 가맹점사업자가 지정상품을 이용하고 유통기한 등을 준수하는지 여부를 지속적으로 관리하여야 할 필요성이 있는 점 등을 고려할 때, 가맹사업의 목적달성에 필요한 범위를 넘어 부당하게 거래상대방을 구속하였다고 보기 어려우므로 법 제12조 제1항 제2호에 위반되지 아니한다(공정거래위원회 2016가맹3583, 2018.01.17. 의결).

주요사례 ㈜엘엔케이***의 거래상대방 구속행위에 대한 건(위법성 인정)

1. 인정사실

피심인은 ○○○ 등 4명의 가맹점사업자와 가맹계약을 체결하면서 가맹계약서에 "<u>피심인이 공급하</u><u>는 물품 외 모든 외부 물품 사용은 강력히 규제하며 적발 시 브랜드 해지를 요구할 수 있다</u>"는 내용과 계약기간 동안 피심인이 가맹점사업자들의 점포 운영에 필요한 린넨류, 유니폼, 기타 소모품 및 관련장비 등의 물품(이하 '이 사건 공급물품')을 독점 공급하기로 한다는 내용을 약정하였다.

〈가맹계약서(발췌)〉

제3조(계약기간)

(…생략) 단, 본사에서 공급하는 물품 외 모든 외부 물품 사용은 강력히 규제하며 적발 시 "갑"은 브랜드 해지를 요구할 수 있으며, "을"은 이에 응해야 한다.

제8조(물품공급)

1. "갑"은 본 계약 기간 동안 스파 운영에 필요한 화장품, 린넨류, 유니폼, 기타 소모품 및 관련장비 등의 물품을 독점 공급하기로 한다.

2. 구체적인 물품 항목 및 공급단가는 본 계약 체결 이후 별도로 "갑"이 "을"에게 공지한다.

가. "갑"은 "을"에게 오픈 초도 물량을 제공하며 별첨4에 첨부된 리스트를 참고한다.

나. 오픈시 필요한 린넨, 유니폼, 기타 소모품 및 비품에 대한 지원은 별첨4에 첨부된 리스트를 참고한다. 단, 운영 중 분실 또는 추가로 필요한 물품이 발생하면 "을"이 추가로 발주하여야 한다.

---

2. 위법성 판단

(1) 특정한 거래상대방과 거래할 것을 강제하였는지 여부

피심인은 가맹계약서에 이 사건 공급물품을 자신이 독점 공급하는 것으로 규정하였으며, 가맹점사업자가 이를 위반할 경우 계약해지까지 가능하다는 내용도 함께 규정함으로써 사실상 가맹점사업자로 하여금 피심인 자신과만 거래할 것을 강제한 것으로 인정된다. 한편, 피심인이 이 사건 공급물품을 자신에게서만 구매하지 않은 가맹점사업자들에 대해 통제한 사실이 없었다고 하더라도 가맹계약서에 피심인이 공급하는 물품 외 모든 외부 물품 사용을 규제하며 위반 시 계약해지를 요구할 수 있다는 내용을 규정하고 있으므로 가맹점사업자들은 강제성이 있다고 인식할 수밖에 없을 것이다.

(2) 부당성 여부

다음과 같은 사정들을 고려할 때, 피심인이 가맹점사업자들로 하여금 이 사건 공급물품을 반드시

자신에게서만 구입하도록 한 행위는 가맹사업의 공정한 거래질서를 저해할 우려가 있는 부당한 행위라고 인정된다.

첫째, 생활용품, 부자재, 린넨, 직원 피복 등 이 사건 공급물품은 대체가능한 일반적인 품목들로써 피심인의 가맹사업 경영을 위해 필수적인 상품이라고 인정하기 어렵다.

둘째, 이 사건 공급물품은 피심인이 가맹사업의 동일성을 위해 특별히 주문생산한 물품이라거나 상품 또는 용역의 동일한 품질 유지를 위한 유통관리나 위생관리의 필요성이 있다고 보기도 어려운 바, 가맹점사업자가 시중에서 임의 구입하여 사용하도록 하여도 피심인의 가맹사업의 통일적 이미지 확보와 상품의 동일한 품질을 보증하는 데 지장이 있다고 보기 어렵다.

셋째, 피심인이 시중에서 쉽게 구매할 수 있는 일반 제품도 이 사건 공급물품에 포함함으로써 가맹점사업자들은 타 유통채널을 통해 또는 가맹점사업자들의 공동구매를 통해 동일한 제품을 더 좋은 조건으로 저렴하게 공급받을 수 있는 기회를 원천적으로 박탈 당하였다.

3. 예외인정 요건 해당여부

다음과 같은 사정을 고려할 때, 피심인이 가맹점사업자들로 하여금 이 사건 공급물품을 자신에게서만 구입하도록 한 행위는 피심인의 상표권을 보호하고 상품 또는 용역의 동일성을 유지하기 위한 것으로 인정하기 어렵다.

먼저 피심인은 이 사건 공급물품을 정보공개서에 필수품목으로 기재하고 이러한 내용을 가맹점사업자에게 알린 사실이 없다. 또한 앞서 살펴본 바와 같이 가맹점사업자들은 이 사건 공급물품과 완전히 동일한 제품을 시장에서 구입할 수 있으므로 피심인의 가맹사업 운영에 있어 품질의 동질성 유지에 직접적인 관련이 없다. 따라서 피심인이 일정한 품질기준만 제시하고 가맹점사업자로 하여금 자유롭게 구매하게 하는 것이 가능하다.

4. 결론

피심인의 행위는 법 제12조 제1항 제2호에 위반되어 위법하다(공정거래위원회 의결 2020 서경 1330, 2022.05.30. 의결).

3) 가맹점사업자의 상품 또는 용역의 판매제한

① 개념 : 가맹점사업자에게 부당하게 지정된 상품 또는 용역만을 판매하도록 하거나 거래상대방에 따라 상품 또는 용역의 판매를 제한하는 행위

② 적용 제외(아래 요건을 모두 충족하여야 함)

ⅰ) 가맹점사업자의 상품 또는 용역의 판매를 제한하지 아니하는 경우에는 **가맹본부의 상표권을 보호**하고 **상품 또는 용역의 동일성을 유지**하기 어렵다는 사실

이 객관적으로 인정되는 경우

ii) 가맹본부가 **미리 정보공개서를 통하여 가맹점사업자에게 해당 사실을 알리고** 가맹점사업자와 계약을 체결하는 경우

4) **영업지역의 준수강제**

① 개념 : 부당하게 가맹점사업자에게 영업지역을 준수하도록 조건을 붙이거나 이를 강제하는 행위

② 적용 제외

i) 가맹본부가 가맹점사업자의 **영업거점지역**을 정하는 경우

ii) 가맹점사업자가 **자기의 영업지역에서의 판매책임을 다한 경우**에 영업지역 외의 다른 지역에서 판매할 수 있도록 하는 경우

iii) 가맹점사업자가 자기의 영업지역 외의 다른 지역에서 하고자 하는 경우, 그 지역의 가맹점사업자에게 광고선전비 등 판촉비용에 상당하는 일정한 **보상금**을 지불하도록 하는 경우

5) **그 밖에 가맹점사업자의 영업활동의 제한**

① 개념 : 위 1) 내지 4)에 준하는 경우로서 부당하게 가맹점사업자의 영업활동을 제한하는 행위

② 적용 제외(아래 요건을 모두 충족하여야 함)

i) 가맹점사업자의 영업활동을 제한하지 아니하는 경우에는 **가맹본부의 상표권을 보호**하고 **상품 또는 용역의 동일성을 유지**하기 어렵다는 사실이 객관적으로 인정되는 경우

ii) 가맹본부가 **미리 정보공개서를 통하여 가맹점사업자에게 해당 사실을 알리고** 가맹점사업자와 계약을 체결하는 경우

3. 거래상 지위의 남용

(1) 의의

거래상의 지위를 이용하여 부당하게 가맹점사업자에게 불이익을 주는 행위(법 제12조 제1항 제3호)

(2) 요건

1) 가맹본부가 **거래상 우월한 지위**에 있을 것[31]

2) **거래상 지위를 부당하게 이용**하여 가맹점사업자와 거래하였을 것[32]

(3) 유형

1) **구입강제** : 가맹점사업자에게 가맹사업의 경영과 무관하거나 그 경영에 필요한 양을 넘는 시설·설비·상품·용역·원재료 또는 부재료 등을 구입 또는 임차하도록 강제하는 행위(이른바 '밀어내기')[33]

2) **부당한 강요** : 부당하게 경제적 이익을 제공하도록 강요하거나 가맹점사업자에게 비용을 부담하도록 강요하는 행위

3) **부당한 계약조항의 설정 또는 변경** : 가맹점사업자가 이행하기 곤란하거나 가맹점사업자에게 불리한 계약조항을 설정 또는 변경하거나, 계약갱신과정에서 종전의 거래조건 또는 다른 가맹점사업자의 거래조건보다 뚜렷하게 불리한 조건으로 계약조건을 설정 또는 변경하는 행위

4) **경영의 간섭** : 정당한 이유없이 특정인과 가맹점을 같이 운영하도록 강요하는 행위

5) **판매목표 강제** : 부당하게 판매 목표를 설정하고 가맹점사업자로 하여금 이를 달성하도록 강제하는 행위(예 : 목표 미달성시 손해배상금 등의 페널티 부과[34])

6) **불이익제공** : 위 1) 내지 5)까지의 행위에 준하는 경우로서 가맹점사업자에게 부당하게 불이익을 주는 행위[35]

(4) 적용 제외(아래 요건을 모두 충족하여야 함)

1) **가맹본부의 상표권을 보호**하고 **상품 또는 용역의 동일성을 유지**하기 어렵다는 사실이 객관적으로 인정되는 경우

2) 가맹본부가 **미리 정보공개서를 통하여 가맹점사업자에게 해당 사실을 알리고** 가맹점사업자와 계약을 체결하는 경우

---

31) 가맹사업에 있어 가맹본부는 일반적으로 거래상 우월한 지위에 있는 것으로 인정된다. 가맹점사업자들은 가맹본부로부터 상호, 상표, 디자인뿐만 아니라 제품의 생산에 대한 노하우 등 영업행위 일체에 대하여 지원을 받고 있는 등 가맹본부에 전적으로 의존하는 거래관계에 있기 때문이다(공정거래위원회 2007가유4148, 2008.04.16. 의결).

32) "거래상 지위를 **'부당하게 이용'**하였는지 여부는 당사자가 처하고 있는 시장 및 거래의 상황, 당사자간의 전체적 사업능력의 격차, 거래의 대상인 상품 또는 용역의 특성, 그리고 당해 행위의 의도·목적·효과·영향 및 구체적인 태양, 해당 사업자의 시장에서의 우월한 지위의 정도 및 상대방이 받게 되는 불이익의 내용과 정도 등에 비추어 볼 때 정상적인 거래관행을 벗어난 것으로서 공정한 거래를 저해할 우려가 있는지 여부를 판단하여 결정한다."(대법원 2002.09.27. 선고, 2000두3801 판결)

33) "모든 원·부재료를 가맹점사업자가 개별적으로 직접 구입하도록 한다면 원고의 가맹사업의 존립 자체가 불가능하게 되는 점, **양배추샐러드**는 원고의 주력상품 또는 중심상품인 치킨제품의 느끼한 맛을 덜하도록 하기 위하여 함께 제공되는 보조음식(반찬과 양념에 해당하는 것)으로서 양배추샐러드의 맛과 품질은 치킨제품의 맛과 품질을 유지함에 있어서 **중요한 의미**를 가지므로, 양배추샐러드의 맛과 품질은 치킨제품의 매출에도 중대한 영향을 미칠 수 있는 점,…(중략)…원고가 공급하는 양배추샐러드는 고유한 양념과 제조비법으로 만들어지므로 그 고유한 맛과 품질을 유지하기 위하여 가맹점사업자로 하여금 원고가 공급하는 양배추샐러드만을 사용하도록 할 필요성이 있다고 보이는 점 등을 알 수 있고, 원고의 영업표지의 이미지 제고와 경쟁력 강화를 위하여 치킨제품을 판매할 때 양배추샐러드만을 무료로 제공하도록 하면서 신선육을 공급함에 있어서도 일정한 양의 양배추샐러드를 원고로부터 의무적으로 공급받도록 하는 것으로 변경하였다고 하더라도 이는 **가맹사업의 목적달성을 위하여 필요한 범위 내의 통제**라고 할 것이고, 그것이 거래상 지위를 이용하여 가맹점사업자로 하여금 가맹사업의 목적달성을 위하여 필요한 범위를 벗어나서 판매상품(원재료 포함)을 가맹본부로부터 구입하도록 강제하는 행위에 해당한다고 볼 수는 없다."(대법원 2005.06.09. 선고, 2003두7484 판결)

34) 반대로, 목표달성시 장려금 등 이른바 '인센티브'를 지급하는 것은 원칙적으로 허용된다.

35) **[2010. 11. 1.부터 2011. 7.경까지 주식회사 케이티와의 제휴계약으로 부담하여야 할 제휴비용 모두를 가맹점사업자가 부담하도록 한 행위가, 거래상 지위를 부당하게 이용하여 거래상대방에게 불이익을 제공한 행위에 해당하지 않는다고 판단한 사례]** "[1] 광고·판촉 활동으로 인한 비용분담이 '불이익제공행위'에 해당하려면 특정 광고·판촉 활동을 개별적으로 살피기보다는 가맹본부와 가맹점사업자의 **전체적인 부담 정도**를 살펴 종합적으로 판단하는 것이 현실에 부합한다. [2] 원고의 가맹조직의 지속적인 성장과 수익성 확보를 위하여 판매촉진 활동의 일환으로 이 사건 제휴행사를 시행할 필요성이 있었다. [3] 원고는 이 사건 제휴행사를 시행하기 전에 정보공개서를 수정하여 가맹점사업자들이 이 사건 제휴비용을 부담하게 할 근거를 마련하고, 기존에 가맹점사업자가 부담하던 원고 회원(멤버십)에 대한 판매금액의 2% 상당의 적립 포인트에 대한 비용을 대신 부담하였다. 이 사건 제휴행사로 인하여 가맹점사업자가 추가로 부담하게 된 비용은 판매금액의 5% 중 절반인 2.5%이어서 원고가 가맹점사업자를 대신하여 부담하게 된 판매금액의 2% 상당의 적립포인트와 거의 차이가 없다. 여기에 **전체 휴대폰 이용자 중 주식회사 케이티 이용자가 30% 정도**이고, 이 사건 제휴행사로 인하여 매출이 증대되는 효과를 함께 고려하면, 이 사건 제휴비용 부담행위가 가맹점사업자에게 경제적으로 불이익하다고 단정 짓기 어렵다."[서울고등법원 2015.11.12. 선고, 2014누67712 판결/대법원 2018.11.09. 선고, 2015두59686 판결(공정거래위원회 상고기각)]

주요사례 ㈜피투피****의 부당한 강요행위에 대한 건(위법성 인정)

1. 인정사실

피심인은 2021. 1. 7. 공동투자 가맹점들을 대상으로 "공동투자가맹점 소상공인 버팀목자금 수령 가이드라인"을 공지하면서, 영업제한 업종에 대한 버팀목자금(2백만 원) 중 1백만 원은 임차료 등 고정비용 경감에 해당하므로 동 금액을 지점 '운영계좌'로 이체하도록 안내하였다. 공지 당일, 새희망자금 수령 당시부터 재난지원금 배분 요구에 대해 적극적인 반대의사를 표출하였던 공동투자 가맹점사업자들이 항의를 하였으나. 이에 대해 피심인은 2021. 1. 8. 일부 가맹점의 반발로 인해 브랜드 이미지 훼손 및 고객 감소 등의 피해가 다른 가맹점에 발생할 것으로 우려된다고 언급하면서, '향후 소상공인 버팀목 자금에 대한 처리는 각 공동투자 가맹점과의 개별적으로 체결된 투자 계약에 의거하여 각 가맹점 점주님들과의 개별적인 소통과 협의를 통해 진행하도록 하겠습니다' 등의 내용이 추가된 가이드라인을 재차 공지하였다. 피심인은 2021년 1월 경 위 버팀목자금 수령 가이드와 같이 버팀목자금 수령이 가능한 83개 토즈 스터티센터 공동투자 가맹점을 대상으로 버팀목자금을 배분하도록 요구하여 총 39개 가맹점사업자로부터 3,900만원을 운영계좌에 입금하도록 함으로써 총 1,995만 원의 이익을 취득하였다. 위와 같은 과정에서 피심인은 버팀목자금 수령 가이드에 공지된 사항대로 재난지원금 이체를 독려하기 위해 버팀목자금 관련 진행현황을 작성·관리하고, 미납 가맹점사업자를 대상으로 버팀목자금을 이체하도록 지속적으로 요구한 사실이 있다.

2. 위법성 판단

(1) 거래상 지위 성립여부(O)

다음과 같은 점을 고려할 때, 피심인은 가맹점사업자에 대하여 거래상 지위가 있는 것으로 판단된다. 첫째, 피심인의 가맹점사업자는 가맹본부인 피심인의 영업표지 등을 사용하는 대가로 일정 금액의 가맹금을 피심인에게 지급하고 피심인으로부터 상호, 상표, 포장, 디자인뿐만 아니라 상품의 생산에 대한 노하우 등 영업행위 일체에 대하여 지원을 받고 있는 등 피심인에게 전적으로 의존하는 거래관계에 있다. 둘째, 가맹점사업자가 피심인의 가맹사업에 참여하기 위해서는 피심인이 제시하는 조건과 기준 등에 따라 점포 및 내부 시설장비 등을 준비하여야 하고, 이와 관련하여 상당한 비용의 투자가 이루어져야 하는바, 가맹점사업자들이 피심인과 거래단절이 되는 경우에는 가맹점사업자는 투자비용의 회수가 곤란할 뿐만 아니라 대체거래선 확보가 용이하지 아니하여 상당한 경제적 손실을 입게 되기 때문에 가맹점사업자는 피심인의 요구에 응할 수밖에 없다.

(2) 부당하게 비용을 부담하도록 강요했는지 여부(O)

피심인이 공동투자 가맹점사업자에게 버팀목자금의 배분을 요구한 행위는 다음과 같은 점을 고려할 때, 가맹사업의 공정한 거래질서를 저해할 우려가 있는 부당한 행위라고 판단된다.

첫째, 버팀목자금은 정부가 '소상공인'들의 피해 구제를 위해 지급하는 돈이기 때문에 소상공인이 아닌 피심인은 그것을 취할 정당한 권원이 없음에도 불구하고 이를 배분할 것을 요구하였다. 버팀목자금은 재무상황 등이 취약하여 코로나-19를 극복하기 위한 자금 확보가 용이하지 못한 소상공인을 대상으로 지급한 것이므로 해당 자금을 어디에 사용할 것인지는 소상공인들이 자유롭게 결정할 문제이지 가맹본부가 수령 가이드 등을 통해 그 용처에 대해 개입할 사항은 아니다.

둘째, 피심인이 버팀목자금 배분을 추진한 일련의 과정들을 종합적으로 고려해 보면 이 사건 행위는 가맹점사업자들의 의사에 반해 강요한 것으로 판단된다. 피심인은 2021. 1. 7. 버팀목자금 수령 및 배분에 관한 가이드를 일방적으로 공지한 후, 가맹점사업자들이 반발하자 이를 재공지하는 과정에서 공동투자계약을 거론하였고, 언론을 통해서도 공동투자계약의 해지를 암시하는 내용을 보도하는 등 가맹점사업자가 자발적 의사로 버팀목자금 수령가이드에 대한 의사결정을 하지 못하도록 분위기를 조성한 것으로 보인다. 또한 버팀목자금 관련 진행현황을 계속적으로 작성·관리하면서, 미납 가맹점사업자를 대상으로 지속적으로 버팀목자금 이체를 요구하였다.

셋째, 피심인과 유사한 독서실 공동투자 가맹사업을 영위하는 ㈜지오엔지의 경우 재난지원금의 배분을 요청한 사실이 없는 점을 고려해 볼때, 이 사건 피심인의 행위가 정상적인 거래 관행에 부합한다고 볼 수도 없다.

넷째, 버팀목자금의 배분이 이루어지지 않는다고 하여 피심인의 상표권을 보호하고 상품 또는 용역의 동일성을 유지하는 것이 어렵다고 객관적으로 인정되는 경우로 보기 어려울 뿐만 아니라 피심인은 사전에 정보공개서를 통하여 이를 알리고 가맹점사업자와 계약을 체결하지도 아니하였다.

3. 결론

피심인의 위의 행위는 법 제12조 제1항 제3호 및 법 시행령 제13조 제1항의 [별표2] 제3호 나목에 해당하여 위법하다(공정거래위원회 2021가조1250, 2023.05.15. 의결).

주요사례 ㈜**그룹의 부당한 계약조항 변경행위에 대한 건(위법성 인정)**

1. 인정사실

피심인은 2010. 12. 1. 가맹계약상 즉시 해지사유를 다음 〈표〉 기재와 같이 변경하고, 이후 *****
점 등 385개 가맹점사업자와 변경된 가맹계약서로 갱신 가맹계약을 체결하였다

변경 전	변경 후
제24조(계약의 해지) ① "갑"은 다음 각 호에 해당하는 "을"의 중대한 사유가 발생하였을 경우 "을"과의 계약을 즉시 해지할 수 있다. 1. ~ 3. (생략) 4. 당사의 매장 운영 매뉴얼을 준수하지 않거나 관련 법규를 위반하거나 **허위사실**을 유포함으로써 가맹본부의 명성이나 신용을 뚜렷이 훼손하거나 가맹본부의 영업비밀 또는 중요정보를 유출하여 가맹사업에 중대한 장애를 초래한 경우	**제24조(계약의 해지)** ① "갑"은 다음 각 호에 해당하는 "을"의 중대한 사유가 발생하였을 경우 "을"과 의 계약을 즉시 해지할 수 있다. 1. ~ 3. (생략) 4. 당사의 매장 운영 매뉴얼을 준수하지 않거나 관련 법규를 위반하거나 **사실 또는 허위사실**을 유포함으로써 가맹본부의 명성이나 신용을 뚜렷이 훼손하거나 가맹본부의 영업비밀 또는 중요정보를 유출하여 가맹사업에 중대한 장애를 초래한 경우

2. 위법성 판단

피심인이 계약갱신 과정에서 즉시 해지사유를 "가맹점사업자가 허위사실을 유포함으로써 가맹본부의 명성이나 신용을 뚜렷이 훼손한 경우"에서 "가맹점사업자가 사실 또는 허위사실을 유포함으로써 가맹본부의 명성이나 신용을 뚜렷이 훼손한 경우"까지 확대한 행위는 가맹점사업자에게 종전의 거래조건보다 뚜렷하게 불리한 계약조항을 설정한 행위로서 **부당한 불이익 제공**에 해당된다. 또한, 피심인이 법 시행령 규정을 위반하여 계약갱신과정에서 즉시해지 사유를 확대한 것은 피심인의 상표권 보호나 상품·용역의 동일성 유지와는 아무런 관련이 없어 위법성 예외인정 요건을 충족하지 아니하므로, 피심인의 행위는 법 제12조 제1항 제3호의 규정에 위반되어 위법하다(공정거래위원회 2015가맹1804, 2017.09.05. 의결).

주요사례 (주)토니**의 불이익 제공행위에 대한 건(위법성 인정)

1. 인정사실

피심인은 기존에는 영업지역을 설정하지 아니하다가 법 제12조의4가 시행됨에 따라 2014. 9 ~ 2016. 1 기간 동안 63개 가맹점사업자에게는 가맹점 반경 도보 **30m**, 2016. 2 이후 10개 가맹점사업자에게 가맹점반경 **도보 100m**를 영업지역으로 각각 설정하는 내용으로 가맹계약을 갱신하여 체결하였다. 이 과정에서 피심인이 가맹점사업자와 사전 협의하거나 동의절차를 거친 사실은 확인되지 아니한다.

2. 위법성 판단

(1) 불이익 제공 여부

피심인이 영업지역을 신규로 설정함으로써 가맹점사업자간 거리가 실질적으로 축소되고 기존 가맹점사업자 인근에 새로운 가맹점사업자의 개설이 가능해짐에 따라 기존 가맹점사업자의 매출이 하락하는 결과를 초래하게 되므로 피심인의 행위는 가맹점사업자에게 불이익을 제공하는 행위라고 판단된다.

(2) 부당성 여부

신규계약의 경우 가맹희망자는 가맹본부가 설정한 영업지역에 대한 설명을 듣고 난 후 가맹계약 체결여부에 대한 선택권을 가지고 결정할 수 있다. 그러나 본 사안처럼 갱신계약의 경우에는 가맹점사업자가 가맹 사업을 위하여 투자하게 된 점포 및 내부시설비용 등을 고려할 때 계약 갱신여부에 대한 선택권을 자유롭게 가진다고 보기 어렵다. 그럼에도 피심인은 영업지역을 신규로 설정하면서 영업지역 설정여부 및 범위, 효과 등 구체적 사항들에 대해 가맹점사업자들의 사전협의 또는 별도의 동의절차를 거치지 아니한 채 일방적으로 영업지역을 설정하고 가맹계약을 갱신하여 체결하였다. 따라서 피심인의 행위는 부당한 것으로 판단된다.

(3) 예외인정 요건 해당여부

피심인이 영업지역을 가맹점 반경 도보 30m 또는 100m로 설정하지 아니할 경우 가맹본부의 상표권을 보호하고 상품의 동일성을 유지하기 어렵다는 사실이 객관적으로 인정되는 경우로 보기 어렵고, 이러한 사실을 미리 정보공개서를 통하여 가맹점사업자에게 알리고 가맹점사업자와 계약을 체결한 것으로 보이지도 아니하므로 예외인정 요건에 해당하지 아니한다(공정거래위원회 2016가맹3079, 2017.01.26. 의결).

주요사례 ㈜그꿈***의 불이익 제공행위에 대한 건(위법성 부정)

1. 인정사실

피심인은 2014. 7. 28. 자신의 16개 가맹점사업자에게 2014. 7. 21.~ 2014. 12.18. 기간 동안 개최되는 제3회 그리다꿈 공모전에 소요되는 비용의 50%인 23,750천원(부가가치세 포함)을 부담할 것을 통보하고, 2016. 8월 ~ 2016. 12월 기간 동안 15개 가맹점사업자들로부터 총 22,230천원을 수령하였다.

2. 피심인 주장

피심인은 이 사건 공모전을 통하여 피심인의 브랜드 이미지가 강화되어 가맹점사업자의 상품판매에 긍정적인 영향을 주었고, 가맹점사업자들이 부담한 이 사건 공모전 비용이 가맹점사업자의 전체 매출액에서 차지하는 비중이 높지 않으므로 가맹점사업자에게 공모전 소요비용을 부담하게 한 행위는 불이익을 제공한 것으로 볼 수 없다고 주장한다.또한 피심인과 가맹점사업자가 공모전 개최비용을 포함하여 각종 광고비용을 각각 50%씩 부담하는 사실을 정보공개서를 통하여 미리 알렸고, 이를 가맹계약서에도 반영하였으며, 공모전의 주제가 브랜드 이미지 또는 상품광고와 직접 연관이 있는지 여부에 따라 공모전과 브랜드 간 관련성을 판단하는 것은 타당하지 아니하므로 이 사건 비용 부담행위는 부당하게 불이익을 제공한 것으로도 볼 수 없다고 주장한다.

3. 위법성 판단

① 공모전은 피심인의 주요한 광고수단으로 활용되고 있고 이 사건 공모전이 가맹점사업자가 판매하는 제품과의 구체적인 관련성이 없다고 하여 피심인 브랜드의 이미지 제고효과가 없었다고 보기 어려운 점, ② 이 사건 행위가 가맹점사업자에게 불이익을 제공한 행위에 해당하기 위해서는 가맹점사업자에게 다소 불이익한 정도를 넘어 판매목표 강제, 이익제공 강요 등과 동일시할 정도로 불이익을 주었음이 입증되어야하는 바, 피심인의 이 사건 행위로 인해 가맹점사업자에게 초래된 불이익의 규모와 공모전이 매출증가에 영향을 미치지 않았다는 점 등을 입증할 자료가 없는 점, ③ 가맹점사업자의 영업부진, 휴·폐업 등과 이 사건 공모전 간에 직접적인 관련이 있다고 보기 어려운 점 등을 고려할 때 불이익을 제공한 것으로 보기 곤란하다. 또한 ① 이 사건 가맹계약서에 브랜드 이미지광고, 상품광고, 공모전 등 광고의 대상, 실시 방법, 비용분담의 원칙 및 방식 등에 관하여 세부적으로 규정하고 있으므로 이 사건 공모전은 피심인이 계약서에 근거를 두고 시행된 것인 점, ② 가맹점사업자가 공모전 소요비용 부담을 거절할 경우 그 자체로 계약해지 사유가 되는 것은 아니므로 피심인이 가맹점사업자들에게 비용부담을 통지하는 등의 과정에서 계약해지를 언급한 행위만으로 부당성이 당연히 인정되는 것으로 보기는 어려운 점 등을 고려할 때 피심인이 자신의 거래상 지위를 부당하게 이용한 것으로도 보기 어렵다(공정거래위원회 2016서제2517, 2017.11.01. 의결).

4. 부당한 손해배상의무 부과행위

(1) 의의

계약의 목적과 내용, 발생할 손해 등 대통령령으로 정하는 기준에 비하여 과중한 위약금을 부과하는 등 가맹점사업자에게 부당하게 손해배상 의무를 부담시키는 행위(법 제 12조 제1항 제5호)

◈ 대통령령으로 정하는 기준 - 위약금의 부당성 판단기준(법 시행령 제12조의2)

1. 계약의 목적과 내용
2. 발생할 손해액의 크기
3. 당사자 간 귀책사유의 유무 및 정도
4. 해당 업종의 정상적인 거래관행

(2) 유형

1) **과중한 위약금 설정 · 부과행위**

① 계약 중도해지 시 과중한 위약금 설정 · 부과 행위

계약해지의 경위 및 거래당사자 간 귀책사유 정도, 잔여계약기간의 정도, 중도해지 후 가맹본부가 후속 가맹점사업자와 계약을 체결하기 위하여 통상 소요될 것으로 예상되는 기간에 상당하는 손해액 등에 비추어 부당하게 과중한 위약금을 설정하여 계약을 체결하거나 이를 부과하는 행위

② 과중한 지연손해금 설정 · 부과행위

상품 또는 용역에 대한 대금지급의 지연 시 지연경위, 정상적인 거래관행 등에 비추어 과중한 지연손해금을 설정하여 계약을 체결하거나 이를 부과하는 행위

2) **소비자 피해에 대한 손해배상의무 전가행위**

가맹본부가 가맹점사업자에게 공급한 물품의 원시적 하자 등으로 인하여 소비자 피해가 발생한 경우까지도 부당하게 가맹점사업자가 손해배상의무를 모두 부담하도록 계약을 체결하는 행위

3) **부당한 영업위약금 부과행위**

가맹점사업자가 영업을 개시한 날이 속하는 달의 다음 달부터 1년간의 평균 매출액이 가맹본부가 제공한 예상매출액의 최저액에 미달하여 가맹점사업자가 계약을 중도에 해지하는 경우에 가맹본부가 계약 해지에 따른 기대이익 상실을 이유로 위약

금을 부과하는 행위(다만, 가맹점사업자의 가맹계약 위반, 가맹본부가 제시한 경영방침 미준수 또는 이에 준하는 사유로 인하여 평균 매출액이 예상매출액의 최저액에 미달한 경우는 제외)

4) 그 밖의 부당한 손해배상의무 부과행위

위 1) 내지 3)에 준하는 경우로서 가맹점사업자에게 부당하게 손해배상의무를 부담하도록 하거나 가맹본부가 부담해야 할 손해배상의무를 가맹점사업자에게 전가하는 행위

주요사례 ㈜**을만드는사람들 손해배상의무 부과행위에 대한 건(위법성 인정)

1. 인정사실

피심인은 2016. 11. 28. 김○○(前 봉뜨락피자 ○○○ 점주)과 아래 표와 같이 가맹계약서에 가맹점사업자가 비밀유지의무 및 경업금지의무를 위반할 경우 손해배상액으로 5천만 원을 부담하도록 규정하는 조항을 포함하여 가맹계약을 체결하였다.

〈가맹계약서(일부 발췌)〉

제34조["乙"의 영업상 비밀 공개금지 및 경업금지의무]

① "乙"은 계약과정 및 점포의 경영상 알게 된 "甲"의 영업상 비밀을 계약기간의 전·후를 불문하고 제3자에게 누설하지 아니한다.

③ "乙"은 이 계약기간 중에 "甲"의 동의 또는 승낙없이 자신 또는 제3자의 명의로 "甲"의 영업과 동종의 영업을 하지 못한다.

제37조[손해배상액의 예정]

① "乙"이 제34조의 "乙"의 영업상 비밀 공개금지 및 경업금지 의무를 위반하는 경우 "乙"은 **위약금으로 금 오천만원(50,000,000원)**을 "甲"에게 지급하여야 한다.

이후 김○○이 누나 명의로 타 가맹본부와 가맹계약을 체결하고 점포를 개설하여 경업금지의무를 위반하자, 피심인은 2017. 5. 31. 김○○의 경업금지의무 위반에 대해 가맹계약서 제37조 제1항에 의거 5천만 원의 위약금을 청구하는 소를 제기한 사실이 있다.

2. 위법성 인정여부

(1) 가맹점사업자에 대한 손해배상의무 부과 여부

피심인은 2016. 11. 28. 김○○(前 봉뜨락피자 ○○○ 점주)과 가맹점사업자가 비밀유지의무 및 경업금지의무 위반시 손해배상액으로 5천만 원을 부담하도록 하는 조항을 포함하여 가맹계

약을 체결하고, 이후 김○○이 경업금지의무를 위반하자 2017. 5. 31. 김○○을 상대로 5천만 원의 위약금을 청구하는 소를 제기하여 손해배상의무를 부과하였다.

(2) 부당성 여부

피심인이 김○○의 경업금지의무 위반을 이유로 가맹계약서 상 손해배상조항에 의거 위약금 5천만 원의 손해배상의무를 부담시킨 행위는 가맹사업의 공정한 거래질서를 저해할 우려가 있는 부당한 행위로 판단된다. 위 표의 가맹계약서 상 조항은 <u>경업금지나 비밀유지 의무 중 어느 쪽을 위반했는지 여부, 위반의 기간, 정도, 범위 및 그로 인한 피해 규모 등을 전혀 감안하지 아니하고 기계적·일률적으로 5천만 원의 위약금을 배상하도록 규정하고 있어 가맹점사업자의 귀책사유 정도에 비해 과중한 위약금이 부과될 우려가 있다. 피심인이 김○○을 상대로 제기한 민사소송에서 법원도 김○○의 경업금지 의무 위반행위로 인해 실제 피심인에게 발생할 손해는 정상적으</u>로 가맹사업자가 점포를 운영할 경우 얻을 수 있었던 이익을 크게 초과하지 않고 그러한 이익액은 피심인이 청구한 금액과는 큰 차이가 있는 바 <u>이 사건 가맹계약에서 5천만 원의 손해배상액의 예정액을 규정한 부분이 김○○에게 "지나치게 과중하여 부당하게 불리한 조항"이므로 약관의 규제에 관한 법률 제6조 제1항, 제2항 제1호 및 제8조에 따라 무효라고 판시한 바 있다.</u>

3. 결론

피심인의 위의 행위는 법 제12조 제1항 제5호에 해당되어 위법하다(공정거래위원회 2018 가맹 2255, 2021.02.09. 의결).

5. 그 밖의 불공정거래행위(법 제12조 제1항 제6호/법 시행령 제13조 제1항 '별표 2')

법 제12조 제1항 제1호부터 제3호까지 및 제5호 외의 행위로서 부당하게 경쟁가맹본부의 가맹점사업자를 자기와 거래하도록 유인하는 행위 등 가맹사업의 공정한 거래를 저해할 우려가 있는 행위(=가맹본부가 다른 경쟁가맹본부의 가맹점사업자를 자기와 거래하도록 하여 자기의 가맹점사업자의 영업에 불이익을 주거나 다른 경쟁가맹본부의 가맹사업에 불이익을 주는 행위 / 例 : 부당한 이익을 제공하거나 위계 기타의 행위를 통한 경쟁사업자 유인행위)

주요사례 ㈜**익스프레스의 그 밖의 불공정거래행위에 대한 건(위법성 인정)

1. 법 제12조 제1항 제6호의 적용요건

법 제12조 제1항 제6호에 해당하는 위반행위는 ① 가맹본부가 다른 **경쟁가맹본부의 가맹점사업자를 대상**으로 하여, ② **부당하게 자기와 거래하도록** 하고, ③ 이로 인하여 **다른 경쟁가맹본부의 가맹사업에 불이익**을 준 경우에 성립한다.

2. 인정사실

(1) 피심인은 2014. 2. 1.경 ◇◇◇◇◇◇◇◇ 가맹점사업자들에게 상표권자인 피심인의 허락 없이 동 상표를 사용할 수 없다는 내용의 공문을 발송하였다.

(2) 피심인은 2014. 2. 3.경 ◇◇◇◇◇◇◇◇ 가맹점사업자들에게 피심인의 상표 사용 및 가맹계약과 관련한 사업설명회를 2014. 2. 5.부터 2014. 2. 6.까지 진행할 예정이며, 기존의 가맹점 중 참여의사를 밝힌 가맹점은 기존과 동일한 계약조건으로 계약하고 참여의사가 없는 가맹점이 속한 지역은 신규 가맹점 개설을 추진할 계획이라는 내용과 피심인과의 계약 또는 피심인의 승인 없이 상표를 사용하는 경우에는 법적 처벌을 받을 수 있다는 내용을 담은 '상표관련 통상사용권한 부여방침 및 지역점 모집 안내'라는 공문을 발송하였다.

(3) 피심인은 2014. 2. 28. ◇◇◇◇◇◇◇◇ 가맹점사업자들에게 상표의 통상사용권 중단, 상표사용료 지불, 무단 사용 시 법적대응 예정 등을 내용으로 하는 '상표등록권 무단사용에 대한 최고서'를 발송하고, 2014. 3. 18.에는 '상표권 무단사용에 따른 법적 조치 예고 통보서'를 발송하였다. 또한 2014. 4. 7.에는 상표권 무단사용에 대한 민·형사 책임을 묻겠다는 통고서를 발송하였고, 2014. 4. 9.에는 피심인 ○○○○점주 김○○ 등 8명의 가맹점사업자들을 상표법 위반 등을 이유로 고소하였다.

(4) ◇◇◇◇◇◇◇◇가 피심인을 상대로 특허심판원에 제기하였던 상표등록 취소청구가 기각된 직후인 2014. 10. 2.과 2014. 12. 1.경에는 ◇◇◇◇◇◇◇◇ 가맹점사업자들에게 '상표권 무단 사용에 따른 손해배상청구 및 법적조치 예고 통보서'를 발송하고, 피심인이 ◇◇◇◇◇◇◇◇를 상대로 서울중앙지방법원에 제기한 상표사용금지 청구소송에서 승소한 후인 2015. 1. 30., 2015. 6. 2., 2015. 7. 22.에 유사한 내용의 공문을 지속적으로 발송하였다.

3. 위법성 판단

(1) 경쟁가맹본부의 가맹점사업자를 대상으로 한 행위인지 여부

양 회사는 서로 경쟁관계에 있는 가맹본부라고 인정된다.

(2) 부당하게 자기와 거래하도록 하였는지 여부

피심인은 2개 가맹점사업자가 ◇◇◇◇◇◇◇◇와의 가맹계약기간이 남아 있었음에도 불구하

고 상표권이 자신에게 있음을 통보하는 등의 방법을 통하여 자기와 새로이 가맹계약을 체결하여 거래하도록 하였음이 인정된다. 또한, ① ◇◇◇◇◇◇◇ 가맹점사업자로서는 가맹계약을 체결할 때 가맹본부가 상표권을 적법하게 보유하고 있다고 신뢰하는 것이 통상적인 점, ② ◇◇◇◇◇◇◇◇의 대다수 가맹점사업자는 피심인의 사업내용을 지배하는 이○가 ◇◇◇◇◇◇◇◇를 실제로 경영하던 시기에 가맹계약을 체결함으로써 정당하게 상표권을 사용해 온 점, ③ 피심인이 자신과 가맹계약을 새로 체결하지 아니하는 가맹점사업자들을 상표법 등 위반으로 고소하여 자기와 계약을 체결하도록 유인 또는 압박을 가한 점 등을 종합적으로 고려할 때, 피심인이 ◇◇◇◇◇◇◇ 가맹점사업자를 자기와 거래하도록 한 행위는 상표권자의 권리행사라는 이유만으로 허용되기는 어려운 행위로서 부당성이 인정된다.

(3) 경쟁가맹본부의 가맹사업에 불이익을 주었는지 여부

피심인이 묵시적인 허락에 의한 통상사용권이 인정되어 온 ◇◇◇◇◇◇◇◇에 대하여 **익스프레스 상표권을 적법하게 보유하게 된 것을 무기로 정상적인 가맹계약관계에 있는 가맹점들을 자기와 거래하도록 함으로써 경쟁가맹본부의 영업활동에 피해를 준 점, 피심인의 행위에 의하여 ◇◇◇◇◇◇◇◇의 가맹점사업자 수와 가맹사업을 통해 발생하는 수익이 현실적으로 감소된 점 등을 종합적으로 고려할 때 피심인의 행위는 경쟁가맹본부의 가맹사업에 불이익을 준 것으로 인정된다(공정거래위원회 2016서경3878, 2017.06.20. 의결).

6. 위반시 제재

(1) 행정적 제재 : 시정조치 또는 시정권고 + 과징금(관련매출액의 2/100 이내)

(2) 형사적 제재

1) 직접적인 벌칙 규정은 없음. 단, 시정조치명령 불응시, 3년 이하의 징역 또는 1억원 이하의 벌금

2) 양벌규정 : 시정조치명령 불응시, 행위자를 벌하는 외 그 행위자를 사용하는 법인 또는 개인에게도 상기 벌금형을 과(科)함. 단, 그 법인 또는 개인이 그 위반행위를 방지하기 위하여 해당 업무에 관하여 상당한 주의와 감독을 게을리 하지 아니한 경우에는 그러하지 아니함(법 제42조).

3) 전속고발 : 시정조치명령 불응시에는 공정거래위원회의 고발이 있어야 공소 제기가 가능함(법 제44조 제1항).

(3) 민사적 제재

1) 손해배상(원칙)

가맹본부가 이 법의 규정을 위반함으로써 가맹점사업자에게 손해를 입힌 경우, 가맹점사업자에 대하여 손해배상의 책임을 부담함. 다만, 가맹본부가 고의 또는 과실이 없음을 입증한 경우에는 그러하지 아니함(법 제37조의2 제1항).

2) 징벌적 손해배상[36]

① 내용

가맹본부가 법 제12조 제1항 제1호(거래거절)를 위반함으로써 가맹점사업자에게 손해를 입힌 경우에는 가맹점사업자에게 발생한 손해의 3배를 넘지 아니하는 범위에서 배상책임을 부담함. 다만, 가맹본부가 고의 또는 과실이 없음을 입증한 경우에는 그러하지 아니함(법 제37조의2 제2항).

② 손해배상액 결정시 고려사항

법원은 징벌적 손해배상액을 정할 때 다음의 사항을 고려하여야 함(법 제37조의2 제3항).

　　가) 고의 또는 손해 발생의 우려를 인식한 정도
　　나) 위반행위로 인하여 가맹점사업자가 입은 피해 규모
　　다) 위법행위로 인하여 가맹본부가 취득한 경제적 이익
　　라) 위반행위에 따른 벌금 및 과징금
　　마) 위반행위의 기간·횟수
　　바) 가맹본부의 재산상태
　　사) 가맹본부의 피해구제 노력의 정도

---

[36] 하기의 불공정거래행위 이외에 **법 제9조 제1항(허위·과장된 정보제공 등의 금지)** 및 **법 제12조의5(보복조치의 금지)** 위반의 경우에도 징벌적 손해배상 규정이 적용됨에 유의한다.

2018년(16회) 가맹사업법

삼계탕 판매 사업을 운영하는 가맹본부 갑은 가맹점사업자 을과 가맹계약을 체결하고, 간단한 조리교육을 실시하였다. 그런데 을이 영업을 하는 과정에서 조리 방법에 관한 의문이 생겨 문의를 하였으나 갑은 더 이상 조리방법을 알려줄 수 없다고 거절하였다. 한편 갑은 신제품을 출시하면서 통신회사인 A 텔레콤 및 B 카드사와 제휴하여 3개월간 신제품에 대한 50 % 할인행사를 실시하였고, 할인 행사 홍보를 위하여 우산을 판촉물로 제공하였다. 그런데 갑은 할인 및 판촉물 제공에 따라 자신이 부담하여야 할 비용 전부를 사전예고 없이 일방적으로 가맹점사업자들이 부담하도록 하였다. 다음 물음에 답하시오.(50점)

(1) 위 사례에서 을에 대한 갑의 행위가 「가맹사업거래의 공정화에 관한 법률」상 어떠한 불공정거래행위에 해당하는지 설명하시오.(25점)

(2) 위 사례에서 가맹점사업자들에게 할인행사 및 판촉물 제공에 따른 모든 비용을 부담하도록 한 갑의 행위가 「가맹사업거래의 공정화에 관한 법률」상 어떠한 불공정거래행위에 해당하는지 설명하시오.(25점)

[답안 예시]

Ⅰ. 물음(1)의 해결

1. 문제의 소재

2. 불공정거래행위 중 '거래거절'에 해당하는지 여부

  (1) 의의

  (2) 거래거절의 유형

  (3) 소결 – '영업지원 등의 거절'에 해당

3. 적용 제외사유 해당 여부

4. 사안의 해결

갑은 을의 별다른 귀책사유가 없음에도 조리방법을 알려주는 것을 거절하였으므로, 불공정거래행위 중 '거래거절(영업지원 등의 거절)'에 해당하는 행위를 했다고 판단된다.

II. 물음(2)의 해결

1. 문제의 소재

2. 불공정거래행위 중 '거래상 지위남용'에 해당하는지 여부

   (1) 의의

   (2) 요건

   (3) 유형

   (4) 소결 – '불이익제공'에 해당

3. 적용 제외사유 해당 여부

4. 사안의 해결

갑이 적법하게 할인행사 및 판촉물 제공에 따른 모든 비용을 을에게 청구하기 위해서는, 해당 사실이 가맹본부의 상표권을 보호하고 상품 또는 용역의 동일성을 유지하기 위해 필수적이어야 하고 이 같은 사실이 정보공개서를 통해 을에게 사전에 통지하여야 하는데 이러한 사실을 찾아볼 수 없으므로, 갑은 불공정거래행위 중 '거래상지위남용(불이익제공)'에 해당하는 행위를 했다고 판단된다.

(1) 치킨 가맹본부 A는 자신의 가맹점사업자들에게 세제, 일회용 숟가락 등 10개 품목을 가맹본부 A로부터 구입하도록 하였다. 그런데 위 10개 품목들은 가맹점사업자가 인터넷이나 대형마트에서 구입하여도 가맹사업의 동일성을 유지하는데 문제가 없는 품목이었고, 가맹본부 A로부터 구입하는 가격은 도매가격보다 높았다. 그 결과 가맹점사업자들은 온라인 또는 오프라인 채널에서 공동구매 등을 통해 저렴한 가격으로 위 품목들을 구매할 수 있는 선택권을 원천적으로 봉쇄당했다.

(2) 한편 부산에 소재한 가맹희망자 B는 치킨 가맹점을 운영하고자 가맹본부 A에게 점포예정지 인근 가맹점 현황에 대한 정보 등을 요청하였다. 그러자 가맹본부 A는 자신의 가맹점 전체의 평균 매출액 정보를 전화상으로만 간략히 알려주었다. 다음 물음에 답하시오.(50점)

물음1) 위의 사례 (1)에서 가맹본부 A가 도매가격보다 높은 가격으로 10개 품목을 구매하도록 요구한 행위가 「가맹사업거래의 공정화에 관한 법률」 및 같은 법 시행령(이하 '가맹사업거래의 공정화에 관한 법령'이라 한다)상 '차액가맹금' 수취 행위에 해당하는지를 설명하고, 필수품목 공급과정에서 투명한 거래정보를 제공하도록 하기 위해 가맹계약 체결 전에 가맹사업거래의 공정화에 관한 법령상 가맹본부 A가 이행하여야 하는 사항에 관하여 설명하시오.(20점)

물음 2) 위의 사례 (2)에서 가맹본부 A가 가맹희망자 B에게 전화상으로 정보를 제공한 행위가 가맹사업거래의 공정화에 관한 법령에 위반되는지 설명하시오.(15점)

물음 3) 가맹본부 A는 가맹사업의 공정한 거래질서를 유지하기 위해 자율적으로 규약을 정하려고 한다. 가맹사업거래의 공정화에 관한 법령에 따라 자율규약을 정하는 절차에 관하여 설명하시오.(15점)

[답안 예시]

Ⅰ. 물음(1)의 해결

1. 문제의 소재

치킨 가맹본부 A가 가맹점의 동일성을 유지하는 데 문제가 없는 세제, 일회용 숟가락 등 10개 품목을 자신으로부터 구매하도록 요구하는 행위가 가맹사업법상 적법한 '차액 가맹금' 수취행위에 해당하는지 살펴보고, 이후 필수품목 공급과정에서 가맹본부 A가 이행하여야 하는 사항에 관해 검토한다.

2. 적법한 차액가맹금 수취행위 해당여부

　(1) 필수품목 및 차액가맹금의 의의

　(2) 불공정거래행위 중 '거래상대방의 구속' 해당 여부

　　1) 개념

　　2) 적용 예외

　(3) 소결

필수품목이라 함은, 가맹본부가 가맹점사업자에게 특정한 품목을 지정한 거래상대방으로부터 구매할 것을 권장 또는 강제하는 경우의 해당 품목을 의미하는데, 이것이 가맹사업법 상 불공정거래행위인 '거래상대방의 구속'에 해당하게 되면 위법하게 된다. 그런데 세제, 일회용 숟가락 등 10개 품목은 가맹사업의 동일성을 유지하는데 문제가 없는 품목으로서 적용 예외사유에 해당하지 아니하므로, '거래상대방의 구속'에 해당하여 위법하다고 판단된다.

3. 필수품목 공급과정에서 가맹계약 체결 전 가맹본부 A가 이행하여야 하는 사항

상술한 바와 같이, 가맹사업법은 '거래상대방의 구속'의 적용 예외사유로서, '미리 거래상대방의 가맹본부가 미리 정보공개서를 통하여 가맹점사업자에게 해당 사실을 알리고 가맹사업자와 계약을 체결할 것'을 요구하고 있는 바, 가맹본부 A는 필수품목 공급 과정에서 이와 같은 절차를 이행할 필요가 있다.

4. 사안의 해결

Ⅱ. 물음(2)의 해결

1. 문제의 소재

2. 정보공개서 등 제공의무의 의의 및 취지

3. 제공대상 및 방법

(1) 제공상대방

(2) 제공대상문서

(3) 제공시기

(4) 제공방법

4. 사안의 해결

가맹본부 A는 가맹희망자 B에게 자신의 가맹점 전체의 평균 매출액 정보를 전화상으로 만 간략히 알려주었을 뿐, 서면 또는 전자적 파일 등 법 시행령 제6조 제1항에 명시된 방법으로 제공한 바 없으므로, 가맹본부 A의 행위는 가맹사업법을 위반한 것으로 판단된다.

Ⅲ. 물음(3)의 해결 - [쟁점 16] 참고

새로운 유형의 불공정거래행위

☞ **['17기출(사)]** 24시간 연중무휴로 편의점을 운영하고 있는 가맹점사업자 을은 최근 영업부진과 인건비 증가로 인해 점포 운영에 어려움이 있어 영업이 부진한 시간대에는 점포 문을 닫을 수 있도록 가맹본부 갑에게 요청하였다. 그러나 갑은 24시간 영업을 해야 한다는 가맹계약조건을 이유로 이를 허용하지 않고 있다. 이 경우 을이 갑의 행위에 대해 「가맹사업거래의 공정화에 관한 법률」 및 같은 법 시행령상 부당한 영업시간 구속으로 주장하기 위한 요건들을 설명하시오.(25점)

☞ **['20기출(사)]** 가맹본부 X는, 가맹점사업자 Y의 점포 간판이 노후화하여 추락할 위험이 있다고 판단하여 Y에게 간판의 교체를 요구하였다. 아울러 X는 간판교체비용의 10%를 부담하기로 하였다. 단, Y 점포의 간판이 노후화되어 추락위험이 발생한 데에 Y의 귀책사유는 없었다. 이 경우 X가 간판의 교체를 요구한 행위와 교체 비용의 10%를 부담한 행위가 「가맹사업거래의 공정화에 관한 법률」 및 동법 시행령에 위반되는지 설명하시오.(25점)

☞ **['20기출(사)]** 가맹본부가 가맹계약 갱신 과정에서 「가맹사업거래의 공정화에 관한 법률」 및 동법 시행령상 일정한 사유가 발생하여 기존 영업지역을 변경하기 위해서는 가맹점사업자와 합의하여야 한다. 이 영업지역 변경사유들을 설명하시오.(25점)

1. 부당한 점포환경개선 강요금지 등

(1) 의의

가맹본부는 정당한 사유 없이 가맹점사업자에게 점포환경개선을 강요하여서는 안되고, 정당한 사유가 있는 때도 일정 비용을 부담하여야 함(법 제12조의2).

(2) 점포환경개선 사유(정당한 사유가 있는 경우/법 시행령 제13조의2 제1항)

1) **점포의 시설, 장비, 인테리어 등의 노후화가 객관적으로 인정**되는 경우

2) **위생 또는 안전의 결함이나 이에 준하는 사유**로 인하여 가맹사업의 통일성을 유지하기 어렵거나 정상적인 영업에 현저한 지장을 주는 경우

(3) 점포환경개선시 비용부담의무

1) 부담대상

① **간판교체비용**

② **인테리어 공사비용**(장비 · 집기의 교체비용을 제외한 실내건축공사에 소요되는 일체의 비용). 다만, 가맹사업의 통일성과 관계 없이 가맹점사업자가 추가 공사를 함에 따라 드는 비용은 제외(법 시행령 제13조의2 제2항 제2호 단서).

2) 가맹본부 부담액(분담비율)

구분	가맹본부 부담액
점포의 확장·이전을 수반하지 않는 경우	100분의 20
점포의 확장·이전을 수반하는 경우	100분의 40

3) 가맹본부의 부담 및 지급절차

① 원칙 : 가맹점사업자의 청구(공사계약서 등 공사비용을 증명할 수 있는 서류 제출) → 지급청구일로부터 **90일 내** 지급. 단, 별도 합의시 **1년 범위 내** 분할지급 가능(법 시행령 제13조의2 제4항, 제5항).

② 예외 : 가맹점사업자가 가맹본부 또는 가맹본부가 지정한 자를 통하여 점포환경개선을 한 경우, 점포환경개선이 끝난 날부터 **90일 내** 가맹본부부담액을 가맹점사업자에게 지급하여야 함(법 시행령 제13조의2 제6항).

4) 점포환경개선 비용의 환수 등

가맹본부는 점포환경개선이 끝난 날부터 **3년 내** 가맹본부의 책임 없는 사유로 계약이 종료(계약기간 만료, 해지 또는 영업양도에 의한 종료까지 포함)되는 경우, 가맹본부 부담액 중 나머지 기간에 비례하는 부담액은 지급하지 아니하거나 이미 지급한 경우 환수할 수 있음(법 시행령 제13조의2 제7항).

5) 적용 제외(법 제12조의2 제2항)

① 가맹본부의 권유 또는 요구가 없음에도 가맹점사업자의 **자발적 의사**에 의하여 점포환경개선을 실시하는 경우

② 가맹점사업자의 **귀책사유로 인하여 위생 · 안전 및 이와 유사한 문제가 발생**하여 불가피하게 점포환경개선을 하는 경우[37]

---

37) "가맹사업법 및 가맹사업법 시행령 규정의 문언, 내용, 체계와 규정 형식상, 가맹본부가 법정부담액을 지급하지 않을 수 있는 예외사유인 가맹사업법 제12조의2 제2항 제2호의 **'위생 · 안전 및 이와 유사한 문제가 발생'**한 경우는 가맹본부가 점포환경개선을 실시할 것을 요구할 수 있는 가맹사업법 시행령 제13조의2 제1항 각 호의 '점포의 시설, 장비, 인테리어 등의 노후화가 객관적으로 인정되는 경우, 위생 또는 안전의 결함이나 이에 준하는 사유로 인하여 가맹사업의 통일성을 유지하기 어렵거나 정상적인 영업에 현저한 지장을 주는 경우'보다 좁게 해석하여, **가맹점사업자의 정상적인 영업에 현저한 지장을 줄 정도의 위생 · 안전 및 이와 유사한 문제가 현실적으로 발생해야 하는 것으로 한정**하여 해석하여야 한다."(서울고등법원 2019.01.23. 선고, 2018누48726 판결)

1. 인정사실

피심인은 2014년 2월부터 2021년 7월까지 기간 동안 □□□ 등 70개의 가맹점사업자들을 대상으로 점포환경개선을 실시하도록 권유 또는 요구하여 동 가맹점사업자들이 점포환경개선을 실시하였음에도 이에 소요된 비용 중 법정비율에 해당하는 금액을 부담한 사실이 없다.

2. 위법성 판단

(1) 예외사유에 해당하는지 여부

1) 가맹본부의 권유 또는 요구 없이 자발적으로 실시되었는지 여부

첫째, 피심인은 연도별 점포환경개선 계획을 수립하고 일정을 관리하면서 계획에 따라 점포환경개선이 이루어질 수 있도록 가맹점사업자를 설득하고 독려하였으며, 나아가 추진 실적을 지속적으로 점검하면서 부진한 가맹점을 대상으로 사유를 파악하여 향후 추진 계획을 수정하였고 점포환경개선 실시 여부를 가맹점 재계약 심사에 고려하는 등 □□□ 등 70개 가맹점사업자에게 권유 또는 요구한 사실이 인정된다. 둘째, 피심인은 가맹점사업자가 점포환경개선 요청서를 제출하기 전 인테리어 견적을 산출하거나 도면을 작성하여 품의서를 작성한 사실이 있으며, 점포환경개선 실시 여부를 재계약 심사과정에서 고려하고 이러한 사실을 사전에 가맹점사업 통보한 사실이 있는 등 이 사건 점포환경개선이 가맹점사업자의 온전한 자발적 의사에 기인하여 이루어진 것으로 보기 어렵다.

2) 가맹점사업자의 귀책사유로 인한 위생·안전 등의 문제가 발생하여 불가피하게 실시되었는지 여부

□□□ 등 70개 가맹점은 시설연수가 10년이 경과하여 점포가 노후화되었다는 사실이 인정될 수 있을 뿐 가맹점사업자의 귀책사유로 인한 위생·안전 및 이와 유사한 문제가 현실적으로 발생하였다고 볼만한 객관적인 사정이 확인되지 않으므로 법 제12조의2 제2항 제2호의 예외사유에 해당한다고 보기 어렵다.

(2) 피심인 주장에 대한 판단

1) 조사시효 및 처분시효 도과여부

피심인은 법 제32조의 '그 거래가 종료된 날'은 개별 '점포환경개선이 종료된 날' 또는 적어도 개별 '가맹사업계약 종료일'로 보아야 하므로 조사개시일인 2018. 8.22.부터 3년을 역산한 2015. 8. 22. 이전 종료된 점포환경개선은 조사시효가 도과 되었으며, 개정 가맹사업법 시행일인 2019. 7. 1. 이후에 점포환경개선 중 의결일 기준으로 위반행위일로부터 3년이 경과한 점포환경개선에 대해서는 처분시효가 만료되었다고 주장한다. 우선 재계약체결 등으로 가맹

계약 당사자의 변경없이 거래관계가 지속된 것이라면 개별 가맹계약이 형식적으로 만료되는 시점에 거래가 종료된 것으로 볼 수 없다.

따라서 피심인이 조사시효가 도과하였다고 주장하는 가맹점은 직권조사일인 2018. 8. 22. 이후 가맹계약이 종국적으로 종료되거나 현재까지 유지되고 있으므로 피심인의 주장은 이유없다.

2) 법 제12조의2 제2항 각 호의 예외사유 해당여부

피심인은 ① 점포환경개선을 권유 또는 요구한 사실이 없고 가맹점사업자가 작성한 확인서, 요청서 등을 고려할 때, 점포환경개선은 가맹점사업자들의 자발적인 의사에 기인하여 실시되었으며 ② 대상 가맹점들의 시설연수가 10년을 도과함에 따라 점포 노후화로 인한 위생·안전 등의 문제가 발생할 수 있었으므로 법 제12조의2 제2항 각 호의 예외사유에 해당한다고 주장한다.

위에서 살펴본 바와 같이 피심인의 점포환경개선 권유 또는 요구가 확인되고 가맹점사업자가 점포환경개선 요청서를 제출하기 전 이미 연도별 점포환경개선 계획을 작성하여 관리하거나 인테리어 견적을 산출하여 품의서를 작성하였으며 제출 확인서, 요청서 대부분이 동일하거나 매우 유사한 내용으로 가맹점사업자의 진정한 의사라 볼 수 없으며, ② 가맹점사업자들의 귀책사유로 인한 위생·안전 등의 문제가 발생하였음이 객관적 근거에 의해 인정되지 않고 법 제12조의2 제2항 제2호는 가 맹점사업자의 정상적인 영업에 현저한 지장을 줄 정도의 위생·안전 및 이와 유사한 문제가 현실적으로 발생해야 하는 것으로 한정하여 해석하여야 한다는 법원의 판단을 고려할 때 피심인의 주장은 이유없다.(공정거래위원회 2018가맹2643, 2022.12.22. 의결).

2. 부당한 영업시간 구속금지

(1) 의의

가맹본부는 정상적인 거래관행에 비추어 부당하게 가맹점사업자의 영업시간을 구속하는 행위를 하여서는 아니 됨(법 제12조의3 제1항).

(2) 부당한 영업시간 구속행위로 간주되는 행위(법 제12조의3 제2항/법 시행령 제13조의3)

1) 가맹점사업자의 점포가 위치한 상권의 특성 등의 사유로 심야 영시간대(오전 0시부터 오전 6시까지 또는 오전 1시부터 오전 6시까지)의 매출이 그 영업에 소요되는 비용에 비하여 저조하여 일정한 기간(가맹점사업자가 영업시간 단축을 요구한 날이 속한 달의 직전 3개월) 동안 영업손실이 발생함에 따라 가맹점사업자가 영업시간 단축을 요구함에도 이를 허용하지 아니하는 행위

2) 가맹점사업자가 질병의 발병과 치료 등 불가피한 사유로 인하여 필요 최소한의 범위에서 영업시간의 단축을 요구함에도 이를 불허용하는 행위

3. 부당한 영업지역 침해금지

(1) 영업지역 설정 의무화

가맹본부는 가맹계약 체결 시 가맹점사업자의 영업지역을 설정하여 가맹계약서에 이를 기재하여야 함(법 제12조의4 제1항)[38]

주요사례 **(주)토니**의 영업지역 설정의무 위반에 대한 건(위법성 인정)**

1. 인정사실

피심인은 2014. 12. 31. ~ 2016. 2. 28. 기간 동안 11개 가맹점사업자와 갱신계약을 체결하면서 일반적인 영업지역 설정과는 달리 **지하철 역사 및 그 일대, 지하상가, 외국인 상권 등 그 지역 자체를 특수지역**으로 하는 방식으로 영업지역을 설정하였다.

2. 위법성 판단

피심인은 11개 가맹점사업자에게 지하철 역사 및 그 일대, 지하상가, 외국인 상권 등 그 지역 자체를 영업지역으로 설정하기는 하였으나, 영업지역 설정거리 등 그 범위가 구체적이지 않아 불명확하므로 가맹사업법 제12조의4 제1항에 위반되어 위법하다(공정거래위원회 2016가맹3079, 2017.01.26. 의결).

---

(2) 영업지역의 변경

1) 의의

가맹본부가 **가맹계약 갱신과정**에서 상권의 급격한 변화 등의 사유가 발생하여 기존 영업지역을 변경하기 위해서는, 가맹점사업자와 **합의**하여야 함(법 제12조의4 제2항).

2) 영업지역 변경사유(법 시행령 제13조의4)

① 상권 변화 : 재건축, 재개발 또는 신도시 건설 등으로 인하여 상권의 급격한 변화가 발생하는 경우

② 구매력 변화 : 해당 상권의 거주인구 또는 유동인구가 현저히 변동되는 경우

③ 수요 변화 : 소비자의 기호변화 등으로 인하여 해당 상품·용역에 대한 수요가 현저히 변동되는 경우

---

38) 가맹계약서의 필요적 기재사항(법 제11조 제2항). [쟁점 11] 참고

④ 기타 변화 : 위 ① 내지 ③에 준하는 경우로서 기존 영업지역을 그대로 유지하는 것이 현저히 불합리하다고 인정되는 경우

(3) 영업지역의 침해금지

가맹본부는 정당한 사유 없이 가맹계약기간 중 가맹점사업자의 영업지역 안에서 가맹점사업자와 **동일한 업종**(수요층의 지역적·인적 범위, 취급품목, 영업형태 및 방식 등에 비추어 동일하다고 인식될 수 있을 정도의 업종)의 자기 또는 계열회사의 **직영점**이나 **가맹점**을 설치하는 행위를 하여서는 아니 됨(법 제12조의4 제3항)[39]

> **주요사례** **㈜쿠우**의 영업지역 침해에 대한 건(위법성 인정)**
>
> **1. 인정사실**
>
> 피심인은 2014. 4. 29. 가맹점사업자 ◇◇와 고양시 일산서구에 소재한 일산점에 대한 가맹계약을 체결하면서, 특약사항으로 "경기도 고양시 일산동구 및 서구지역은 일산점이 독점권을 가지며 본부는 쿠우** 가맹점 개설을 하지 않는다."고 약정하였고, 2014. 9. 11. ◇◇와 변경가맹계약서를 체결하면서도 특약(영업권의 범위)으로 "쿠우**는 경기도 고양시 일산동구 및 서구지역의 영업권을 일산점에 부여하며, 해당지역에 가맹점 및 직영점을 개설을 하지 않는다"는 계약조건을 설정하였다. 이후 피심인은 2016년 4월경 ◇◇에게 일산동구에 소재한 ◆◆ 건물에 가맹점의 추가 출점을 제안하였으나, ◇◇가 이를 거절하자 2016. 4. 25. 가맹희망자 신☆☆과 ◆◆ 건물에 '쿠우쿠우 △△점' 가맹계약을 체결하여 동일한 업종의 가맹점을 개설하였다.
>
> **2. 위법성 판단**
>
> 피심인이 ◇◇와 가맹계약으로 정한 ◇◇의 영업지역인 일산동구 지역 안에 자신의 가맹사업과 관련된 동일한 업종의 다른 가맹점을 개설하여 운영하게 한 행위는 법 제12조의4 제3항에 위반되어 위법하다(공정거래위원회 2016서재3233, 2018.01.17. 의결).

---

39) [관련판례 요약] 피심인이 2012. 10. 23. ○○○와 협의없이 신고인의 사업장에서 **직선거리로 100m(도보 200m) 떨어진 곳에 직영사업장을 개설**하였다. 이에 대해 ○○○는 2013. 4. 3. 자신의 영업지역을 침해하였음을 이유로 손해배상 청구소송을 제기하였고, 법원은 이러한 피심인의 행위로 ○○○이 매출하락으로 인한 판매수익 감소를 입었다고 보고 피심인에게 손해배상금 61,557,957원 및 이에 대한 지연손해금의 지급을 명하였다(대법원 2014.09.26. 선고, 2014다215727 판결).

4. 보복조치의 금지

(1) 의의 및 취지

- 가맹본부는 가맹점사업자가 '특정 행위'를 한 것을 이유로 그 가맹사업자에 대하여 불이익을 주는 행위를 하거나 계열회사 또는 다른 사업자로 하여금 이를 행하도록 하여서는 아니 됨(법 제12조의5).
- 가맹점사업자의 협상력 제고 및 권익 보호

(2) 가맹점사업자의 '특정 행위'

1) 가맹사업거래분쟁조정협의회에 대한 **분쟁조정의 신청**

2) 공정거래위원회의 **서면실태조사에 대한 협조**

3) 가맹사업법 위반행위에 대한 **신고** 및 이에 따른 공정거래위원회의 **조사에 대한 협조**

(3) 가맹본부의 보복조치(불이익을 주는 행위) 유형

1) 상품·용역의 공급이나 경영·영업활동 지원의 **중단, 거절 또는 제한**

2) 가맹계약의 **해지**

3) **그 밖의 불이익**을 주는 행위

5. 위반시 제재

구분	법 제12조의2 내지 제12조의4 위반시	법 제12조의5 (보복조치의 금지) 위반시
행정적 제재	시정조치 또는 시정권고 + 과징금(관련매출액의 2/100 이내)	
형사적 제재	직접적인 벌칙 규정은 없음. 단, 시정조치명령 불응시, 3년 이하의 징역 또는 1억원 이하의 벌금	3년 이하의 징역 또는 1억원 이하의 벌금
	양벌규정 / 전속고발	
민사적 제재	손해배상책임	징벌적 손해배상책임 (손해액의 3배 범위 내)

① 「뉴욕통닭」이라는 브랜드로 가맹사업을 운영는 갑은 을, 병과 가맹사업을 체결하면서 을에게는 A지역, B에게는 B지역을 영업거점지역으로 지정해주었다. 이에 을은 B지역의 통닭배달주문에는 응하지 않고 있었다. ② 그러던 중 갑이 A지역에서 「뉴욕통닭」이라는 직영통닭점을 개설하자 을은 매출액이 급감하여 막대한 손해를 보게 되었다.

(1) ①의 경우 만약 을이 B지역의 통닭배달에도 응하고 있었다면 갑 또는 병이 을에게 주장할 수 있는 것은 무엇인가?(30점)
(2) ②의 경우 을이 갑에 대하여 주장할 수 있는 「가맹사업거래의 공정화에 관한 법률」상의 권리는 무엇인가?(10점)
(3) ②의 경우 갑이 직영점을 합법적으로 개설하기 위한 방법은 무엇인가?(10점)

[답안 예시]

I. 물음(1)의 해결

1. 문제의 소재

2. 영업지역의 준수 강제 해당 여부(법 제12조 제1항 제2호)

3. 사안의 해결

갑은 영업지역의 준수강제 행위에 해당하지 않는 범위 내에서 을이 A지역에서의 판매책임을 다한 경우에 B지역에서 판매하게 하거나, 을이 B지역에서 판매하고자 하는 경우 병에게 판촉비용에 상당하는 일정한 보상금을 지불하도록 하게 할 수 있다.

II. 물음(2)의 해결

1. 문제의 소재

2. 부당한 영업지역 침해 해당 여부(법 제12조의4 제3항)

3. 위반의 효과

4. 사안의 해결

갑이 A지역에 직영점을 개설한 것은 정당한 이유없이 을의 영업지역을 침해한 행위로서 법 12조의4 제3항을 위반한 것이다. 따라서 을은 갑에 대한 시정조치, 시정권고, 과징금 등의 행정처분 및 형사고발조치를 위하여 공정거래위원회에 신고할 수 있으며, 매출액이 급감하여 입은 손해에 대하여 갑에게 손해배상을 청구할 수 있다고 판단된다.

Ⅲ. 물음(3)의 해결

1. 문제의 소재

2. 영업지역의 변경 가부(법 제12조의4 제2항)

3. 위반의 효과 – 부당한 계약조항의 설정·변경

4. 사안의 해결

갑이 직영점을 합법적으로 개설하기 위해서는, 가맹계약기간 중이 아닌 가맹계약 '갱신' 과정에서 상기 사유가 발생한 경우에 한하여 을과의 '합의'를 통하여 영업지역을 변경한 뒤에 직영점을 개설하여야 한다. 단, 사적자치의 원칙에 따라 '가맹계약기간 중'이라고 하더라도 자유로운 의사의 합치로 영업지역을 변경할 수도 있을 것이다.

편의점사업을 운영하는 가맹본부인 갑은 2014년 2월 20일 A지역에서 계약기간 2년 동안 24시간 영업을 내용으로 하는 가맹계약을 을과 체결하였다. 그 후, 을은 편의점 영업을 하던 중 자신의 신체에 암(癌)이 발견되어 그 치료를 하기위해 최소한의 범위에서 영업시간의 단축을 요구하였으나, 갑은 이를 수용하지 않았다. 오히려 갑은 자신과 가맹계약을 체결한 모든 가맹점사업자가 사용하는 간판에 안전상 결함이 있어 가맹사업의 정상적인 영업에 현저한 지장이 초래된다는 이유로, 을에게 그가 운영하는 점포의 간판을 을이 비용 전부를 부담하여 교체할 것을 요구하였다. 이와 같은 갑의 행위에 대하여 가맹사업거래의 공정화에 관한 법령에 근거하여 공정거래위원회가 제재를 가하고자 하는 경우, 그 제재의 근거와 유형을 논하시오.(50점)

[답안 예시]

Ⅰ. 문제의 소재

Ⅱ. '부당한 영업시간의 구속'에 해당하는지 여부

　1. 의의

　2. 유형

　3. 사안의 경우

　가맹점사업자 을이 암이 발견되어 그 치료를 하기 위해서 최소한의 범위에서 영업시간 단축을 요구하였음에도 이를 거부하는 행위는 법 제12조의3에서 금지하고 있는 부당한 영업시간 구속행위에 해당한다고 판단된다.

Ⅲ. '부당한 점포환경개선 강요금지행위'에 해당하는지 여부

　1. 점포환경개선 강요인지 여부

　　(1) 의의

　　(2) 점포환경개선사유

　　(3) 검토

　가맹본부 갑은 간판에 안전상 결함이 있어 가맹사업의 정상적인 영업에 현저한 지장이 초래된다는 이유로 점포환경개선을 요구하고 있는바, 이는 대통령령으로 정하

는 사유에 해당하여 개선요구 자체는 합당하다고 판단된다.

2. 비용부담의 문제

  (1) 의의

  (2) 비용부담의 의무

  (3) 비용부담의 예외

3. 사안의 경우

갑은 점포환경개선을 실시하는 경우 간판교체비용에 대하여 대통령령으로 정하는 비율 (20/100)에 따라 비용을 부담하여야 하는 바, 가맹점사업자 을에게 비용을 전부 부담하도록 하는 행위는 위법하다고 판단된다.

Ⅳ. 위반의 효과

1. 행정적 제재 : 시정조치 또는 시정권고 + 과징금(관련매출액의 2/100 이내)

2. 형사적 제재 : 시정조치 미이행시 3년 또는 1억 이하/양벌규정/전속고발

3. 민사적 제재 : 손해배상

직장을 다니다 퇴직하게 된 을은 「닭고기 관련 패스트푸드 가맹사업」을 하는 가맹
본부 갑과 경기도 화성시 일부를 영업지역으로 하는 「프라이드 치킨 가맹 계약」을
2014년 10월 1일에 3년 기간으로 체결하였다. 당시 가맹계약서상에는 "갑이 을
의 영업지역 내에 추가 가맹점, 직영점을 설치하고자 하는 경우 을의 동의를 얻도
록 한다"라는 규정이 있었다. 그런데 갑은 2015년 5월 1일 을의 동의없이 그의 영
업지역 내에 가맹사업을 희망하는 병과 「닭강정 가맹계약」을 체결하였다.(50점)

(1) 갑이 병과 체결한 「닭강정 가맹계약」의 적법성 여부를 논하시오.(25점)
(2) 을의 영업지역 일부분이 동탄 신도시에 편입되었고, 인구가 크게 늘어난 그 신
도시에 가맹점 개설을 희망하는 자들이 다수 있다고 가정할 때 그들과 새롭게 「프
라이드 치킨 가맹계약」을 체결하고자 하는 갑이 을과의 계약과 관련하여 취할 수
있는 조치를 설명하시오.(25점)

[답안 예시]

Ⅰ. 물음(1)의 해결

1. 문제의 소재

2. 갑과 병의 계약이 을의 영업지역을 침해하는지 여부

(1) 부당한 영업지역의 침해 금지(법 제12조의 4 제3항)

(2) '동일한 업종'의 판단기준

(3) 검토

3. 사안의 해결

갑이 을과 체결한 '닭고기 관련 패스트푸드 가맹계약'과 갑이 병과 체결한 '닭강정 가
맹계약'은 취급품목이 닭고기로 같고, 영업형태 및 방식 등으로 볼 때 동일한 업종으
로 보여진다. 따라서 갑이 을의 영업지역 안에 가맹점을 개설한 행위는 부당한 영업지
역의 침해행위에 해당하여 위법한 행위라고 판단된다.

Ⅱ. 물음(2)의 해결

1. 문제의 소재

2. 영업지역의 변경

  (1) 의의

  (2) 변경사유

  (3) 검토

  갑은 을의 영업지역인 동탄신도시에 인구가 크게 늘어난 것을 근거로 을과 '합의'하에 영업지역을 합리적인 범위 내에서 변경할 수 있지만, 이는 계약 '갱신'시에 한한다. 다만, 사적자치원칙 상 계약기간 도중에도 자유로운 의사에 의한 합의를 통하여 영업지역을 변경할 수는 있을 것이다.

3. 영업지역 변경의 한계

  (1) 부당한 계약조항의 설정·변경(거래상 지위남용)

  (2) 적용의 예외

4. 사안의 해결 - 갑이 취할 수 있는 조치

가맹본부 갑은 계약갱신과정에서 영업지역의 변경에 대한 합의를 진행할 수 있다. 단, 이는 불공정거래행위의 유형인 '부당한 계약조항의 설정 및 변경(거래상 지위남용)'에 해당하지 않는 범위 내에서 가능하다 할 것이다.

가맹본부 A(이하 "A")와 가맹점사업자 B(이하 "B")는 편의점 가맹계약을 체결하면서 'B의 편의점을 기준으로 200m 이내에는 A의 직영점 또는 가맹점을 개설하지 아니한다.'는 내용을 가맹계약서에 기재하였고, B는 2019년 7월 15일 A와 가맹계약의 갱신을 앞두고 있다. 그런데 B의 편의점 근처에 대규모 아파트 재건축 공사가 마무리 되었고, 2019년 5월 20일부터 5천 세대의 입주가 시작되었다. 이에 A는 아파트 단지 내 신설 상가에 직영 편의점 한 곳을 개설하였고, 그 직영 편의점은 B의 편의점으로부터 100m 거리에 있다. 한편 2019년 6월 공정거래위원회가 편의점 가맹점사업자를 대상으로 서면실태조사를 실시하자, B는 A의 직영 편의점 개설 행위에 대해 불만을 제기하며 서면실태조사에 적극 협조하였다. 이를 이유로 A는 B의 편의점에 인기 신상품의 공급을 제한하였다.(50점)

(1) A의 직영점 설치행위와 신상품 공급제한 행위가 「가맹사업거래의 공정화에 관한 법률」 및 같은 법 시행령에 위반되는지 설명하시오.(30점)
(2) 「가맹사업거래의 공정화에 관한 법률」에 따라 A에 대하여 공정거래위원회가 취할 수 있는 조치와, B가 취할 수 있는 조치에 대하여 각각 설명하시오.(20점)

[답안 예시]

Ⅰ. 물음(1)의 해결

1. 문제의 소재

2. 직영점 설치행위의 위법 여부

   (1) 영업지역의 변경 위반 여부(법 제12조의4 제2항)

   (2) 부당한 영업지역의 침해 해당 여부(법 제12조의4 제3항)

   (3) 사안의 경우

3. 신상품 공급제한 행위의 위법 여부

   (1) 보복조치 금지의무 위반 해당 여부(법 제12조의5)

      1) 의의

      2) 가맹점사업자의 '특정 행위'

      3) 보복조치(불이익을 주는 행위)의 유형

      4) 소결

(2) 사안의 경우

4. 사안의 해결

상기와 같이, A의 직영점 설치행위와 신상품 공급제한 행위는 각각 법 제12조의4 제2항, 제3항 및 제12조의5를 위반하는 것이라고 판단된다.

II. 물음(2)의 해결

1. 문제의 소재

2. 공정거래위원회가 A에 대하여 취할 수 있는 조치

  (1) 행정적 제재 - 시정조치 또는 시정권고 + 과징금(관련매출액의 2/100 이내)

  (2) 형사적 제재

    1) 공정거래위원회의 전속고발

    2) 전속고발시 형사적 제재

      ① 법 제12조의4 제3항 위반시 - 시정조치명령 미이행시 3년 이하의 징역 또는 1억원 이하의 벌금

      ② 법 제12조의5 위반시 - 3년 이하의 징역 또는 1억원 이하의 벌금

3. B가 취할 수 있는 조치

  (1) 가맹사업거래분쟁조정협의회에의 분쟁조정신청

  (2) 공정거래위원회에 대한 신고

  (3) 민법상 채무불이행에 기한 가맹계약의 해지

  (4) 손해배상청구

    1) 법 제12조의4 제3항 위반시 - 손해배상책임

    2) 법 제12조의5 위반시 - 징벌적 손해배상책임(손해액의 3배 범위 내)

광고·판촉행사의 실시

☞ **['23기출(계)]** 가맹본부 甲은 지속적인 매출하락에 고심하다가 가맹본부와 가맹점사업자들이 각 절반씩 비용을 부담하는 판촉행사를 실시하려고 한다. 위 판촉행사가 가맹사업거래의 공정화에 관한 법령상 적법성을 갖추기 위한 요건(가맹본부 甲이가맹사업자들과 판촉행사에 관한 약정을 체결하는 경우와 그렇지 않은 경우로 나누어 서술할 것) 및 판촉행사를 실시한 후 가맹사업거래의 공정화에 관한 법령에 따라 가맹본부가 취해야 할 절차에 관하여 설명하시오.(25점)

1. 광고·판촉행사 실시시 동의의무

(1) 의의

가맹본부는 가맹점사업자가 비용의 전부 또는 일부를 부담하는 광고나 판촉행사를 실시하는 경우 그 비용 부담에 관하여 **전체 가맹점사업자 중 일정 비율(광고 : 50%, 판촉행사 : 70%) 이상의 가맹점사업자의 동의**를 받아야 함. 단, 판촉행사의 경우 해당 판촉행사의 비용 부담에 동의한 가맹점사업자만을 대상으로 하여 이를 실시할 수 있음(법 제12조의6 제1항, 법 시행령 제13조의5 제2항).

(2) 동의방식

문서, 내용증명우편, 전자우편, 인터넷 홈페이지, 애플리케이션 또는 판매시점 관리시스템(POS) 등을 통해 **동의시점을 객관적으로 확인할 수 있는 방법**에 의하여야 함(법 시행령 제13조의5 제1항).

(3) 적용제외

가맹본부 및 가맹점사업자가 체결한 <u>광고·판촉행사의 약정</u>에 따라 실시하는 경우는 적용 제외(법 제12조의6 제1항)

◈ **광고·판촉행사 약정의 요건(법 시행령 제13조의5 제3항, 제4항)**

1. **가맹계약과 별도로 체결**할 것

2. 다음의 사항이 모두 포함될 것

가. 광고나 판촉행사의 **명칭 및 실기기간**

나. 광고나 판촉행사의 소요 비용에 대한 가맹점사업자의 **분담비율 및 분담한도**

2. 집행내역의 통보 및 열람에 응할 의무

(1) 의의

가맹본부는 가맹점사업자가 비용의 전부 또는 일부를 부담하는 광고나 판촉행사를 실시한 경우 그 집행 내역을 가맹점사업자에게 통보하고, 가맹점사업자의 요구가 있는 경우 이를 열람할 수 있도록 하여야 함(법 제12조의6 제2항).

(2) 통보사항(법 시행령 제13조의6 제1항)

　1) 해당 사업연도에 실시한 광고나 판촉행사별 **명칭, 내용 및 실시기간**

　2) 해당 사업연도에 광고나 판촉행사를 위하여 **전체 가맹점사업자로부터 지급받은 금액**

　3) 해당 사업연도에 실시한 광고나 판촉행사별로 **집행한 비용 및 가맹점사업자가 부담한 총액**

(3) 통보시기 및 통보방법(법 시행령 제13조의6 제1항, 제2항)

　1) 통보시기 : 매 사업년도 종료 후 **3개월** 내

　2) 통보방법 : 정보공개서 제공방법(법 시행령 제6조 제1항 각 호의 방법) 준용[40]

(4) 열람에 응할 의무(법 시행령 제13조의6 제3항)

가맹점사업자가 집행 내역의 열람을 요구하는 경우 열람의 일시 및 장소를 정하여 해당 자료를 열람할 수 있도록 하여야 함.

주요사례 ㈜비에이치*(BH*)의 광고·판촉행사 비용 집행내역 미통보에 대한 건(위법성 인정)

1. 인정사실

피심인은 2016년 10월부터 같은 해 12월까지 기간 동안 실시한 광고·판촉 행사와 관련하여, 광고·판촉행사별로 광고나 판촉행사를 위하여 전체 가맹점사업자로부터 지급받은 금액, 집행비용 및 가맹점사업자 부담 총액 등의 집행 내역을 해당 사업연도 종료 후 3개월 이내에 가맹점사업자에게 통보하지 아니하였다(피심인은 2017. 5. 19. 판촉행사 관련 집행내역을 <u>홈페이지에 게재하는 방법</u>으로 통보하였다).

2. 위법성 판단

위 인정사실을 관련 법 규정에 비추어 보면, 피심인이 가맹점사업자들로부터 광고비를 수취한 후 이를 토대로 광고·판촉행사를 실시하였음에도 <u>광고·판촉행사별로 전체 가맹점사업자로부터</u>

---

40) ① 직접 전달 ② 내용증명우편으로 제공 ③ 정보통신망을 이용해 정보공개서 게시 후 게시사실 통지 ④ 전자우편, 문자메시지 또는 이동통신단말장치에서 사용되는 애플리케이션을 이용하여 가맹희망자에게 정보공개서의 내용이 포함된 전자적 파일 송부

지급받은 금액, 집행 비용 및 가맹점사업자 부담 총액 등의 집행내역을 해당 사업연도 종료 후 3개월 이내에 통보하지 아니한 행위는 법 제12조의6 제1항(구법 기준/현재 기준 제2항-저자 註)에 위반된다(공정거래위원회 2017제하1958, 2018.07.05. 의결).

3. 위반시 제재

(1) 법 제12조의 6 제1항(동의의무) 위반시

1) 행정적 제재 : 시정조치 또는 시정권고 + 과징금(관련매출액의 2/100 이내)

2) 형사적 제재 : 직접적인 처벌 규정은 없음. 단, 시정조치명령 불응시, **3년 이하의 징역** 또는 **1억원 이하의 벌금**(전속고발권 대상)

3) 민사적 제재 : 손해배상책임

(2) 법 제12조의6 제2항(통보 및 열람에 응할 의무) 위반시

1천만원 이하의 과태료 부과(법 제43조 제6항 제7호)

☞ ['15기출(사)] 「가맹점사업자단체의 거래조건 변경 협의」에 관하여 설명하시오.(25점)

1. 의의

가맹점사업자가 권익보호 및 경제적 지위 향상을 위해 구성하는 단체(법 제14조의2
제1항)

2. 구성원

특정 가맹본부와 계약을 체결 및 유지하고 있는 가맹점사업자(복수의 영업표지를 보
유한 가맹본부의 경우에는 동일한 영업표지를 사용하는 경우로 한정함)

3. 역할 및 한계

(1) 역할

가맹계약의 변경 등 거래조건에 대한 협의

(2) 한계(금지행위)

가맹사업의 통일성이나 본질적 사항에 반하는 거래조건을 요구하는 행위, 가맹본부의 경
영 등에 부당하게 간섭하는 행위, 부당하게 경쟁을 제한하는 행위(법 제14조의2 제4항)

4. 가맹본부의 의무

(1) 성실협의의 의무

가맹본부는 가맹점사업자의 협의 요청시 이에 성실하게 협의에 응하여야 함. 다만, 복
수의 가맹점사업자단체가 협의를 요청할 경우에는 다수의 가맹점사업자로 구성된 가
맹점사업자단체와 우선 협의하여야 함(법 제14조의2 제3항).

(2) 불이익 제공행위 금지

  1) 불이익 제공행위 금지의 내용(법 제14조의2 제5항)

    ① 가맹본부는 가맹점사업자단체의 구성·가입·활동 등을 이유로 가맹점사업자에
게 불이익을 주는 행위를 하여서는 안됨.

    ② 가맹본부는 가맹점사업자단체에 가입 또는 가입하지 아니할 것을 조건으로 가
맹계약을 체결하여서는 안됨.

2) 위반시 책임

① 행정적 제재 : 시정조치 또는 시정권고 + 과징금(관련매출액의 2/100 이내)

② 형사적 제재 : 직접적 처벌 규정 없음. **시정조치명령 불이행시 3년 이하의 징역 또 는 1억원 이하의 벌금**(전속고발권 대상)

③ 민사적 제재 : 손해배상책임(법 제37조의2 제1항)

주요사례 ㈜*땅의 불이익 제공행위 금지의무 위반에 대한 건(위법성 인정)

1. 인정사실

피심인은 2015년 3월경 '피자*땅가맹점주협회' 설립을 주도하던 강**과 방**이 운영하는 부개점과 구월점을 타 가맹점과 구별하여 '집중관리 대상'으로 분류하고, 약 2개월 동안 각각 12회, 9회에 걸쳐 매장점검을 실시한 후 이를 통해 적발된 사소한 계약위반 사항을 이유로 계약관계를 종료(갱신거절)한 사실이 있다.

2. 위법성 판단

(가) 가맹점사업자단체 활동이 있었는지 여부

위 인정사실과 같이 부개점 강**과 구월점 방**은 '피자*땅가맹점주협회' 설립을 주도하였고, 가맹점사업자단체의 초대 회장 및 부회장의 직책을 맡는 등의 가맹점사업자단체 활동을 하였다.

(나) 가맹점사업자에게 불이익을 주는 행위가 있었는지 여부

1) 피심인의 주장

피심인은 ①부개점 및 구월점이 가맹점사업자단체 설립 전부터 지속적으로 영업시간, 식자재 관련 준수사항 등 가맹계약의 중요사항을 위반하였고, 물류비, 광고비등의 가맹금을 미납하면서도 이를 개선하거나 시정하려는 노력을 보이지 않았으며, 가맹점사업자단체 해체를 빌미로 피심인에게 금품을 요구하는 등의 행위를 하여 <u>가맹사업의 본질적인 신뢰관계를 훼손하였으므로 가맹계약 갱신거절의 정당성이 인정되는 점</u>, ②<u>정보공개서를 통해 수시로 매장점검이 진행될 수 있다는 사실을 사전에 고지</u>하였고, 이 사건 행위가 있었던 2015년도에는 본사 기준 179개 가맹점에 대하여 8명의 담당직원이 월 평균 3.19회 매장점검을 실시(총 6,845회)하였으므로 부개점 및 구월점에 대하여 <u>주 1회 정도의 매장점검을 실시한 것은 통상적인 수준에 불과하며, 지속적으로 계약위반을 하면서도 시정의지가 없는 가맹점에 대해서는 동일하게 가맹계약을 종료</u>하였으므로 부개점 및 구월점에게 특별히 불이익을 제공한 사실이 없는 점, ③<u>그동안 피심인은 가맹점사업자단체와 성실하게 협의의무를 수행하면서 요청사항 대부분을 수용하였으나 가맹점사업자단체가 공정거래위원회 신고 결과를 지켜보자는 취지로 일방적으로 협의를 중단한 것일 뿐</u>이므로 피심인의 행위로 인해 가맹점사업자단체 활동이 와해되었다고 보기 어려운 점 등을 이유로 위의 행위가 법 위반이 아니라고 주장한다.

2) 피심인 주장에 대한 판단

살피건대, ①부개점 및 구월점이 가맹계약기간 동안 중요 계약사항을 상습적으로 위반하였다고 볼 만한 근거는 빈약하고, 가맹점사업자단체 결성 전 물류비 및 광고비를 미납한 사례는 있었으나 이는 피심인의 일방적인 물류비 현금결제 강요, 비합리적 광고비 분담 등이 가맹점사업자단체 결성의 결정적 계기가 되었던 사정을 고려하면 <u>부개점 및 구월점에 국한된 문제이거나 부개점 및 구월점에 게만 책임을 지워야할 사유로 보기 어려운 점</u>, ②피심인은 2015년 각 가맹점에 월 평균 3.19회 매장점검을 실시하였다고 주장하면서도 이를 입증할만한 아무런 증거자료도 제출하지 아니하였고, 오히려 조사과정에서는 2016년 본사 이전으로 인해 2015년 당시의 매장 방문일지 등을 모두 폐기하였다고 소명한 바 있으므로 <u>동 주장 자체의 신빙성이 의심되는 점</u>, ③이 사건 인정사실과 피심인이 제출한 부개점 및 구월점의 금품요구 관련 녹취록을 종합하여 보면 피심인은 처음부터 가맹점사업자단체를 대화와 타협의 대상이 아니라 해산시켜야 할 대상으로 인식하면서, 이를 실행하기 위해 <u>피심인의 이사 이*과 친분이 있는 덕소점 가맹점사업자 김**을 이용하여 부개점과 구월점을 양수함으로써 가맹점사업자단체를 와해시키려 시도한 정황을 알 수 있으므로 가맹점사업자단체와 성실하게 협의하였다는 주장도 믿기 어려운 점</u> 등을 종합적으로 고려할 때, 피심인의 위 주장은 이유 없다 (공정거래위원회 2016가맹3591, 2018.11.26. 의결).

`참고` 본 공정거래위원회의 의결에 대해서는 ㈜*땅이 불복하여 고등법원이 원고(㈜*땅) 일부승소 판결을 하였으나, 공정거래위원회가 이에 불복, 대법원에 상고한 결과 최종적으로 공정거래위원회가 승소하였음.[41]

---

41) [가맹본부(원고)가 가맹점사업자단체 활동 등을 한 가맹점사업자들의 매장을 집중관리 대상으로 분류하고 매장점검을 한 뒤 이를 통해 적발된 계약위반 사항을 이유로 가맹계약 갱신을 거절한 사안에서, 매장점검행위는 가맹사업법 제14조의 제5항 전단의 불이익제공행위에 해당하나 계약갱신거절행위는 정당한 사유가 있으므로 위 불이익제공행위에 해당하지 않는다는 이유로 이 부분에 관한 피고의 시정명령 및 과징금납부명령을 취소한 원심 판결을 파기한 사례] "[1] 가맹사업법 제14조의2 제5항 전단에서 가맹점사업자단체의 활동 등을 이유로 불이익을 주는 행위(이하 '불이익제공행위'라 한다)를 금지하는 취지는 가맹점사업자들로 하여금 가맹사업의 구조적 특성에 기인하는 가맹본부의 우월적 지위에 대응하여 가맹점사업자단체를 구성하여 활동할 수 있도록 함으로써 거래조건에 관한 협상력을 보장하여 그 권익을 보호하고 경제적 지위 향상을 도모하기 위한 것이다. 이와 같은 관계 법령의 내용과 입법취지에 비추어 보면, <u>가맹 본부의 행위가 가맹사업법 제14조의2 제5항 전단에 따른 불이익제공행위에 해당하는지 여부는 먼저 해당 행위의 의도나 목적, 가맹점사업자가 한 가맹점사업자단체의 활동 등의 구체적인 내용, 불이익제공의 경위, 불이익의 내용 및 정도, 관련 업계의 일반적인 거래 관행, 가맹점사업자단체 가입 여부에 따른 취급의 차이, 가맹계약의 내용, 관계 법령의 규정 등 제반 사정을 종합적으로 고려하여 그 불이익제공행위가 실질적으로 볼 때 가맹점사업자단체의 활동 등을 주된 이유로 하는 것인지에 따라 판단하여야 한다.</u> 또한 해당 불이익제공행위를 가맹사업법에 따라 위법한 것

1. 의의 및 취지

- 가맹본부 또는 가맹본부를 구성원으로 하는 사업자단체가 가맹사업의 공정한 거래
질서 유지를 위해 정하는 자율적 규약(법 제15조 제1항)
- 관련 당사자들의 자발적 법 준수를 통한 자정 노력

2. 자율규약 심사절차

(1) 심사의 요청

1) 내용

가맹본부 또는 가맹본부를 구성원으로 하는 사업자단체는 자율규약의 심사를 요청
하고자 하는 때에는 법 제12조 제1항 위반 여부에 대한 심사를 공정거래위원회에
요청할 수 있음(법 제15조 제2항).

2) 심사요청시 필요서류(법 시행령 제16조)

① 자율규약의 사본

② 첨부서면(전자문서 포함)

- 심사요청인의 주소와 성명

- 자율규약의 제정배경

- 자율규약의 주요골자와 그 취지

으로 평가하기 위해서는 그것이 가맹사업법의 목적에 비추어 부당한 것이어야 하고, 여기에서 부당성 유무의 판단은 앞서 본 제반 사정에 비추어 가맹사업의 공정한 거래질서를 저해할 우려(가맹사업법 제1조)가 인정되는지 여부를 기준으로 판단하여야 한다. [2] 가맹사업법 제14조의2 제5항 전단의 '불이익을 주는 행위'의 내용이 가맹계약의 갱신을 부당하게 거절하는 것인 경우에는 가맹본부가 계약갱신의 거절 사유로 들고 있는 계약조건이나 영업방침 등의 위반 사실이 확인된 경위, 위반 행위의 내용, 횟수와 정도, 다른 가맹점사업자에 대한 계약갱신의 실태, 동 종 또는 유사한 위반 행위에 대하여 종전에 또는 다른 가맹점사업자에게 한 조치 내용과의 비교 등 제반 사정을 종합하여 그 갱신거절이 가맹점사업자단체의 구성·가입·활동 등을 이유로 한 것인지를 판단하여야 한다. 한편, 가맹사업법 제13조 제2항이나 가맹점계약에서 정한 가맹점사업자의 계약갱신 요구권 행사기간이 경과하여 가맹점사업자에게 계약갱신요구권이 인정되지 않는 경우라고 하더라도 가맹본부의 갱신거절이 당해 가맹점계약의 체결 경위·목적이나 내용, 그 계약관계의 전개 양상, 당사자의 이익 상황 및 가맹점계약 일반의 고유한 특성 등에 비추어 신의칙에 반하여 허용되지 아니하는 특별한 사정이 있을 수 있으므로(대법원 2020. 7. 23. 선고 2019다289495 판결 등 참조), 그러한 경우에는 가맹점사업자에게 계약갱신요구권이 인정되지 않는다는 이유만으로 가맹본부의 갱신거절이 가맹사업법 제14조의2 제5항 전단의 '불이익을 주는 행위'에 해당하지 않는다고 볼 수는 없다."(대법원 2021.09.30. 선고, 2020두 48857 판결)

(2) 심사결과의 통보

공정거래위원회는 자율규약의 심사를 요청받은 때에는 그 요청을 받은 날부터 60일 이내에 심사결과를 신청인에게 통보하여야 함.

3. 자율준수 프로그램

공정거래위원회는 가맹본부가 가맹사업법을 자율적으로 준수하도록 유도하기 위한 자율준수프로그램의 보급 및 확산을 위한 업무를 수행할 수 있음(법 제31조의2 제1항 제4호).

가맹계약의 갱신

☞ **['13기출(사)]** 가맹사업거래의 공정화에 관한 법률 및 동법 시행령상 가맹본부가 가맹점사업자의 계약 갱신요구에 대해 정당하게 거절할 수 있는 사유에 관하여 설명하시오.(25점)

☞ **['14기출(계)]** 가맹점사업자가 가맹계약의 갱신을 요구할 수 있는 요건과 가맹본부가 그 요구를 거절할 수 있는 사유에 대하여 설명하시오.(25점)

☞ **['16기출(계)]** 가맹계약이 기간만료로 종료되는 경우, 가맹계약이 자동갱신되기 위한 요건과 그 효과를 설명하시오.(25점)

☞ **['17기출(계)]** 가맹본부 A와 가맹사업자 B 간의 가맹계약 자동갱신(묵시적 갱신)에 관하여 설명하시오.(25점)

☞ **['21기출(계)]** 'N치킨'이라는 영업표지를 가진 가맹본부 甲과 가맹계약을 체결한 가맹점사업자 乙이 그 가맹계약기간이 만료되기 전에 甲에게 가맹계약의 갱신을 요구하는 경우, 그 요건과 행사시기 및 방법 그리고 갱신요구권 행사의 효과에 관하여 설명하시오.(25점)

1. 서설

가맹점사업자가 가맹본부에 대하여 가맹계약기간 만료 전 180일부터 90일까지 사이에 갱신을 요구하는 경우, 가맹본부는 정당한 사유가 없는 한 갱신을 거절할 수 없음(법 제13조 제1항).

2. 가맹점사업자의 갱신요구권

(1) 의의

가맹점사업자는 최초 가맹계약기간을 포함한 전체 가맹계약기간이 10년을 초과하지 않는 범위 내에서 가맹본부에 대하여 가맹계약의 갱신을 요구할 수 있음(법 제13조 제2항).

(2) 법적성질

'형성권'으로서 가맹본부의 승낙이 불필요하고, 행사방법에 아무런 제한 없이 단독의 의사표시의 상대방에 대한 도달로써 효력이 발생함.

(3) 성립요건

1) 가맹계약이 **존속기간의 만료**로 종료할 것
2) 가맹본부에게 갱신거절을 할 수 있는 **정당한 사유**가 없을 것
3) 가맹계약을 체결한 지 **10년**이 경과하지 않았을 것

(4) 행사시기

계약기간 만료 전 **180일부터 90일**까지 사이

(5) 행사효과

전체 계약기간이 10년을 초과하지 않는 범위 내에서 계약 갱신[42]

3. 가맹본부의 갱신거절권

(1) 의의

가맹점사업자의 갱신요구가 있더라도, 정당한 사유가 있는 경우에는 가맹본부는 가맹계약의 갱신을 거절할 수 있음(법 제13조 제1항 단서).

(2) 갱신거절사유(법 제13조 제1항/법 시행령 제14조 제1항)

1) 가맹점사업자가 **가맹계약상의 가맹금 등의 지급의무**를 지키지 아니한 경우

2) 다른 가맹점사업자에게 **통상적으로 적용되는 계약조건이나 영업방침**을 가맹점사업자가 수락하지 아니한 경우

3) 가맹사업의 유지를 위하여 필요하다고 인정되는 것으로서 다음의 어느 하나에 해당하는 **가맹본부의 중요한 영업방침**을 가맹점사업자가 지키지 아니한 경우

① 가맹점의 운영에 필요한 **점포·설비의 확보나 법령상 필요한 자격·면허·허가의 취득**에 관한 사항

② 판매하는 상품이나 용역의 품질을 유지하기 위하여 필요한 **제조공법 또는 서비스기법의 준수**에 관한 사항

---

42) [갑이 치킨 프랜차이즈 가맹본부를 운영하는 을과 가맹계약을 체결한 후 약 12년간 가맹점을 운영하고 있었는데, 을이 갑에게 가맹본부의 중요한 영업방침인 조리 매뉴얼을 위반하였다고 시정요구를 하였으나 갑이 이에 불응한다는 등의 이유로 가맹계약 갱신을 거절하자, 갑이 을을 상대로 손해배상을 구한 사안에서, 제반사정에 비추어 갑이 을과 가맹계약을 체결한 지 10년이 경과하여 가맹사업거래의 공정화에 관한 법률상 계약갱신요구권 내지 가맹계약상 계약갱신요구권이 인정되지 않는 경우라고 하더라도, 을의 가맹계약 갱신거절에는 신의칙에 반하여 허용될 수 없는 특별한 사정이 있다고 보이므로, 을이 우월한 거래상 지위를 남용하여 부당하게 가맹계약 갱신을 거절함으로써 갑에게 불이익을 부과하였다고 보아 을의 손해배상책임을 인정한 사례] "가맹사업거래의 공정화에 관한 법률(이하 '가맹사업법'이라고 한다) 제13조 제2항은 "가맹점사업자의 계약갱신요구권은 최초 가맹계약기간을 포함한 전체 가맹계약기간이 10년을 초과하지 아니하는 범위 내에서만 행사할 수 있다."라고 규정하고 있다. 계속적 계약관계에 해당하는 가맹사업(프랜차이즈) 계약관계에서 가맹사업법상의 위 계약갱신요구권 행사기간이 경과하였고, 가맹계약에 계약의 갱신 또는 존속기간의 연장에 관하여 별도의 약정이 없거나 그 계약에 따라 약정된 가맹점사업자의 계약갱신권 행사기간마저 경과한 경우에는, 당사자가 새로이 계약의 갱신 등에 관하여 합의하여야 한다. 그 경우 가맹본부는 가맹점사업자의 갱신 요청을 받아들여 갱신 등에 합의할 것인지 여부를 스스로 판단·결정할 자유를 가진다. 다만 가맹본부의 갱신 거절이 당해 가맹계약의 체결 경위·목적이나 내용, 계약관계의 전개 양상, 당사자의 이익 상황 및 가맹계약 일반의 고유한 특성 등에 비추어 **신의칙에 반하여 허용되지 아니하는 특별한 사정이 있는 경우**에는 그러하지 아니하다."(대법원 2020.07.23. 선고, 2019다289495 판결)

③ 가맹본부의 가맹사업 경영에 필수적인 **지식재산권의 보호**에 관한 사항

④ 가맹본부가 가맹점사업자에게 정기적으로 실시하는 **교육·훈련의 준수**에 관한 사항(가맹점사업자가 부담하는 교육·훈련 비용이 같은 업종의 다른 가맹 본부가 통상적으로 요구하는 비용보다 뚜렷하게 높은 경우는 제외)

(3) 갱신거절방법(법 제13조 제3항)

1) 가맹점사업자의 갱신요구를 받은 날로부터 **15일 내** 통지

2) 거절사유를 **서면**으로 적어 통지

(4) 기간 도과의 효과 – 자동갱신

가맹본부가 위 기간 내 갱신거절통지를 하지 아니하는 경우에는 계약 만료 전의 가맹계약과 같은 조건으로 다시 가맹계약을 체결한 것으로 봄(법 제13조 제4항).

4. 가맹계약의 자동갱신

(1) 의의

가맹본부가 제3항의 거절 통지를 하지 아니하거나 가맹계약기간 만료 180일부터 90일까지 사이에 가맹점사업자에게 조건의 변경에 대한 통지나 가맹계약을 갱신하지 아니한다는 사실의 통지를 서면으로 하지 아니하는 경우에는 계약 만료 전의 가맹계약과 같은 조건으로 다시 가맹계약을 체결한 것으로 봄(법 제13조 제4항).

(2) 요건

1) **가맹계약기간이 만료**되었을 것

2) **서면**에 의한 가맹본부의 **조건 변경 또는 갱신 거절의 통지**가 없었을 것

3) 계약기간 만료 **60일 전**까지 가맹점사업자의 **이의제기**가 없었을 것

4) 천재지변이나 그 밖에 대통령령으로 정하는 부득이한 사유가 없을 것

◆ **대통령령으로 정하는 부득이한 사유(법 시행령 제14조 제2항)**

1. 가맹본부나 가맹점사업자에게 **파산신청**이 있거나 **강제집행절차 또는 회생절차**가 개시된 경우

2. 가맹본부나 가맹점사업자가 발행한 **어음·수표가 부도 등으로 지급거절**된 경우

3. 가맹점사업자에게 **중대한 일신상의 사유** 등이 발생하여 더 이상 가맹사업을 경영할 수 없게 된 경우

(3) 효과

종전의 가맹계약과 동일한 조건으로 다시 가맹계약을 체결한 것으로 봄.

5. 위반시 제재

불공정거래행위의 '거래거절' 중 **'부당한 계약갱신 거절'**에 해당하여, 이 경우 가맹본부는 행정적·형사적·민사적 제재를 받을 수 있음.[43]

> **주요사례** ㈜명품***케익의 계약갱신요구 거절행위에 대한 건(위법성 인정)
>
> ### 1. 인정사실
>
> 피심인은 2018년 9월 이전에 이 사건 외 가맹희망자 ○○○과 교섭하여 신규 가맹점 개설을 약속한 사실이 있으며, 신고인의 동의 여부와는 무관하게 신고인의 영업지역 내에 신규점 설치 노력을 진행해 왔으며 2018. 12. 22. 이미 ○○○과 가맹점 개설에 관한 가계약을 체결하였다.
>
> 이처럼 신규점 개설을 위하여 신고인의 영업지역 변경이 필요했던 피심인은 2018. 12. 18. 신고인에게 매장 지원 및 미수금 분할 상환 조건을 제시하며 영업지역 내 신규매장 개설 허용을 요청하였으나 신고인은 거절하였다.
>
> 이에 피심인은 2018. 12. 21. 누적된 미수금을 지급하지 아니할 경우 가맹계약을 해지할 것임을 내용증명으로 통보함과 동시에 특약조건(신고인이 영업지역을 수정하는 것에 동의하는 것을 전제로 한 몇 가지 지원책 제공 조건)을 기재한 계약 내용에 대한 검토를 신고인에게 요청하였다. 이에 신고인은 2018. 12. 22. 피심인에게 미수금을 완납하였으며 해당 특약조건을 거부하겠다는 의사를 당일(2018.12.22.)과 익일(2018.12.23.) 두 차례에 걸쳐 전화로 피심인에게 통보하였다. 피심인은 2018. 12. 23.과 2018. 12. 26. 영업지역 수정이 포함된 특약조건에 대해 재고하여 줄 것을 신고인에게 요청하였으나 거절당하였다. 이에 피심인은 2018. 12. 28. 과 2019. 1. 21. 비록 미수금 완납이 이루어졌다 하더라도 물품대금 지급에 관한 신뢰가 상실되어 향후 계약갱신이 없을 것임을 신고인에게 내용증명으로 통보하였다. 결국 이 사건 가맹계약은 계약만료일인 2019. 5. 8. 종료되었으며, 직후 피심인은 이 사건 외 ○○○과 가맹거래를 개시하였다.
>
> ### 2. 위법성 판단
>
> (1) 계약갱신요구권 행사 여부(O)
>
> 다음과 같은 점을 고려할 때, 산고인의 계약갱신요구권 행사가 있었음이 인정된다. 법 제12조의4 제2항은 가맹본부가 가맹계약 갱신과정에서 상권의 급격한 변화 등의 사유가 발생하여 기존 영업지역을 변경하기 위해서는 가맹점사업자와 합의하여야 하는 점을 규정하고 있다. 이에 따라, 영업지역 변경은 가맹계약 갱신과정에서만 가능하므로 이 사건 영업지역 변경 협의는 법 제13조 제4항에 따른 피심인의 거래조건 변경에 대한 의사표시로 볼 수 있고, 신고인은 이를 거부함으로써 계약

---

43) [쟁점 13] 참고.

만료 전의 가맹계약과 동일 조건으로 다시 가맹계약을 체결하겠다는 계약갱신요구 의사를 표현한 것으로 인정된다. 더구나 법 제13조 제1항은 가맹점사업자의 계약갱신요구에 대하여 특별한 형식을 요하지 않으며, 이 사건 가맹계약은 가맹계약서의 규정에 따라 자동갱신이 원칙이었고 2차례 계약갱신 과정에서 갱신 요구 등의 절차를 생략한 관행이 존재하였던 점도 신고인이 계약갱신요구 의사를 표현하였다는 점을 뒷받침한다.

(2) 갱신거절의 정당한 사유 인정 여부(X)

피심인이 가맹계약서의 해지사유를 근거로 갱신거절한 행위는 다음과 같은 점을 고려할 때, 신의칙에 반하여 법 제13조 제1항 제1호의 '정당한 사유'에 해당되지 않는다.

첫째, 피심인은 2018. 12. 21. 가맹점사업자에게 보낸 내용증명을 통해 2개월의 유예기간을 두고 미납금을 완납하지 않으면 계약을 해지한다고 고지하였으나, 가맹점사업자가 익일인 2018. 12. 22. 미납금을 완납함으로써 해지사유가 치유되었다.

둘째, 법 제11조 및 법 시행령 제12조는 "가맹계약의 종료 및 해지에 따른 조치사항", "가맹본부가 가맹계약의 갱신을 거절할 수 있는 정당한 사유에 관한 사항" 등을 가맹계약서에 기재하도록 의무화하고 있고, 이는 법 제6조의4 제1항 제3호 및 시행령 제5조의5 제2항 제4호에 따라 정보공개서에도 기재할 중요사항이다. 위 법령의 취지에 비추어 볼 때, 피심인이 계약서에 갱신거절 사유를 기재하지 않았다는 것은 가맹본부와 가맹점사업자간의 공생관계를 존중하여 계약갱신은 상수(常數)로 하되 계약종료를 하여야 하는 문제나 사정이 발생하면 계약해지를 통하여 가맹거래관계를 종료하겠다는 것으로 이해함이 타당하다. …(중략)… 결국 피심인의 갱신거절이 법 제13조 제1항 제1호에 따른 '정당한 사유'에 해당되기 위해서는 최소한 그 사유가 가맹계약서에 기재되어 있어야 할 것인데 그렇지 아니하다. 나아가 계약갱신요구권의 도입취지를 고려할 때 단순히 가맹금 등 지급의무를 지키지 않은 것을 넘어 적어도 법 제14조 제1항 본문에 따른 가맹본부의 미수금 시정 요구에 응하지 않거나 또는 법 시행령 제15조 제7호의 1년 이내 다시 위반하는 경우에 해당하여야 할 것으로 판단되는 바 이 사건 갱신거절은 여기에 해당하지 않는다.

셋째, 이 사건 외 ○○○과의 신규 가맹점 추진 과정을 살펴볼 때 피심인의 갱신거절은 신고인의 미수금 미납으로 인한 신뢰관계 상실이라는 표면적 사유를 그대로 인정할 수 없다. 오히려 신고인이 자신의 영업구역 내 신규가맹점 설치를 반대하였기 때문에 피심인이 이 사건 가맹계약 갱신을 거절한 것으로 판단되는 바, 계약갱신거절의 목적과 의도의 부당성이 인정된다.

3. 피심인 주장에 대한 판단

피심인은 신고인의 계약갱신요구 행위가 없었으며, 물품대금 미납의 행위는 가맹계약서상 해지사유에 해당한다고 주장한다.

살피건대, ① 앞서 살펴본 바와 같이 신고인의 계약갱신요구 행사가 인정되는 점, ② 피심인의 미납금 완납 독촉에 신고인이 미납금을 완납함으로써 가맹계약서상 해지사유가 치유된 점, ③ 가맹계약서에 갱신거절에 관한 사항이 기재되어 있지 않으며 피심인의 갱신거절 이 법 제13조 제1항 제1호의 '정당한 사유'에 해당하지 않는 점 등을 고려할 때 피심인 주장은 이유 없다(공정거래위원회 2019부사0560, 2021.08.26. 의결).

유명 아웃도어 의류 브랜드 'S 스포츠'라는 영업표지권을 가진 가맹본부 갑은 2009년 6월 20일 가맹점사업자 을과 아래의 내용을 계약조항에 포함시킨 가맹계약을 체결하고, 을에게 의류를 공급하기로 하였다. 다음 물음에 답하시오.(50점)

[참고] 아래 (1), (2)는 별개의 독립된 문제임

〈가맹계약서에 포함된 계약조항〉

– 가맹계약기간은 2009년 6월 25일부터 2012년 6월 24일까지로 한다.

– 을은 갑에게 가맹금으로 1억 원을 지급한다.

– 을은 가맹점의 효율적인 운영을 위하여 점포의 면적을 100㎡ 이상으로 하여야 한다.

– 갑의 영업정책상 을의 판매가 저조하거나 판매 활성화가 불가능하다고 판단될 경우, 갑은 임의로 계약을 해지할 수 있다.

(1) 을은 2009년 6월 25일부터 2018년 3월 20일까지 가맹계약의 변경 등에 관한 별도의 약정 없이 가맹점을 운영해 오고 있다. 2018년 3월 20일 을은 가맹계약이 2018년 6월 24일 종료될 예정이므로, 계약기간을 2018년 6월 25일부터 2021년 6월 24일까지로 갱신해 줄 것을 주된 내용으로 하는 내용증명우편을 갑에게 송부하여 2018년 3월 30일 도달하였다. 이 경우 을의 계약갱신요구권은 인정될 수 있는지 설명하시오.(30점)

(2) 을은 경기불황으로 인해 매출이 저조해지자, 점포 전체면적 100㎡ 중 30㎡를 개조하여 2011년 3월 15일부터 테이크아웃 커피점을 함께 운영해 오고 있다. 을은 2012년 2월 20일 갑에게 전화를 걸어 가맹계약이 2012년 6월 24일 종료 될 예정이므로, 계약기간을 2012년 6월 25일부터 2015년 6월 24일까지로 갱신해 줄 것을 요구하였다. 이에 갑은 관련 내용을 검토한 후 2012년 3월 10일 을에게 전화를 걸어 을의 계약위반을 이유로 가맹계약의 갱신을 거절하였다. 갑의 갱신거절이 인정될 수 있는지 여부를 설명하시오.(20점)

[답안 예시]

I. 물음(1)의 해결

1. 문제의 소재

2. 을이 가맹계약의 갱신요건을 준수하였는지 여부

   (1) 가맹점사업자의 가맹계약 갱신요구권

      1) 의의 및 법적성질 – 형성권

      2) 요건

   (2) 의사표시의 효력발생시기 – 도달주의(민법 제111조 제1항)

   (3) 사안의 경우

   을이 요구하는 전체 가맹계약기간이 10년을 초과하였을 뿐만 아니라, 가맹계약이 2018년 6월 24일 종료 예정이므로, 2018년 3월 30일에 내용증명우편이 도달한 것은 의사표시의 효력발생시기의 원칙인 '도달주의'에 비추어 계약갱신요건 중 계약기간 만료 180일에서 90일 전 도달의 요건을 준수하지 못한 것이다. 따라서, 을은 가맹계약의 갱신요건을 준수하지 아니하였다.

3. 사안의 해결

상기와 같은 이유로, 을의 갱신요구권은 인정될 수 없다고 판단된다.

4. 보론(補論) – 가맹계약의 자동연장 여부

가맹본부가 가맹계약기간 만료 180일부터 90일까지 사이에 가맹점사업자에게 조건의 변경에 대한 통지나 가맹계약을 갱신하지 아니한다는 사실의 통지를 서면으로 하지 아니하는 경우에는 원칙적으로 계약 만료 전의 가맹계약과 같은 조건으로 다시 가맹계약 을 체결한 것으로 보는 바(법 제13조 제4항 본문), 이대로 가맹계약기간이 도과하였다면 을의 계약갱신요구권이 인정될 수 없음은 별론으로 하고 가맹계약은 같은 조건으로 자동연장된다고 판단된다.

II. 물음(2)의 해결

1. 문제의 소재

2. 을이 가맹계약의 갱신요건을 준수하였는지 여부

3. 갑이 갱신거절의 요건을 준수하였는지 여부

   (1) 갱신거절의 사유

   (2) 갱신거절의 방법

(3) 소결

을은 점포 전체면적 100㎡ 중 30㎡를 개조하여 커피점을 운영하였으므로, 갑과 체결한 가맹계약을 위반한 바, 이는 갱신거절의 사유에 해당한다고 판단된다(가맹점의 운영에 필요한 점포·설비의 미확보). 하지만, 을의 갱신요구일로부터 15일을 초과한 2012년 3월 10일에 갱신거절을 통지하였을 뿐만 아니라, 이를 전화로 하였으므로 서면통지도 하지 아니하였다. 따라서, 갑은 가맹계약 갱신거절의 요건을 준수하지 아니한 것으로 보인다.

4. 사안의 해결

상기와 같은 이유로, 갑의 갱신거절은 인정될 수 없다고 판단된다.

A족발 전문점을 운영하는 가맹본부 甲은 2017년 6월 3일부터 2020년 8월 1일의 기간 동안 약 200명의 가맹점사업자 중 계약기간이 만료시점에 도래하는 가맹점사업자를 대상으로 변경된 가맹계약의 내용(영업지역 축소 포함)을 수락하지 않을 경우 재계약이 거절될 수 있다는 내용의「가맹계약 갱신공문」이라는 제목의 공문을 발송하였다. 또한 甲은 2017년 7월 1일부터 2020년 12월 20일의 기간 동안 18명의 가맹점사업자와 영업지역을 종전보다 축소하는 내용으로 갱신계약을 체결하였으며, 이에 따라 가맹점사업자들이 甲으로부터 계약상 공식적으로 인정받는 영업지역의 면적이 종전보다 18~72 % 감소하였다.

한편 甲은 자신과 계약을 체결한 모든 가맹점사업자들에게 현재의 주방시설은 노후하여 영업에 지장을 초래한다는 이유를 들어, 가맹점사업자들에게 주방인테리어 공사를 새로 할 것을 권유하였다. 이때 甲은 가맹점사업자들에게 자신이 지정한 인테리어업자 乙을 통하거나, 가맹점사업자들이 직접 인테리어업자를 섭외하는 것 중 선택하여 공사를 진행할 수 있도록 하고, 법적으로 자신이 분담하여야 할 공사비용을 지급하기로 약속하였다. 다음 물음에 답하시오.(50점)

(1) 甲의 계약갱신요구행위가「가맹사업거래의 공정화에 관한 법률」및 같은 법 시행령에 따라 어떠한 불공정거래행위에 해당하는지 설명하시오.(35점)
(2)「가맹사업거래의 공정화에 관한 법률」및 같은 법 시행령에 따라 가맹본부 甲이 가맹점사업자에 대하여 분담해야 할 공사비용의 분담대상 및 범위, 그리고 비용부담절차에 관하여 설명하시오.(15점)

[답안 예시]

Ⅰ. 물음(1)의 해결

1. 문제의 소재

가맹본부 갑은 계약기간이 만료하는 가맹점사업자를 대상으로 변경된 가맹계약의 내용을 수락하지 않을 경우 재계약이 거절될 수 있다는 취지의 가맹계약 갱신공문을 발송하였는데, 이와 같은 갑의 행위가 가맹계약 갱신거절의 요건 및 절차에 부합하는지, 만약 부합하지 않는다면 가맹사업법 상의 어떠한 불공정거래행위에 해당하는지가 문제된다.

2. 가맹본부 갑이 가맹계약 갱신을 거절할 수 있는지 여부

  (1) 가맹계약의 자동갱신 여부

    1) 의의

    2) 자동갱신의 요건

    3) 자동갱신의 효과

  (2) 소결

가맹본부와 가맹점사업자들이 체결한 가맹계약은 이미 모두 자동갱신되었고, 따라서 가맹본부 갑은 가맹계약 갱신을 거절할 수 없다.

3. 불공정거래행위 해당 여부

  (1) 거래거절의 의의

  (2) 거래거절의 유형

  (3) 적용 제외 사유 해당 여부

  (4) 소결

가맹본부 갑의 갱신거절행위는 부당하게 가맹점사업자와의 계약갱신을 거절하는 행위로서, 적용 제외 사유에도 해당하지 아니하므로, 불공정거래행위 중 '부당한 거래거절'에 해당하는 것으로 판단된다.

4. 사안의 해결

상기와 같은 이유로, 갑의 행위는 '부당한 거래거절'에 해당된다고 판단된다.

Ⅱ. 물음 2의 해결 - [쟁점 14] 참고

1. 문제의 소재

甲은 자신과 계약을 체결한 모든 가맹점사업자들에게 주방인테리어 공사를 새로 할 것을 권유하였는 바, 이와 같은 요구가 가맹사업법상 정당한지 문제되고, 만약 정당하다면 이 경우 가맹본부 甲이 가맹점사업자에 대하여 분담해야 할 공사비용의 분담대상 및 범위, 그리고 비용부담절차가 문제된다.

2. 가맹본부 갑의 요구(권유)가 정당한지 여부

  (1) 의의

  (2) 점포환경개선 사유

(3) 소결

3. 점포환경개선시 가맹본부 갑의 비용분담(부담)의무

   (1) 분담대상

   (2) 분담범위(분담비율)

   (3) 비용분담절차

4. 사안의 해결

가맹계약의 해지

☞ **['13기출(계)]** 가맹계약의 해지사유와 가맹본부의 해지제한에 관하여 설명하시오.(25점)

☞ **['19기출(계)]** 가맹본부 甲과 가맹점사업자 乙은 가맹계약을 체결한 후 원만한 계약관계를 유지하다가 계약기간 만료 전에 합의하여 계약을 해지하였다. 위 가맹계약의 종료로 인하여 甲과 乙이 각각 부담하는 원상회복의무의 내용 및 상호간의 관계(원상회복의무의 불이행으로 인한 손해배상 포함)에 관하여 설명하시오.(25점)

☞ **['20기출(계)]** 'M제과점'이라는 영업표지를 사용하여 가맹사업을 운영하는 가맹본부 甲은 乙과 2015년 12월 7일 계약기간을 10년으로 하는 가맹계약을 체결하였다. 乙이 가맹점을 운영하는 과정에서 M제과점의 이미지 동일성 유지의무를 위반하자, 甲은 2017년 6월 26일 乙에게 2017년 7월 10일까지 이를 시정하지 않으면 계약을 해지할 것이라고 통지하였다. 이에 乙은 甲에게 시정을 위한 기한의 연장과 그 동안에 식재료나 부자재 등을 공급해 줄 것을 요청하였다. 그러나 甲은 乙의 시정 여부에 대한 확인이나 별도의 조치 없이 2017년 7월 11일부터 식재료나 부자재 등의 공급을 전면 중단하였고, 2017년 8월 1일 계약 해지를 통보하였다. 甲의 계약 해지의 적법성 및 그에 따른 법률관계에 관하여 설명하시오.(25점)

1. 해지 일반

(1) 의의

가맹계약의 '해지'란, 계속적 계약인 가맹계약에서 그 법률관계를 장래에 향하여 소멸시키는 가맹사업당사자의 일방적인 의사표시(단독행위)를 말함(**장래효**).[44]

(2) 해지의 유형

1) <u>법정해지</u> : 해지권의 발생을 법률로 정해놓은 것으로, 민법 제544조 내지 제546조에 규정된 해지사유인 채무불이행(이행지체, 이행불능 등)이 발생할 경우 해지권이 발생함.

◈ **민법상 법정해지(해제의 경우도 요건은 동일)**

1. '이행지체'에 의한 해지권 발생요건 : 채무자의 이행지체 발생, 상당기간을 정하여 이행을 최고할 것, 상당기간 내 상대방의 이행이 없을 것(민법 제544조)

2. '이행불능'에 의한 해지권 발생요건 : 이행불능 즉시 해지 가능하고, 이행의 최고는 불요(민법 제546조)

---

44) 반대로 '해제(解除)'란, 계약당사자의 일방적인 의사표시로 이미 성립된 계약을 소멸시켜, 처음부터 그런 계약이 없었던 것과 같이 만드는 당사자의 일방적 의사표시를 말한다(**소급효**).

상법상의 해지

[상법 제168조의10(계약의 해지)] 가맹계약상 존속기간에 대한 약정의 유무와 관계없이 <u>부득이한 사정</u>이 있으면 각 당사자는 상당한 기간을 정하여 예고한 후 가맹계약을 해지할 수 있다.

> **참고** 관련 판례 : "'부득이한 사정'이란 ①**계약의 목적달성이 매우 곤란하다고 인정되는 객관적인 사정**이 있는 경우 ②**신뢰관계가 파괴**됨으로써 계약의 원활한 이행을 기대할 수 없는 경우 ③가맹계약을 존속시켜 그 이행을 강제하는 것이 **사회통념상 불가능**한 경우 ④**가맹계약상 중대한 의무위반**이 있는 경우를 말한다."
>
> ☞ 따라서, 설사 민법상의 해지 요건이 갖추어지지 아니하더라도 상기 상법 규정에 의한 해지가 가능할 수 있음.

2) 약정해지 : 당사자 간 약정(가맹계약서)에 의하여 정해진 해지사유가 발생한 경우 해지권이 발생함(단, 해당 사유가 공서양속에 위반되거나 강행규정에 반하지 아니하여야 함).

3) <u>사정변경에 의한 해지</u> : 계약 체결시와 비교하여 현저한 사정의 변경이 있는 경우, 신의성실의 원칙상 해지권이 발생함.[45)]

> ◆ **사정변경에 의한 해지 요건(판례)**
> ① 계약 성립의 기초가 되는 사정의 **현저한 변경**이 있을 것 ② 사정변경의 사유가 해지권자의 **귀책사유 없이 발생했을 것** ③ 계약 성립 당시 사정변경을 **예견할 수 없었을 것** ④ 종전의 계약을 그대로 유지하는 것이 **당사자의 이해에 중대한 불균형**을 초래하거나 계약을 체결한 **목적을 달성할 수 없는 사정**이 있을 것

---

45) "계약 성립의 기초가 된 사정이 현저히 변경되고 당사자가 계약의 성립 당시 이를 예견할 수 없었으며, 그로 인하여 계약을 그대로 유지하는 것이 당사자의 이해에 중대한 불균형을 초래하거나 계약을 체결한 목적을 달성할 수 없는 경우에는 **계약준수 원칙의 예외**로서 사정변경을 이유로 계약을 해제하거나 해지할 수 있다."(대법원 2007.03.29.선고, 2004다31302 판결, 대법원 2013.09.26.선고, 2012다13637 전원합의체 판결). 그러나 실제 사안에서 해지권이 아닌 '해제권'을 인정한 대법원의 판결은 아직 없다.

합의해지(해지계약)

1. 의의

당사자 간 별도의 합의(청약과 승낙)에 의하여 성립한 해지 '계약'에 의한 해지. 이는 계약자유의 원칙상 당연히 인정되는 것으로서, 당사자의 일방적인 의사표시로서 그 효력을 발생하는 형성권으로서의 해지가 아님.

2. 요건

청약과 승낙이라는 서로 대립되는 당사자 의사표시의 합치를 요함(묵시적으로도 가능).

3. 효과

(1) 당사자 간 효력

합의의 내용에 따라 결정되므로, 민법 제543조 이하의 해지(해제)에 관한 규정은 적용되지 아니함.

> 참고 관련 판례 : "계약이 합의에 따라 해제되거나 해지된 경우에는 특별한 사정이 없는 한 채무불이행으로 인한 손해배상을 청구할 수 없으나, 상대방에게 손해배상을 하기로 특약하거나 손해배상 청구를 유보하는 의사표시가 있으면 그러한 특약이나 의사에 따라 손해배상을 하여야 한다."(대법원 1989.04.25. 선고 86다카1147,1148 판결 등)

(2) 제3자에 대한 효력

계약당사자로부터 완전한 권리를 취득한 제3자는 법정해지와 동일한 요건 하에 보호받음. 즉, 제548조 제1항 단서 규정은 합의해지의 경우에도 유추적용됨.

> 참고 관련 판례 : "계약해제시 계약은 소급하여 소멸하게 되어 해약당사자는 각 원상회복의 의무를 부담하게 되나 이 경우 계약해제로 인한 원상회복등기 등이 이루어지기 이전에 해약 당사자와 양립되지 아니하는 법률관계를 가지게 되었고 계약해제 사실을 몰랐던 제3자에 대하여는 계약해제를 주장할 수 없고, 이 경우 제3자가 악의라는 사실의 주장·입증책임은 계약해제를 주장하는 자에게 있다."(대법원 2005. 6. 9. 선고 2005다6341 판결 등)

(3) 해지의 유형

해지권의 행사 여부는 해지권자의 자유임. 다만, 해지권는 형성권이므로, 일단 해지권을 행사하는 이상 이에 대하여 조건 및 기한을 붙이지 못함.

2. 가맹사업법 상의 해지

(1) 해지권 행사의 제한

1) 절차적 제한

가맹본부는 가맹계약을 해지하려는 경우에는 가맹점사업자에게 **2개월 이상**의 유예기간을 두고 계약의 위반 사실을 구체적으로 밝히고 이를 시정하지 아니하면 그 계약을 해지한다는 사실을 **서면**으로 **2회 이상** 통지하여야 함(법 제14조 제1항 본문).[46]

2) 위반의 효과 : **해지 무효**(법 제14조 제2항)[47]

(2) 즉시해지사유(법 제14조 제1항 단서/법 시행령 제15조) – 절차적 제한 미적용

1) 가맹점사업자에게 **파산 신청**이 있거나 **강제집행절차** 또는 **회생절차**가 개시된 경우

2) 가맹점사업자가 발행한 **어음·수표가 부도** 등으로 지급정지된 경우

3) **천재지변, 중대한 일신상의 사유** 등으로 가맹점사업자가 더 이상 가맹사업을 경영할 수 없게 된 경우

---

46) "그런데 이 법문언은 가맹본부가 2개월 이상의 유예기간 내에 계약 해지 사실을 서면으로 2회 이상 통지하여야 한다는 것인지, 통지를 할 때마다 2개월 이상의 유예기간을 두라는 것인지 모호하게 규정되어 있어 실무에서 혼란이 가중되고 있다. 가맹거래 사건을 취급하는 변호사들은 이 부분에 대한 나름의 해석을 내놓는 경우가 있고, 학계에서도 이에 대한 의문을 표시하고 있는 견해가 있으나, 법원의 판례를 통해 확립된 해석은 아직 없는 것으로 보인다.…(중략)…계약의 해지를 함에 있어 가맹점사업자는 해지의 사유가 있으면 일반적인 절차에 따라 해지가 가능한데 비해 가맹본부에게만 2개월 이상의 유예기간을 두 차례나 두도록 하는 것은 형평에 반한다고 본다.…(중략)…따라서 가맹사업법 제14조는 가맹본부가 가맹계약을 해지하려는 경우 가맹점사업자에게 서면으로 2회 이상 통보하도록 하고, 그 때 총 2개월의 유예기간을 두어야 하는 것으로 해석되어야 한다."(남유선·김태규, 가맹사업법상 숙고기간, 계약해지, 가맹거래사 규정의 해석론 및 개선방안에 대한 연구, 서울법학 제30권 제2호. 2022년, 214~218면)

47) "[甲이 乙 주식회사와 지점설치계약을 체결한 후 乙 회사의 택배사업을 수탁하여 운영하였는데, 乙 회사가 甲에게 '거래처 이탈, 물량감소 등으로 지점운영이 불가능하여 지점존속이 불가능하다고 판단될 경우 乙 회사가 일방적으로 계약을 해지하여도 甲은 하등의 이의를 제기하지 못한다.'고 정한 계약 조항에 근거하여 경영상의 이유를 들어 계약을 해지한다고 통지한 사안] [1] 가맹사업거래의 공정화에 관한 법률 제14조는 가맹본부가 가맹계약을 해지하려는 경우에는 가맹점사업자에게 2개월 이상의 유예기간을 두고 계약의 위반 사실을 구체적으로 밝히고 이를 시정하지 아니하면 그 계약을 해지한다는 사실을 서면으로 2회 이상 통지하여야 하고(제1항), 그와 같은 절차를 거치지 않은 가맹계약의 해지는 효력이 없다고 정하고 있다(제2항). 위 조항은 가맹점사업자로 하여금 유예기간 동안 계약해지사유에 대하여 해명·시정할 기회를 주고 가맹점사업자에게 가맹사업 종료에 대비할 수 있는 기간을 부여하기 위한 것으로 **강행규정**에 해당한다. [2] 위 계약은 본사인 乙 회사가 지점사업자인 甲으로 하여금 乙 회사의 영업권, 상표 등 영업표지를 사용하여 택배사업을 수탁·운영하도록 하면서 甲에게 영업활동에 대한 지원과 통제를 하고, 甲은 乙 회사의 영업표지를 사용하여 택배영업을 하면서 택배전산시스템을 이용하여 乙 회사에 일 단위로 매출수입금 전액을 보고하고 월 단위로 정산하는 것을 주된 내용으로 하고 있으므로, 위 계약은 가맹사업거래의 공정화에 관한 법률(이하 '가맹사업법'이라 한다) 제2조 제1호에서 정한 '가맹사업'에 해당하는데, …(중략)… 계약해지절차에 관해서는 가맹사업법 제14조가 적용되고, 위 계약 조항은 강행규정인 가맹사업법 제14조에 반하는 것으로 그 자체로 **무효**이며, 위 계약 조항에 따른 乙 회사의 해지 통지도 가맹사업법 제14조에서 정하고 있는 적법한 절차를 거치지 않은 이상 효력이 없다."(대법원 2021.08.19. 선고, 2021다225708 판결)

4) 가맹점사업자가 가맹점 운영과 관련되는 법령을 위반하여 다음 중 어느 하나에 해당하는 **행정처분을 받거나 법원 판결을 받음으로써 가맹본부의 명성이나 신용을 뚜렷이 훼손하여 가맹사업에 중대한 장애를 초래**한 경우

　① 위법사실을 **시정**하라는 내용의 행정처분

　② 위법사실을 처분사유로 하는 **과징금·과태료 등** 부과처분

　③ 위법사실을 처분사유로 하는 **영업정지 명령**

5) 가맹점사업자가 가맹점 운영과 관련되는 법령을 위반하여 **자격·면허·허가 취소** 또는 **15일을 초과하는 영업정지 명령** 등 그 시정이 불가능한 성격의 행정처분을 받은 경우 (법령에 근거하여 행정처분을 갈음하는 과징금 등의 부과 처분을 받은 경우는 제외)

6) 가맹점사업자가 법 제14조 제1항 본문에 따른 가맹본부의 시정요구에 따라 위반사항을 시정한 날부터 **1년 이내에 다시 같은 사항을 위반**하는 경우(가맹본부가 시정을 요구하 는 서면에 다시 같은 사항을 1년 이내에 위반하는 경우에는 법 제14조 제1항의 절차를 거치지 아니하고 가맹계약이 해지될 수 있다는 사실을 누락한 경우는 제외)

7) 가맹점사업자가 가맹점 운영과 관련된 행위로 **형사처벌**을 받은 경우

8) 가맹점사업자가 **뚜렷이 공중의 건강이나 안전에 급박한 위해를 일으킬 염려가 있는 방법이나 형태로 가맹점을 운영**하고 있으나, **행정청의 시정조치를 기다리기 어려운 경우**

9) 가맹점사업자가 정당한 사유 없이 **연속하여 7일 이상** 영업을 중단한 경우

3. 해지의 효과

(1) 장래효(비소급효)

해지 이전의 계약관계에는 영향을 미치지 아니하므로, 가맹점사업자가 가맹본부에게 미지급한 가맹금이나 물품대금 등이 있는 경우에는 여전히 지급의무를 부담함.

(2) 청산의무 : 당사자 간 계속되었던 계약관계 종료에 따른 상호 청산의무 발생

　1) 가맹점사업자의 청산의무

　영업표지 등의 사용중지 및 이에 관한 자료 등 반환, 임차한 비품의 반환

　2) 가맹본부의 청산의무

　가맹본부의 영업표지를 사용하는 대가로 수령한 **가맹금**의 반환[48]

(3) 손해배상책임

채무불이행에 따른 해지시 손해배상책임 발생(민법 제551조)[49]

(4) 동시이행관계

가맹본부와 가맹점사업자가 서로에게 부담하는 청산의무 및 손해배상책임은 동시이행 관계에 있으므로, 상호 동시이행항변권의 행사 가능(민법 제536조).

4. 해지절차 위반의 효과

(1) 해지의 효력 없음(법 제14조 제2항).

(2) 불공정거래행위의 '거래거절' 중 **부당한 계약해지**'에 해당하여, 이 경우 가맹본부는 행정적·형사적·민사적 제재를 받을 수 있음.[50]

---

48) "[1] 프랜차이즈계약이 계약기간의 중간에 해지되었을 경우에 계약 체결시에 가맹본부(franchisor)가 받은 금전 중에 일부를 가맹점(franchisee)에게 반환하여야 하는가 하는 문제는, 가맹점이 가맹본부에게 지급한 금전이 어떤 이름으로 지급하였는가를 가지고만 볼 것이 아니라 무엇에 대한 대가로 지급한 것이고, 프랜차이즈 계약의 해지 경위와 그에 있어서 당사자의 귀책사유 유무 등을 종합적으로 고려하여 판단하여야 한다. [2] **맥도날드(Mcdonald's) 햄버거의 영업표지를 사용하는 것에 대한 대가로 지급한 프랜차이즈 수수료**는 가맹금의 성격을 가지는 금전으로 봄이 상당하고, 영업표지의 사용에 대한 이익은 기간에 따라 균등의 비율로 귀속되는 것이 원칙이므로, 가맹본부가 가맹점으로부터 점포를 인수(또는 우선매수)하여 직영하는 방법으로 가맹점이 투하자본을 회수하기로 프랜차이즈 계약이 합의해지된 경우라면, 가맹본부가 지급받은 가맹금 중 프랜차이즈 계약의 합의해지 후 잔여기간에 해당하는 부분은 가맹점에게 반환함이 상당하다."(수원지방법원 성남지원 2002.12.24. 선고, 2002가단13668 판결)

49) "가맹사업거래의 공정화에 관한 법률(2007. 8. 3. 법률 제8630호로 개정되기 전의 것) 제14조는 가맹본부가 가맹계약을 해지하고자 하는 경우에는 해당 가맹점사업자에게 계약을 해지하는 날부터 2월 이상의 유예기간을 두고 3회 이상 계약해지의 사유를 기재한 문서로서 그 시정을 요구하도록 하고, 그와 같은 절차를 거치지 아니한 가맹계약의 해지는 효력이 없다고 규정하고 있는바, 이는 가맹점사업자들로 하여금 위 유예기간 동안 계약해지사유에 대하여 해명하고 시정할 수 있는 기회를 충분히 가지도록 하기 위한 강행규정이므로, 가맹본부로서는 위 법률 제14조가 규정하는 유예기간 중에는 가맹점사업자에게 가맹계약상의 급부 제공을 거절할 수 없고, 이에 위반하는 행위는 **불법행위**가 될 수 있다 할 것이다.…(중략)…이 사건 가맹계약은 위와 같은 피고의 위법한 계약해지 및 이행거절 등으로 인하여 피고의 귀책사유에 기하여 해지된 것으로 봄이 상당하고, 이와 같이 피고가 위법하게 계약을 해지함과 아울러 채무를 이행하지 아니할 의사를 명백히 표시한 이상 원고는 피고의 이와 같은 이행거절의 채무불이행 내지 위 법률 제14조를 위반한 불법행위를 이유로 **손해배상**을 청구할 수 있다 할 것이다."(대법원 2009.09.24. 선고, 2009다32560 판결)

50) [쟁점 13] 참고.

㈜**에프씨의 부당한 계약해지 등에 대한 건(위법성 인정)

1. 인정사실

(1) 부당한 영업지역 침해 행위

피심인은 2015. 8. 18. 가맹점사업자 박○○과 '신통치킨 오○○' 가맹계약을 체결하면서 영업지역을 설정하였음에도 2017. 7. 6. 동 가맹점사업자의 영업지역 내에 '신통치킨 고○○'을 설치하였다. 이후, 피심인은 신통치킨 고○○의 설치가 직원의 착오로 인한 것임을 인정하면서, 2017. 7. 20. 신통치킨 고○○과 가맹계약 해지 합의서를 작성하고 간판, 전면 인테리어 등 영업표지를 교체한 후 2017. 7. 27. 신통치킨 고○○ 가맹점사업자에게 합의금 명목으로 7,800천원을 지급한 사실이 있다.

(2) 부당한 계약해지 행위

피심인은 가맹점사업자 박○○이 2017. 7월 경 JTBC 및 SBS 모닝와이드를 대상으로 이 사건 부당한 영업지역 침해와 관련한 인터뷰를 진행하고 이와 관련한 협조요청공문을 타 신통치킨 가맹점사업자들에게 보내자, 2017. 7. 26. 가맹점사업자 박○○에게 해당 행위를 중단할 것을 요청하는 공문을 발송하였다. 이후, 피심인은 2017. 8. 16. 및 같은 해 9. 19. 두 차례에 걸쳐 가맹점사업자 박○○에게 언론사 제보내용에 대한 정정보도를 요구하면서 이를 이행하지 않을 시 '허위사실 유포에 따른 피심인에 대한 명성 및 신용을 뚜렷이 훼손한 경우(구법 기준 – 저자 註)'로서 가맹계약이 즉시 해지된다는 내용의 시정요구 통지서를 발송하였다. 피심인은 2018. 2. 20. 가맹점사업자 박○○이 위의 시정요구에 응하지 아니하였고, 공연히 허위사실을 유포함으로써 피심인의 명성이나 신용을 뚜렷이 훼손하였다는 이유로 가맹계약을 해지하였다.

2. 위법성 판단

(1) 부당한 영업지역 침해 행위(O)

① 피심인이 기존 가맹점인 신통치킨 오○○의 영업지역 내에 동일한 영업표지의 가맹점인 신통치킨 고○○을 설치한 이후 사업자등록까지 완료한 점, ② 법 제12조의4 제3항 규정은 부당한 영업지역 침해를 가맹점사업자의 영업지역 안에 동일한 업종의 직영점이나 가맹점을 설치하는 행위로 규율하고 있으므로 신통치킨 고○○의 설치 그 자체로 기존 오○○의 영업지역을 침해한 것이 명백한 점, ③ 피심인 스스로도 이 사건 영업지역 침해를 인정한다는 취지의 문서를 가맹점사업자에게 송부한 사실이 있는 점, ④ 영업개시 전에 신규 가맹점의 영업표지를 제거하였다는 사정만으로 법 제12조의4 제3항 적용이 배제된다고 해석할 경우 기존 가맹점의 영업권을 온전히 보호하지 못하는 불합리한 결과를 초래할 수도 있는 점 등을 종합적으로 고려할 때, 피심인의 신통치킨 고○○ 설치는 정당한 사유 없이 가맹점사업자의 영업지역을 침해한 것으로서 법 제12조의4 제3

항에 위반된다.

(2) 부당한 계약해지 행위(O)

① 피심인이 신통치킨 오○○의 영업지역 내에 신통치킨 고○○을 설치하여 가맹점사업자 박○○의 영업지역을 침해한 사실이 인정되므로 관련 인터뷰·협조문 등의 내용이 허위사실이 아닌 바 정당한 가맹계약 해지사유가 있었다고 보기 어려운 점, ② 이로 인해 가맹사업거래를 지속하기 어려운 사정이 발생하였다고 볼만한 근거도 전혀 없는 점 등을 종합적으로 고려할 때, 이 사건 신통치킨 오○○ 계약해지는 부당하게 계약기간 중에 가맹계약을 해지한 것으로서 법 제12조 제1항 제1호에 위반된다(공정거래위원회 2018서경2872, 2019.07.12 의결).

2010년(8회) 가맹사업법

국내 10대 기업집단인 BCD그룹에 속하는 갑은「BCD피자」라는 영업표지로 이태리식 피자관련 가맹사업을 운영하는 가맹본부이다. 갑은 2008년 5월부터 가맹계약기간을 2년으로 하는 가맹계약을 을과 체결하였다. 갑이 2010년 1월 경 작성·등록한 정보공개서에 따르면, 자신이 지정하는 사업자로부터 오븐기·냉장고·에어컨·주류 등을 구입하여 사용하도록 되어 있다. 이에 갑은 신규계약을 체결한 병과 정을 비롯한 다수의 가맹점사업자에게 오븐기·냉장고·에어컨·주류 등을 자신이 지정한 사업자인 BCD그룹의 다른 계열사와 거래하도록 하였다. 2010년 8월에 이르러 BCD그룹이 BC그룹, CD그룹과 BD그룹으로 분리되면서 갑은 BD그룹으로 편입되었다.

(1) 2010년 6월 현재, 을은 「가맹사업거래의 공정화에 관한 법률」에 따라 갑에게 계약만료 전의 가맹계약과 동일한 조건의 계약존속을 주장할 수 있는지에 대하여 설명하시오.(10점)

(2) 2010년 7월 현재, 갑은 병이 에어컨을 BCD그룹의 다른 계열사로부터 구입하지 않았다는 것을 이유로 병과의 가맹계약을 해지하였다면, 그 해지의 적법성 여부에 대하여 설명하시오.(20점)

(3) 2010년 8월 현재, 갑은 영업표지를 「BD피자」로 변경하는 것에 동의하지 않는 정에게 「BD피자」라는 영업표지의 사용을 요구할 수 있는지에 대하여 설명하시오.(20점)

[답안 예시]

Ⅰ. 물음(1)의 해결

1. 문제의 소재

2. 가맹계약이 자동갱신 되었는지 여부

3. 사안의 해결

을은 계약만료 전 계약을 갱신하지 아니한다는 사실을 통지한 적이 없고, 갑으로부터 가맹계약갱신 거절통지를 받은 바도 없다. 또한, 계약만료 후 2010년 6월 현재까지 을은 계약연장에 대한 이의를 제기하지 않아 가맹계약은 자동갱신되었으므로, 을은 법 제13조 제4항에 따라 종전의 가맹계약과 동일한 조건으로 다시 가맹계약을 체결한 것으로 주장할 수 있다.

Ⅱ. 물음(2)의 해결

1. 문제의 소재

2. 갑이 병에 대하여 에어컨을 BCD그룹의 다른 계열사로부터 구입하도록 한 행위의 적법성 - 거래상대방의 구속

3. 갑의 가맹계약 해지행위의 적법성 - 부당한 계약해지

4. 사안의 해결

에어컨은 가맹본부의 상표권을 보호하고 상품 또는 용역의 동일성을 유지하는 것과는 관계 없는 물품이므로, 갑이 병에게 에어컨을 자신이 지정한 사업자로부터 구입할 것을 강제하는 행위는 불공정거래행위 중 '거래상대방의 구속'에 해당한다. 따라서, 갑이 병과의 가맹계약을 해지하는 것은 부당한 계약해지로서 위법하다고 판단된다.

Ⅲ. 물음(3)의 해결

1. 문제의 소재

2. 판례의 태도 → [쟁점 1] 각주 2) 판례 참고

3. 사안의 해결

영업표지는 가맹사업 당사자 간의 가맹계약 체결에 있어서 중요한 요소이므로, 이의 변경을 위해서는 가맹계약을 체결한 가맹점사업자에게 충분한 설명과 동의가 이루어져야 하는 것이므로, 갑은 이에 동의하지 않는 정에게 영업표지의 사용을 강요할 수 없다고 판단된다.

갑은 을의 상가건물을 임차하여 병 가맹본부와 3년 기간으로 가맹계약을 체결하였다 (전제사실 : 건물임대차계약은 1년 단위로 1회 갱신되었고, 상가건물임대차보호법에 의하여 전체 임대차 기간이 5년을 초과하지 아니한 범위 내에서 갱신요구가 가능함).

(1) 갑이 상가건물임대차계약의 만료를 이유로 가맹계약의 종료를 주장할 수 있는 지 여부를 설명하시오.(15점)

(2) 위 (1)의 경우에, 병이 갑에게 손해배상청구를 할 수 있는지 여부를 설명하오 (계약기간 중 가맹점포 미확보에 대한 배상특약은 없음).(15점)

(3) 만일, 가맹계약시에 정한 가맹점포의 임대차계약기간이 만료되고 갱신불가가 확정되어 갑이 가맹점포의 위치변경을 하려는 경우에, 이를 이유로 병은 갑의 가 맹계약 갱신요구를 거절할 수 있는지 여부를 설명하시오(가맹점포 위치변경금지 특약은 없음).(20점)

[답안 예시]

Ⅰ. 물음(1)의 해결

1. 문제의 소재

2. 임대차계약종료사유가 가맹점사업자에게 있는 경우

가맹점사업자 갑이 가맹본부 병과 적법한 가맹계약을 체결한 이상 그 계약서에 규정 된 계약기간을 준수할 의무가 있을 뿐만 아니라, 임대차계약종료사유가 가맹점사업자 에게 있는 이상 신의칙과 거래관념에 비추어 볼 때 이를 이유로 가맹계약의 중도해지 를 주장할 수 없다.

3. 임대차계약종료사유가 가맹점사업자에게 있지 않은 경우

  (1) 상법 168조의10에 따른 계약해지

  (2) 사정변경에 따른 계약해지

4. 사안의 해결

갑은 상가건물임대차보호법에 따라 임대차계약기간을 갱신할 수 있고, 별도로 갑에게 임대차계약을 종료할만한 부득이한 이유가 있다고 보기는 힘든 바, 갑이 임의로 임대 차계약을 종료하면서 일방적으로 가맹계약의 종료를 주장할 수는 없다고 판단된다.

Ⅱ. 물음(2)의 해결

1. 문제의 소재

2. 채무불이행에 기한 계약 해지 가부(민법 제544조, 제546조)

3. 손해배상 가부(민법 제390조)

4. 사안의 해결

가맹본부 병은 가맹점사업자 갑이 임대차계약기간의 만료를 이유로 가맹계약을 해지하는 경우, 채무불이행으로 인한 계약해지와 함께 손해배상을 청구할 수 있다.

Ⅲ. 물음(3)의 해결

1. 문제의 소재

2. 가맹계약의 갱신요구권

3. 가맹계약의 갱신거절사유

4. 사안의 해결

가맹점사업자 갑의 기존 점포가 임대차계약기간이 만료되고 갱신 불가가 확정된 경우, 가맹본부 병은 법 제13조 제1항 제3호 가목(가맹점의 운영에 필요한 점포·설비의 확보)를 이유로 가맹계약갱신을 거절할 수 있다. 단, 가맹계약시 가맹점포 위치변경금지 특약이 없으므로, 만약 갑이 위치를 변경하여 새로운 임대차 계약을 체결한 경우에는 가맹계약갱신요구를 거절할 수 없다고 판단된다.

"맛나버거"의 영업표지권을 가진 가맹본부 갑은 가맹점사업자 을과 가맹계약을 체결하고 햄버거의 재료를 독점적으로 공급하기로 하였다. 갑이 공급하는 햄버거 재료가 부족하자 을은 다른 병회사의 햄버거 재료를 사용하기 시작하였고, 이를 알게 된 갑은 2015년 3월 7일과 4월 7일에 이를 시정하지 않으면 4월 30일자로 계약을 해지하겠다는 취지의 통지를 하였다. 이에 관해 을은 4월 30일까지 시정하겠다는 답변을 하였다. 재고로 남아있던 병회사의 햄버거 재료를 다 사용한 을은 갑에게 5월 1일에 햄버거의 재료를 공급해 달라고 요구하였으나 갑은 가맹계약은 4월 30일자로 해지되었다며 5월 6일까지 재료공급을 하지 않았다.(50점)

(1) 이 경우 갑의 해지 통지의 법적 효력에 관하여 설명하시오.(20점)
(2) 5월 1일 이후에도 갑이 재료공급을 하지 않아서 을은 영업을 할 수 없었다면 을이 갑에게 취할 수 있는 법적 조치에 관하여 설명하시오.(30점)

[답안 예시]

Ⅰ. 물음(1)의 해결

1. 문제의 소재

2. 갑이 가맹사업법상의 해지요건을 준수하였는지 여부

  (1) 해지절차의 제한(2월/2회)

  (2) 제한의 예외(즉시해지사유)

  (3) 검토

3. 사안의 해결

본 사안에서는 즉시해지사유를 찾아볼 수 없다. 따라서, 갑은 2015년 3월 7일에 최초로 시정을 요구하였으므로 법 제14조 제1항에 따라 최소한 2개월 뒤인 5월 7일부터 정상적으로 가맹계약을 해지할 수 있다(시정요구를 '서면'으로 통지하였는지 여부도 본 사안에서는 불분명하다). 그러나, 사안에서는 4월 30일부터 계약해지를 주장하고 물품공급을 중단하였으므로 해지통지는 효력이 없다고 판단된다.

Ⅱ. 물음(2)의 해결

1. 문제의 소재

2. 계약해지 및 손해배상청구의 가부

　(1) 이행지체의 성부

　(2) 이행지체의 효과 – 계약해지 및 손해배상

　(3) 사안의 경우

3. 불공정거래행위 중 '거래거절'에 해당하는지 여부

　(1) 의의 및 유형 – 거래거절 중 '영업지원 등의 거절'에 해당.

　(2) 요건

　(3) 효과 – 행정적/형사적/민사적 제재(징벌적 손해배상)

　(4) 사안의 경우

　을이 갑에게 취할 수 있는 조치는 민사적 조치인 바, 을은 갑에게 발생한 손해의 3
배를 넘지 않는 범위에서의 손해배상청구를 할 수 있다고 판단된다.

4. 사안의 해결

이행지체에 기한 해지/징벌적 손해배상청구

"K편의점"이라는 상호로 가맹사업을 영위하고 있는 가맹본부 甲은 A시(市) 소재 K편의점을 운영할 신규 가맹점을 모집하고 있다. 마침 편의점 운영을 계획 중이던 乙은 甲으로부터 위 편의점의 현재수익과 예상수익의 산출근거 등이 포함된 정보공개서를 제공받고, 이를 기초로 2022. 6. 12. 甲과 다음과 같은 내용이 포함된 K편의점 가맹계약을 체결하였다.(50점)

제3조(가맹기간)

가맹사업의 기간은 계약체결일로부터 3년으로 한다.

제7조(계약의 즉시해지)

① 다음 각 호의 사유가 발생한 경우 乙은 이 계약을 즉시 해지할 수 있다.

1. 정보공개서에 기재된 정보가 허위 또는 과장된 것임이 확인되는 경우

② 다음 각 호의 사유가 발생한 경우 甲은 이 계약을 즉시 해지할 수 있다.

1. 乙이 공연히 허위사실을 유포하여 甲의 명성이나 신용을 훼손하는 경우

참고 아래 물음 1), 물음 2)는 별개의 독립된 문제임

(1) 위 사례에서 정보공개서의 편의점 예상수익 등의 산출근거가 甲에 의해 대부분 허위로 작성된 사실과 위 계약체결 당시 乙이 정보공개서의 내용을 사실로 믿은 것에 중과실(重過失)이 있는 점이 확인되었다. 乙은 착오로 인한 가맹계약의 취소 또는 위 계약 제7조 제1항 1호에 기해 가맹계약의 해지를 주장한다. 乙의 취소권과 해지권 행사가 각각 타당한지 여부를 검토하고 그에 따른 효과를 설명하시오.(30점)

(2) 위 사례에서 乙은 "甲이 예상수익 등을 허위로 작성하여 乙과 가맹계약을 체결하였다"는 허위사실을 가맹사업자들을 회원으로 하는 공개홈페이지에 게시하였는데, 이로 인해 행정처분이나 법원의 판결을 받지는 않았다. 甲은 위 계약 제7조 제2항 1호에 기해 가맹계약을 즉시 해지할 수 있는지 여부 및 위 계약의 해지 절차에 관하여 설명하시오.(20점)

[답안 예시]

Ⅰ. 물음(1)의 해결

1. 문제의 소재

정보공개서가 허위로 작성된 것을 이유로 이를 믿은 데 중과실이 있는 을이, 민법에

의한 착오에 기한 취소권을 행사할 수 있는지 문제 되고, 이와 별개로 계약상 사유에 의한 해지(약정해지)고 가능한지 문제되는 바, 각각의 해당 여부 및 권리행사에 따른 효과를 검토해 보기로 한다.

2. 착오에 기한 취소권의 행사 가부

(1) 관련 규정

의사표시는 법률행위의 내용의 중요부분에 착오가 있는 때에는 취소할 수 있다. 그러나 그 착오가 표의자의 중대한 과실로 인한 때에는 취소하지 못한다(민법 제109조 제1항).

(2) 중과실이 있는 경우 취소권 행사의 예외

판례는, "민법 제109조 제1항 단서는 의사표시의 착오가 표의자의 중대한 과실로 인한 때에는 그 의사표시를 취소하지 못한다고 규정하고 있는데, 위 단서 규정은 표의자의 상대방의 이익을 보호하기 위한 것이므로, <u>상대방이 표의자의 착오를 알고 이를 이용한 경우에는 착오가 표의자의 중대한 과실로 인한 것이라고 하더라도 표의자는 의사표시를 취소할 수 있다.</u>"고 하여, 표의자의 중과실이 있는 경우라도 상대방이 이를 '알면서 이용'한 경우에는 예외적으로 표의자의 취소권 행사를 인정한다.

(3) 소결

사안의 경우, 정보공개서의 편의점 예상수익 등의 산출근거가 가맹본부 갑에 의해 대부분 허위로 작성된 사실은 있지만, 갑이 을의 중과실을 알면서 이용하였다는 사정은 특별히 보이지 아니한다. 따라서, 정보공개서의 내용을 사실로 믿은 것에 중과실이 있는 을은 (사기에 의한 취소권 행사는 별론으로 하고) 착오에 의한 취소권 행사를 할 수는 없을 것으로 판단된다.

3. 약정해지권 행사 가부

(1) 약정해지권의 행사

가맹계약서 제7조 제1항 제1호는, '정보공개서에 기재된 정보가 허위 또는 과장 된 것임이 확인되는 경우' 을이 즉시 가맹계약의 해지를 할 수 있다고 규정하고 있는 바, 사안에서 을이 약정해지권을 행사할 수 있음은 명백하다.

(2) 해지권 행사의 효과

장래효 → 청산의무 / 손해배상의무 / 동시이행관계

4. 사안의 해결

을은 정보공개서의 내용을 사실로 믿은 것에 중과실 있으므로 착오에 기한 취소권은

행사할 수 없으나, 약정해지권을 행사하여 가맹본부 갑에 대해 청산의무의 이행 및 손해배상청구 등의 권리를 할 수 있을 것으로 판단된다.

Ⅱ. 물음(2)의 해결

1. 문제의 소재

가맹계약서 제7조 제2항 제1호는 '을이 공연히 허위사실을 유포하여 갑의 명성이나 신용을 훼손하는 경우'를 즉시해지사유로 규정하고 있는데, 이와 같은 규정이 가맹사업법에 위배되는지, 만약 위배된다면 이 경우 적법한 계약해지를 위해서는 어떠한 절차를 거쳐야 하는 것인지 이하에서 살펴보기로 한다.

2. 가맹계약의 즉시해지사유 해당 여부

(1) 즉시해지사유

(2) 소결

가맹사업법은 '행정처분을 받거나 법원 판결을 받음으로써 가맹본부의 명성이나 신용을 뚜렷이 훼손하여 가맹사업에 중대한 장애를 초래한 경우'를 가맹계약의 즉시해지사유 중 하나로 규정하고 있는데, 을은 비록 허위사실을 가맹사업자들을 회원으로 하는 공개홈페이지에 게시하였으나 이와 관련해 행정처분이나 법원의 판결을 받은 바는 없다. 따라서, 가맹본부 갑은 가맹계약서 제7조 제2항 제1항에 근거해 가맹계약의 즉시해지를 할 수는 없을 것으로 판단된다.

3. 적법한 가맹계약 해지 절차

(1) 절차적 제한(2개월 이상 / 서면으로 2회 이상)

(2) 위반의 효과(무효)

4. 사안의 해결

가맹사업거래분쟁조정협의회에 의한 분쟁조정

☞ **['11기출(사)]** 가맹사업거래와 관련한 분쟁이 발생한 경우 이를 해결하는 분쟁조정에 대하여 효과를 중심으로 설명하시오.(25점)

☞ **['19기출(사)]** 가맹사업에 관한 분쟁당사자가 가맹사업거래분쟁조정협의회에 분쟁조정을 신청한 경우 그 신청이 시효에 미치는 효력을 설명하고, 분쟁에 대한 조정이 성립하여 조정조서가 작성된 경우 분쟁당사자의 의무 및 조정조서의 효력을 설명하시오.(25점)

1. 서설

(1) 의의

(1) 의의

- 가맹사업거래분쟁조정협의회란, 가맹본부와 가맹사업자 간 발생하는 분쟁의 조정을 위한 자율조정기관으로서 **한국공정거래조정원**에 설치됨. 단, 시·도지사는 **특별시·광역시·특별자치시·도·특별자치도**에 가맹사업거래분쟁조정협의회를 둘 수 있음 (법 제16조 제1항 및 제2항)[51]

- 공정거래위원회는 분쟁조정업무의 일관성을 유지하기 위하여 필요한 운영지침을 정하여 고시할 수 있음(법 제16조 제3항).

(2) 도입취지

가맹사업당사자 간 자율적 조정을 통한 신속하고 합리적인 분쟁 해결

2. 가맹사업거래분쟁조정협의회의 구성

- 분쟁조정위원 : 총 9인(위원장 포함/공익 대표, 가맹본부 대표, 가맹점사업자 대표 각 3인)

> **참고** **분쟁조정위원의 제척·기피·회피(법 제20조)**
>
> 1. 제척사유(사유 해당시 강제 배제/필수적)
>
> (1) 분쟁조정위원 또는 그 배우자나 배우자이었던 자가 **해당 조정사항의 분쟁당사자**가 되거나 **공동권리자 또는 의무자**의 관계에 있는 경우
>
> (2) 분쟁조정위원이 해당 조정사항의 분쟁당사자와 **친족관계**에 있거나 있었던 경우
>
> (3) 분쟁조정위원 또는 그가 속한 법인이 분쟁당사자의 법률·경영 등에 대하여 **자문이나 고문**의 역할을 하고 있는 경우

---

51) 각각 '조정원 협의회', '시·도 협의회'라고 한다.

(4) 분쟁조정위원 또는 그가 속한 법인이 해당 조정사항에 대하여 분쟁당사자의 **대리인**으로 관여하거나 관여하였던 경우 및 **증언 또는 감정**을 한 경우

2. 기피사유(사유 해당시 분쟁당사자 기피신청 가능)

– 분쟁조정위원에게 조정에 **공정을 기하기 어려운 사정**이 있는 경우

3. 회피사유(사유 해당시 분쟁조정위원 스스로 배제/임의적)

– **제척 또는 기피 사유**에 해당하는 경우

3. 조정절차

(1) 분쟁당사자의 신청 또는 공정거래위원회의 의뢰

1) 분쟁당사자는 가맹사업거래분쟁조정협의회에 서면으로 분쟁조정 신청 가능(법 제22조 제1항).

> 참고 **분쟁조정신청시 제출 및 첨부서류(법 시행령 제19조)**
>
> 1. 작성사실
>
> – 신청인과 피신청인의 성명 및 주소(분쟁당사자가 법인인 경우에는 법인의 명칭, 주된 사무소의 소재지, 그 대표자의 성명 및 주소)
>
> – 대리인이 있는 경우에는 그 성명 및 주소
>
> – 신청의 이유
>
> – 동일 사안에 대하여 다른 협의회에 분쟁조정을 신청한 경우에는 그 사실
>
> – 동일 사안에 대하여 법 제22조 제4항에 따라 다른 분쟁조정신청을 통지받은 경우에는 그 사실
>
> 2. 첨부서류
>
> – 분쟁조정신청의 원인 및 사실을 증명하는 서류
>
> – 대리인이 신청하는 경우 그 위임장
>
> – 그 밖에 분쟁조정에 필요한 증거서류 또는 자료

> 참고 **상이하거나 중복된 분쟁조정 신청의 처리**
>
> 분쟁당사자가 서로 다른 가맹사업거래분쟁조정협의회(이하 "협의회"라 함)에 분쟁조정을 신청하거나 여러 협의회에 중복하여 분쟁을 신청한 경우, 아래의 협의회 중 가맹점사업자가 선택한 협의회에서 이를 담당함(법 제22조 제2항).
>
> 1. 조정원 협의회
>
> 2. 가맹점사업자의 주된 사업장이 소재한 시·도협의회
>
> 3. 가맹본부의 주된 사업장이 소재한 시·도협의회

2) 공정거래위원회는 가맹사업거래의 분쟁에 관한 사건에 대하여 가맹사업거래분쟁조정협의회에 그 조정을 의뢰할 수 있음(법 제22조 제3항).

(2) 조정사항의 통지

가맹사업거래분쟁조정협의회는 조정을 신청받은 때에는 즉시 그 조정사항을 분쟁당사자에게 통지하여야 하며, 조정원 협의회의 경우 공정거래위원회에, 시·도 협의회의 경우 공정거래위원회 및 시·도에 이를 알려야 함(법 제22조 제4항).

(3) 사실확인 및 조사

가맹사업거래분쟁조정협의회는 해당 조정사항에 관한 사실을 확인하기 위하여 필요한 경우 조사를 하거나 분쟁당사자에 대하여 관련자료의 제출이나 출석을 요구할 수 있음(법 제23조 제6항).

4. 조정신청의 효과

(1) 소멸시효 중단의 효과

1) 원칙

분쟁조정의 신청은 **시효중단**의 효력이 있음(법 제22조 제5항 본문).

2) 예외

분쟁조정의 신청이 **취하**되거나 **각하**된 경우에는 시효중단의 효력 없음(법 제22조 제5항 단서). 단, 이 경우라도 **6개월 내**에 재판상의 청구, 파산절차참가, 압류 또는 가압류, 가처분을 한 때에는 시효는 최초의 분쟁조정의 신청으로 인하여 중단된 것으로 봄(법 제22조 제6항).

(2) 소멸시효의 재기산

분쟁조정의 신청으로 인하여 중단된 소멸시효는 다음 중 어느 하나에 해당하는 때부터 새로이 진행함(법 제22조 제7항).

1) 분쟁조정이 이루어져 **조정조서를 작성**한 때

2) 분쟁조정이 이루어지지 아니하고 **조정절차가 종료**된 때

5. 분쟁의 조정

(1) 조정의 개시 및 조정안의 제시

1) 가맹사업거래분쟁조정협의회는 분쟁당사자로부터 조정을 신청 받거나 공정거래위원회로부터 조정을 의뢰 받는 경우, 지체 없이 분쟁조정 절차를 개시하여야 함(법

제23조 제1항).

2) 가맹사업거래분쟁조정협의회는 분쟁당사자에게 조정사항에 대하여 스스로 조정하도록 권고하거나 조정안을 작성하여 이를 제시할 수 있음(법 제23조 제2항).

(2) 조정신청의 각하(법 제 23조 제3항)

1) 각하사유 : 가맹사업거래분쟁조정협의회는 다음 중 어느 하나에 해당되는 경우에는 그 조정신청을 각하하여야 함(**필수적**).

① 조정신청의 내용과 **직접적인 이해관계가 없는 자**가 조정신청을 한 경우

② 가맹사업법의 **적용대상이 아닌 사안**에 대하여 조정신청을 한 경우

③ **조정신청이 있기 전**에 공정거래위원회가 법 제32조의3 제2항에 따라 조사를 개시한 사건에 대하여 조정신청을 한 경우(단, 공정거래위원회로부터 시정조치 등의 처분을 받은 후 분쟁조정을 신청한 경우는 제외)

2) 각하절차 : 가맹사업거래분쟁조정협의회는 분쟁조정 신청행위 또는 사건이 (2)-1)-③에 해당하는지에 대하여 공정거래위원회의 확인을 받아야 함.

(3) 조정절차의 종료사유(법 제23조 제4항)

가맹사업거래분쟁조정협의회는 다음 중 어느 하나에 해당되는 경우에는 조정절차를 종료하여야 함(**필수적**).

1) 분쟁당사자가 가맹사업거래분쟁조정협의회의 권고 또는 조정안을 수락하거나 스스로 조정하는 등 **조정이 성립**된 경우

2) 조정을 신청 또는 의뢰 받은 날부터 **60일**(분쟁당사자 쌍방이 기간연장에 동의한 경우에는 **90일**)이 경과하여도 조정이 성립하지 아니한 경우

3) 분쟁당사자의 일방이 조정을 거부하는 등 조정절차를 진행할 실익이 없는 경우

6. 소송과의 관계(법 제23조의2)

(1) 수소법원의 '소송절차' 중지

분쟁조정 신청사건에 대하여 신청 전 또는 신청 후 소가 제기되어 소송이 진행 중일 때, 수소법원은 조정이 있을 때까지 소송절차 중지 가능(**임의적 중지**)

(2) 가맹사업거래분쟁조정협의회의 '조정절차' 중지

1) **필수적 중지** : 분쟁조정 신청사건에 대하여 신청 전 또는 신청 후 소가 제기되고 소송절차가 중지되지 아니한 경우, 해당 사건의 조정절차 반드시 중지

2) **임의적 중지** : 분쟁조정 신청사건과 동일한 원인으로 다수인이 관련되는 동종·유사 사건에 대한 소송이 진행 중인 경우, 결정으로 해당 사건의 조정절차 중지 가능

7. 조정의 결과

(1) 조정의 성립

1) 조정조서의 작성

① 가맹사업거래분쟁조정협의회는 조정에 참가한 위원과 분쟁당사자가 기명날인하거나 서명한 조정조서를 작성하여야 함(법 제24조 제1항).

② 가맹사업거래분쟁조정협의회는 분쟁당사자가 조정절차를 개시하기 전에 조정사항을 스스로 조정하고 조정조서의 작성을 요구하는 경우에는 그 조정조서를 작성하여야 함(법 제24조 제2항).

2) 조정조서 작성의 효력

조정조서는 **재판상 화해**와 동일한 효력을 가짐(법 제24조 제5항)

☞ 따라서, 조정조서는 **확정판결**과 같은 효력을 가지게 되어 기판력이 발생하므로, 동 조정조서에 기하여 상대방에 대한 강제집행 가능.

3) 조정사항의 이행

① 분쟁당사자는 조정에서 합의된 사항을 이행하여야 하고, 이행결과를 공정거래위원회에 제출하여야 함(법 제24조 제3항).

② 공정거래위원회는 조정절차 개시 전에 시정조치 등의 처분을 하지 아니한 분쟁조정사항에 대하여 조정절차에 따른 합의가 이루어지고 그 합의된 사항을 이행한 경우, 시정조치 및 시정권고를 하지 아니함(법 제24조 제4항).

(2) 조정의 종료

1) 공정거래위원회 등에 보고 및 분쟁당사자에게 사실 통보

가맹사업거래분쟁조정협의회는 조정신청을 각하하거나 조정절차를 종료한 경우에는 '분쟁조정종료서'를 작성한 후 그 사본을 첨부하여 다음의 구분에 따라 **서면**으로 지체없이 **보고**하여야 하고, 분쟁당사자에게 그 사실을 **통보**하여야 함(법 제23조 제5항/법 시행령 제23조 제1항).

보고주체	보고객체
조정원 협의회	공정거래위원회
시·도 협의회	공정거래위원회 및 해당 시·도지사

◆ **분쟁조정종료서 기재사항(법 시행령 제23조 제2항)**

1. 조정신청인의 주소·성명

2. 조정대상 분쟁의 개요

가. 가맹사업거래 당사자의 일반현황

나. 가맹사업거래의 개요

다. 분쟁의 경위

라. 조정의 쟁점(가맹사업거래 당사자의 의견 기술)

3. 조정신청의 각하사유 또는 조정절차의 종료사유

2) 공정거래위원회의 조치 제한

공정거래위원회는 조정절차 개시 전에 시정조치 등의 처분을 하지 아니한 분쟁조정 사항에 관하여 조정절차가 종료될 때까지 해당 분쟁당사자에게 시정조치를 권고하거나 명하여서는 아니 됨(법 제23조 제7항).

가맹사업거래분쟁조정협의회 분쟁조정 처리절차 도식[52]

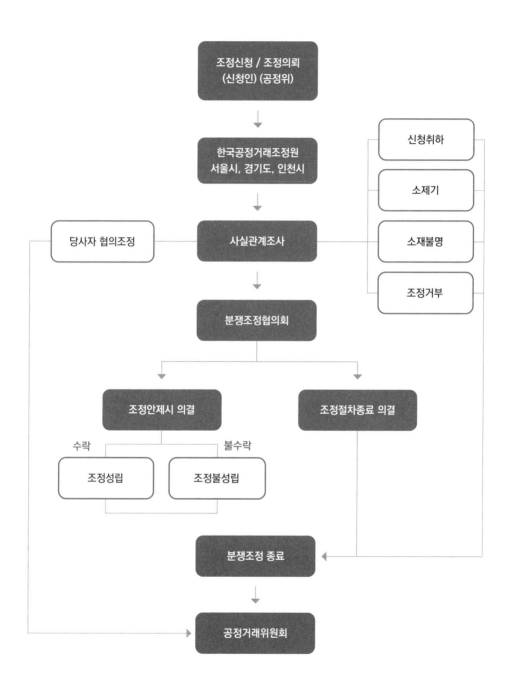

유기농 치즈의 판매를 영업으로 하던 갑 주식회사는 기존의 영업 이외에, 유기농 피자에 필요한 재료를 제조·공급하고 유기농 치즈피자를 판매하도록 하는 영업까지 하기로 결정하였다. 이에 갑 회사는 을과의 계약에서 유기농 치즈를 계속적으로 공급하기로 하되 을의 상호를 계속 사용하는 것을 허용하였다. 갑 회사는 유기농 치즈피자에 필요한 재료를 공급하고 이를 판매하도록 하는 전형적인 가맹계약을 병 및 정과 각각 체결하였다.

(1) 갑과 을 사이에 체결한 위의 계약과 관련하여 발생한 분쟁의 조정을 가맹사업거래분쟁조정협의회에 신청할 수 있는지를 설명하시오.(20점)
(2) 갑이 병의 예치가맹금에 대하여 그 지급을 예치기관의 장에게 요청하였음에도 불구하고 예치기관의 장이 예치가맹금의 지급을 보류하여야 하는 경우를 설명하시오.(20점)
(3) 갑과 정 사이의 계약에 대하여 가맹사업거래의 공정화에 관한 법률의 대부분의 규정이 적용배제되는 경우를 설명하시오.(10점)

[답안 예시]

Ⅰ. 물음(1)의 해결

1. 문제의 소재
2. 가맹사업거래분쟁조정협의회의 의의 및 업무범위
3. 가맹사업의 의의 및 요건
4. 사안의 해결

갑이 을에게 갑의 상호를 사용하도록 하지 않고 을의 상호를 계속 사용하는 것을 허용한 것으로 보아, 갑과 을의 계약은 가맹사업에 관한 것이 아닌 단순 물품공급계약으로 판단된다. 따라서, 이는 가맹사업거래분쟁조정협의회의 업무범위에 포함되지 않으므로 갑과 을은 해당 분쟁의 조정을 가맹사업거래분쟁조정협의회에 신청할 수 없다.

Ⅱ. 물음(2)의 해결

1. 문제의 소재

2. 예치가맹금의 지급

3. 예치가맹금의 지급보류 및 거부사유

4. 사안의 해결

가맹본부는 가맹계약체결일로부터 2개월이 지나면 예치기관의 장에게 예치가맹금의 지급을 요청할 수 있는 바, 가맹점사업자가 2개월이 지나기 전에 법 제6조의5 제5항 제1호 내지 제3호 중 어느 하나에 해당하는 조치(소 제기, 알선·조정·중재, 공정거래위원회에의 신고)를 취한 사실을 예치기관의 장에게 서면으로 통보하는 경우, 예치기관의 장은 가맹본부의 예치가맹금 지급요청을 보류할 수 있다.

Ⅲ. 물음(3)의 해결

1. 문제의 소재

2. 가맹사업법 적용 배제 요건

3. 적용 배제의 예외사유

법 제3조 제1항에도 불구하고, 정보공개서의 등록 및 제공에 관한 규정(제6조의2부터 제6조의4까지 및 제7조), 허위·과장된 정보 제공 등의 금지에 관한 규정(법 제9조), 가맹금의 반환에 관한 규정(법 제10조), 가맹금 예치 및 가맹점사업자피해보상보험계약 등에 관한 규정(법 제6조의5, 법 제15조의2)은 모든 가맹사업거래에 대하여 적용된다.

4. 사안의 해결

공정거래위원회에 의한 분쟁해결

☞ ['18기출(사)] 공정거래위원회는 「가맹사업거래의 공정화에 관한 법률」위반으로 신고된 사실이 동법의
적용대상이 아니거나 조사개시대상행위의 제한기한을 경과한 경우에는 심의절차를 진행하지 아니한다.
동법 및 동법 시행령상 적용 배제되는 경우와 조사개시대상행위의 제한기한에 관하여 설명하시오.(25점)

1. 심사절차

(1) 사건의 인지

1) 직권인지

2) 신고(법 제32조의3 제1항)

① 신고주체 : 제한 없음(누구든지)

② 신고방법 : **서면**. 단, 긴급하거나 부득이한 경우에는 구두로 가능

> 참고 **서면신고시 기재사항(법 시행령 제32조의3 제1항)**
>
> 1. 신고자의 성명 · 주소
> 2. 가맹본부 또는 가맹지역본부의 성명 또는 명칭(법인인 경우에는 그 대표자의 성명을 포함)과 그 주소
> 3. 위반행위의 내용과 이를 입증할 수 있는 자료

③ 신고접수사실의 통지

가) 통지상대방 : 가맹본부 또는 가맹지역본부

나) 통지요건 : 신고자가 **동의**한 경우

> 참고 **동의 여부의 확인(법 시행령 제32조의3 제3항)**
>
> 신고자는 신고와 관련한 서면을 발급받거나 송부받은 날부터 **15일 이내**에 동의 여부를 공정거래
> 위원회에 서면으로 통지하여야 하며, 그 기간 내에 통지하지 아니한 경우에는 동의를 하지 아니한
> 것으로 봄.

다) 통지방법

공정거래위원회는 신고자로부터 동의한다는 통지를 받은 경우에는 그 통지를
받은 날부터 **7일** 이내에 신고접수 사실, 신고자 및 신고내용을 기재한 서면을
가맹본부 또는 가맹지역본부에 직접 발급하거나 송부하여야 함(법 시행령 제32
조의3 제4항).

라) 통지의 효과(법 제32조의3 제3항)

㉠ 원칙

민법 제174조 상 '최고'의 효과 ☞ **소멸시효 중단**(일시적)

참고 '최고'의 효과

[민법 제174조 (최고와 시효중단)] 최고는 6월 내에 재판상의 청구, 파산
절차참가, 화해를 위한 소환, 임의출석, 압류 또는 가압류, 가처분을 하지
아니하면 시효중단의 효력이 없다.

㉡ 예외

- 신고 사실이 **가맹사업법의 적용대상이 아닌 경우**
- 가맹사업법 제32조 본문에 따른 **조사개시대상행위의 제한기한을 경과**하여
공정거래위원회가 심의절차를 진행하지 아니하기로 한 경우
- 신고 사실에 대하여 공정거래위원회가 **무혐의**로 조치한 경우
- 신고인이 **신고를 취하**한 경우

④ 신고의 효과

가) 공정거래위원회의 조사 개시

㉠ 조사개시 대상행위 : 거래가 종료된 날부터 **3년**을 경과하지 아니한 것에
한함. 단, 그 거래가 종료된 날부터 **3년 이내에 가맹사업분쟁조정협의회에 조
정이 신청되거나 공정거래위원회에 신고**된 가맹사업거래의 경우에는 그러하
지 아니함(법 제32조 제1항).

㉡ 조사 개시 : 공정거래위원회는 신고가 있거나 가맹사업법에 위반되는 혐의
가 있다고 인정할 때 필요한 조사를 할 수 있음(법 제32조의3 제2항).

나) 조사결과의 서면통지

공정거래위원회는 조사를 한 경우, 그 결과(시정조치 명령 등의 처분 내용 포함)
를 서면으로 해당 사건의 당사자에게 통지하여야 함(법 제32조의3 제4항).

⑤ 신고포상금

가) 의의 : 공정거래위원회는 가맹사업법 위반행위를 신고하거나 제보하고 그
신고나 제보를 입증할 수 있는 증거자료를 제출한 자에게 예산의 범위에서 포상
금을 지급할 수 있음(법 제15조의5 제1항).

나) 지급대상 : **시정조치대상 법 위반행위**에 대한 신고 또는 제보, 증거자료 제출자. 다만, 해당 위반행위를 한 가맹본부 및 그 가맹본부의 임직원으로서 해당 위반행위에 관여한 사람은 제외함(법 시행령 제17조 제1항).

다) 지급시기 : 시정조치 등의 처분을 하기로 의결한 날(이의신청이 있는 경우 재결 한 날)부터 **3개월 내**(법 시행령 제17조 제2항).

(2) 서면실태조사 및 조사결과의 처리

1) 서면실태조사

① 의의 : 공정거래위원회는 가맹사업거래에서의 공정한 거래질서 확립을 위하여 가맹본부와 가맹점사업자 등 사이의 거래에 관한 서면실태조사를 실시하여 그 결과를 공표 하여야 함(법 제32조의2 제1항).

② 조사방법 : 공정거래위원회는 조사대상자의 범위, 조사기간, 조사내용, 조사방법, 조사절차 및 조사결과 공표범위 등에 관한 계획을 수립하여야 하고, 조사대상자에게 거래실태 등 조사에 필요한 자료의 제출을 요구할 수 있으며, 제출 요구시 조사대상자에게 자료의 범위와 내용, 요구사유, 제출기한 등을 명시하여 서면으로 알려야 함(법 제32조의2 제2항, 제3항).

③ 가맹본부의 금지행위 : 가맹본부는 가맹점사업자로 하여금 공정거래위원회의 요구에 따른 자료를 제출하지 아니하게 하거나 거짓자료를 제출하도록 요구해서는 아니 됨 (법 제32조의2 제4항)[53]

2) 조사결과의 처리

사건 조사 결과, 심사관은 그 위반 내용의 유무 및 경중에 따라 공정거래위원회에 안건으로 상정할 것인지 여부를 결정함.

2. 심리절차

심사관이 조사사건을 안건으로 상정하면, 공정거래위원회는 해당 사건의 법 위반 여부에 대해 심리함.

3. 의결절차

(1) 의결의 방법

이유를 명시한 의결서를 작성하고, 참여위원이 서명·날인함.

---

[53] 이를 위반한 가맹본부는 **5,000만원 이하의 과태료** 처분을 받을 수 있다. 법 제32조의2 제2항의 요구에 따른 자료를 미제출하거나 거짓으로 제출한 자도 마찬가지(법 제43조 제1항).

(2) 의결의 내용[54]

1) 시정조치(법 제33조)

① 시정조치의 내용

공정거래위원회는 법 위반 행위에 대하여 가맹금의 예치, 정보공개서등의 제공, 점포환경개선 비용의 지급, 가맹금 반환, 위반행위의 중지, 위반내용의 시정을 위한 필요한 계획 또는 행위의 보고 그 밖에 **위반행위의 시정에 필요한 조치**를 명할 수 있음(법 제33조 제1항).

② 시정조치대상 법 위반행위

가) 가맹본부가 예치기관에 예치하지 않고 **가맹금을 직접 수령**한 경우(법 제6조의5 제1항)

나) 가맹본부가 **거짓이나 그 밖의 부정한 방법으로 예치가맹금의 지급을 요청**한 경우(법 제6조의5 제4항)

다) 가맹본부가 등록된 **정보공개서 및 인근가맹점 현황문서를 제공하지 않았거나 숙고기간(14일/7일)을 미준수**한 경우(법 제7조 제3항)

라) **허위·과장되거나 기만적인 정보를 제공**한 경우(법 제9조 제1항)

마) **가맹금 반환사유**가 있음에도 요구받은 날로부터 1개월 내 이를 반환하지 않은 경우(법 제10조 제1항)

바) **가맹계약서 교부의무를 위반**한 경우(법 제11조 제1항)

사) **가맹계약서 필수기재사항을 누락**한 경우(법 제11조 제2항)

아) **불공정거래행위 및 새로운 유형의 불공정거래행위**를 한 경우(법 제12조 제1항, 제12조의2 제1항·제2항, 제12조의3 제1항·제2항, 제12조의4, 제12조의5, 제12조의6 제1항)

자) **가맹점사업자단체**의 구성·가입·활동 등을 이유로 가맹점사업자에게 불이익을 주는 행위를 하거나 가맹점사업자단체에 가입 또는 가입하지 아니할 것을 조건으로 가맹계약을 체결하는 행위를 한 경우(법 제14조의2 제5항)

차) **거짓자료를 제출하여 피해보상보험계약을 체결**한 경우(법 제15조의2 제3항)

카) 피해보상보험계약을 체결하지 아니하였음에도 이를 체결하였다는 **거짓표지**를 사용한 경우(법 제15조의2 제6항)

---

54) 가맹사업법 위반시 시정조치·시정권고 및 과징금 부과는 언제나 set로 같이 적용되므로 함께 학습하도록 한다.

2) 시정권고(법 제34조)

① 의의

공정거래위원회는 이 법의 규정을 위반한 가맹본부에 대하여 **시정조치를 명할 시간적 여유가 없는 경우** 시정방안을 마련하여 이에 따를 것을 권고할 수 있음(법 제34조 제1항 본문).

② 법적성질

행정지도에 해당하므로, 법적 구속력(강제력)은 없음.

③ 시정권고의 방법

시정권고는 아래 사항을 명시한 **서면**으로 하여야 함(법 시행령 제33조).

　가) 법 위반내용

　나) 권고사항

　다) 시정기한

　라) 수락 여부 통지기한(**10일 이내**)[55]

　마) 수락거부시의 조치

④ 시정권고의 효과

　가) 시정권고 수락시

　시정조치를 받은 것으로 봄(법 제34조 제3항).

　나) 시정권고 불수락 또는 수락 여부 미통지시

　안건을 공정거래위원회에 상정하여 정식 심결절차를 진행함.

3) 과징금 납부명령(법 제35조)

① 과징금의 의의

행정청이 일정한 행정상의 의무를 위반한 자에게 부과하는 금전적 제재로서, 위반행위로 인한 불법적인 경제적 이익을 박탈하기 위한 제재수단

② 과징금의 부과사유

시정조치대상 법위반행위와 동일함.

③ 부과금액

　가) 원칙 : 해당 가맹본부가 위반기간(위반행위의 개시일부터 종료일까지의 기간) 동안 관련 가맹점사업자 또는 가맹희망자에게 판매한 상품이나 용역의 매출액 또는 이에 준하는 금액(**관련매출액**)에 **100분의 2를 곱한 금액을 초과하지 아니하는 범위**의 금액

나) 예외 : 위반행위를 한 가맹본부가 매출액이 없거나 매출액의 산정이 곤란한 경우로서 대통령령으로 정하는 경우에는 5억원을 초과하지 아니하는 범위의 금액

◆ **대통령령으로 정하는 경우(법 시행령 제34조 제2항)**

1. 영업중단 등으로 인하여 영업실적이 없는 경우

2. 위반기간 등을 확정할 수 없어 관련매출액의 산정이 곤란한 경우

3. 재해 등으로 인하여 매출액 산정자료가 소멸 또는 훼손되는 등 객관적인 매출액의 산정이 곤란한 경우

(3) 시정조치 및 과징금 납부명령의 예외

공정거래위원회는 아래의 기간이 경과한 경우에는 시정조치를 명하거나 과징금을 부과하지 아니함. 단, 법원의 판결에 따라 시정조치 또는 과징금 부과처분이 취소된 경우로서 그 판결이유에 따라 새로운 처분을 하는 경우에는 그러하지 아니함(법 제32조 제2항).

  1) 공정거래위원회가 **신고**를 받고 조사를 개시한 경우 : **신고일부터 3년**

  2) 공정거래위원회가 신고를 받지 않고 **직권**으로 조사를 개시한 경우 : **조사개시일로**
부터 3년

---

55) 시정권고를 받은 가맹본부는 그 권고를 통지받은 날로부터 10일 이내에 이를 수락하는지 여부에 관하여 공정거래위원회에 통지하여야 함(법 제34조 제2항).

참고 가맹사업거래분쟁조정협의회 분쟁조정 처리절차 도식[56]

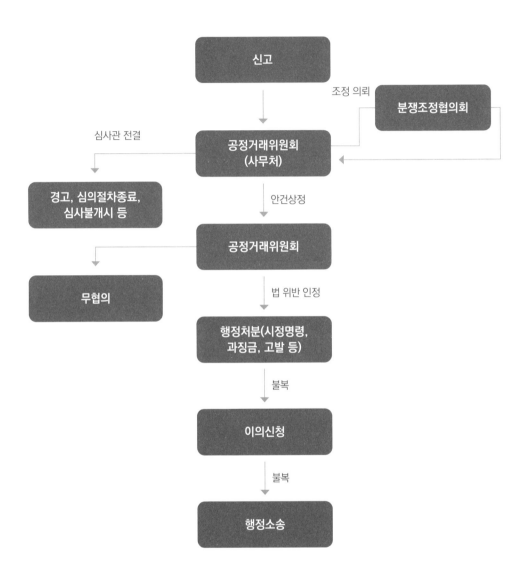

쟁점 22 　　동의의결제도

☞ **['23기출(사)]** 「가맹사업거래의 공정화에 관한 법률」상 '동의의결제도'에 관하여 설명하시오.(25점)

1. 의의

공정거래위원회의 조사나 심의를 받고 있는 가맹본부 또는 가맹지역본부는 해당 조사나 심의의 대상이 되는 행위로 인한 불공정한 거래내용 등의 자발적 해결, 가맹점사업자의 피해구제 및 거래질서의 개선 등을 위하여 동의의결을 하여 줄 것을 공정거래위원회에 신청할 수 있음 (법 제34조의2 제1항).

2. 적용 예외

(1) 공정거래위원회의 **의무적 고발사항(요건)**에 해당하는 경우[57]

(2) 동의의결이 있기 전 신청인(가맹본부 또는 가맹지역본부)이 **신청을 취소**하는 경우

3. 신청 및 심의절차

(1) 신청방법 : 다음의 사항을 기재한 **서면**으로 하여야 함(법 제34조의2 제2항).

　1) 해당 행위를 특정할 수 있는 **사실관계**

　2) 해당 행위의 중지, 원상회복 등 **경쟁질서의 회복이나 거래질서의 적극적 개선을 위하여 필요한 시정방안**

　3) 그 밖에 가맹점사업자 등의 피해를 구제하거나 예방하기 위하여 필요한 시정방안

(2) 심의 및 의결

공정거래위원회는 해당 행위의 사실관계에 대한 조사를 마친 후 신청인의 시정방안이 다음의 요건을 모두 충족한다고 판단되는 경우에는 해당 행위 관련 심의 절차를 중단하고 **시정방안과 같은 취지의 의결(동의의결)**을 할 수 있음. 이 경우 신청인과의 협의를 거쳐 시정방안을 수정할 수 있음(법 제34조의2 제3항).

　1) 해당 행위가 이 법을 위반한 것으로 판단될 경우에 **예상되는 시정조치 및 그 밖의 제재와 균형**을 이룰 것

　2) 공정하고 자유로운 경쟁질서나 거래질서를 회복시키거나 가맹점사업자 등을 보호하기에 **적절하다고 인정**될 것

---

57) 전속고발권의 대상 중 위반의 정도가 객관적으로 명백하고 중대하다고 인정하는 경우. [쟁점25] 참고.

4. 동의의결의 절차 및 취소

동의의결 절차 및 취소에 관하여는 「독점규제 및 공정거래에 관한 법률」 제90조 및 제91조를 각각 준용함(법 제34조의3).

[독점규제 및 공정거래에 관한 법률]

제90조(동의의결의 절차) ① 공정거래위원회는 신속한 조치의 필요성, 소비자 피해의 직접 보상 필요성 등을 종합적으로 고려하여 동의의결 절차의 개시 여부를 결정하여야 한다.

② 공정거래위원회는 동의의결을 하기 전에 30일 이상의 기간을 정하여 다음 각 호의 사항을 신고인 등 이해관계인에게 통지하거나, 관보 또는 공정거래위원회의 인터넷 홈페이지에 공고하는 등의 방법으로 의견을 제출할 기회를 주어야 한다.

1. 해당 행위의 개요

2. 관련 법령 조항

3. 시정방안

4. 해당 행위와 관련하여 신고인 등 이해관계인의 이해를 돕는 그 밖의 정보. 다만, 사업상 또는 사생활의 비밀 보호나 그 밖에 공익상 공개하기에 적절하지 아니한 것은 제외한다.

④ 공정거래위원회는 동의의결을 하거나 이를 취소하는 경우에는 제59조의 구분에 따른 회의의 심의·의결을 거쳐야 한다.

⑤ 동의의결을 받은 신청인은 제4항의 의결에 따라 동의의결의 이행계획과 이행결과를 공정거래위원회에 제출하여야 한다.

⑥ 공정거래위원회는 제5항에 따라 제출된 이행계획의 이행 여부를 점검할 수 있고, 동의의결을 받은 신청인에게 그 이행에 관련된 자료의 제출을 요청할 수 있다.

제91조(동의의결의 취소) ① 공정거래위원회는 다음 각 호의 어느 하나에 해당하는 경우에는 동의의결을 취소할 수 있다.

1. 동의의결의 기초가 된 시장상황 등 사실관계의 현저한 변경 등으로 시정방안이 적정하지 아니하게 된 경우

2. 신청인이 제공한 불완전하거나 부정확한 정보로 동의의결을 하게 되었거나, 신청인이 거짓 또는 그 밖의 부정한 방법으로 동의의결을 받은 경우

3. 신청인이 정당한 이유 없이 동의의결을 이행하지 아니하는 경우

5. 동의의결의 효과

동의의결은 해당 행위가 이 법에 위반된다고 인정한 것을 의미하지 아니하며, 누구든지 신청인이 동의의결을 받은 사실을 들어 해당 행위가 이 법에 위반된다고 주장할 수 없음(법 제34조의2 제4항).

6. 동의의결 미이행시 제재

공정거래위원회는 정당한 이유 없이 동의의결시 정한 이행기한까지 동의의결을 이행하지 아니한 자에게 동의의결이 이행되거나 취소되기 전까지 **이행기한이 지난 날부터 1일당 200만원 이하의 이행강제금**을 부과할 수 있음(법 제34조의4 제1항).

　　　　손해배상

☞ **['18기출(사)]** 2018년 1월에 가맹본부 갑이 가맹점사업자 을에게 허위·과장의 정보제공행위를 하여 을이 손해를 입게 되자 을이 갑을 상대로 손해배상청구소송을 제기하려고 한다. 이 경우 갑이 「가맹사업거래의 공정화에 관한 법률」상 을에 대하여 지게 되는 손해배상책임의 특징을 설명하고, 법원이 을에 대한 손해배상액을 정할 때 고려해야 하는 사항에 관하여 설명하시오.(25점)

1. 의의

　가맹본부는 가맹사업법의 규정을 위반함으로써 가맹점사업자에게 손해를 입힌 경우에는 가맹점사업자에 대하여 손해배상의 책임을 부담함(법 제37조의2 제1항).

2. 법적성질

　가맹본부가 가맹점사업자에게 손해를 입힌 경우에도, 가맹본부가 고의 또는 과실이 없음을 입증한 경우에는 손해배상의 책임을 부담하지 않음(법 제37조의2 제1항 단서).

　☞ **입증책임의 전환(중간책임)**[58]

3. 손해배상의 범위

(1) 원칙

피해자(가맹점사업자 등)가 입은 실손해액(위법한 가해행위로 인해 발생한 재산상 불이익)을 기준으로 그 위법행위가 없었더라면 존재했을 재산상태와 그 위법행위가 가해진 현재의 재산상태의 차이 – 차액설(差額說). 우리나라 판례의 주류적 태도[59]

> **심화학습**　**손해배상의 범위와 산정기준**
>
> **[민법]**
>
> **제393조(손해배상의 범위)** ①채무불이행으로 인한 손해배상은 통상의 손해를 그 한도로 한다.
>
> ②특별한 사정으로 인한 손해는 채무자가 그 사정을 알았거나 알 수 있었을 때에 한하여 배상의 책임이 있다.
>
> **1. 손해배상의 범위**[60]
>
> 　(1) 원칙 : 통상손해(사회일반의 관념에 따라 어떤 선행사실이 있으면 그 후행사실로서 보통 발생되는 손해)에 한함.

---

58) 불법행위에 기한 손해배상의 책임을 묻기 위해서는 피해자(청구인)가 가해자의 고의·과실을 입증해야 하는 것이 원칙이나, 이러한 입증책임을 가해자에게 부담(전환)시킴으로서 피해자를 더 두텁게 보호할 수 있다.

(2) 예외 : 채무자에게 예견하였거나 예견가능성이 있었다면 특별손해(특별한 사정으로 인하여 발생한 손해)까지 배상하여야 함.

참고 특별한 사정의 예 : 이행불능 이후 목적물의 시가가 등귀한 경우 등

2. 손해배상(전보배상액)의 산정기준

(1) 이행불능의 경우 : 이행불능 당시의 시가 상당액

(2) 이행지체의 경우 : 최고(이행청구) 후 상당기간이 경과한 당시의 시가

(3) 이행거절의 경우 : 이행거절 당시의 급부목적물의 시가

(2) 예외 - 징벌적 손해배상제도

1) 의의

가맹본부가 특정 의무를 위반하여 가맹점사업자에게 손해를 입힌 경우에는 가맹점사업자에게 발생한 손해의 **3배**를 넘지 아니하는 범위에서 배상책임을 부담함. 다만, 가맹본부가 고의 또는 과실이 없음을 입증한 경우에는 그러하지 아니함(법 제37조의2 제2항).

59) [갑 등이 빙수류 및 디저트류의 판매에 관한 가맹사업을 운영하는 을 주식회사로부터 예상매출액 산정서를 교부받은 다음 가맹사업자로서 을 회사의 영업표지를 사용하여 가맹점을 운영하기로 하는 내용의 가맹계약을 을 회사와 체결하고 가맹점을 운영하다가 폐업하였는데, 그 후 갑 등이 을 회사를 상대로 예상매출액 관련 기망 등 불법행위로 인한 손해의 배상을 구한 사안] "을 회사가 작성하여 갑 등에게 교부한 예상매출액 산정서에 기재된 '인근 가맹점의 직전사업연도 매출환산액 범위'는 갑 등의 점포의 면적과 인근 가맹점들의 개별 점포면적의 차이를 고려하지 않았으며, 최고 매출의 경우 직전사업연도 일평균매출액이 아닌 가맹계약 체결 무렵의 일평균매출액을 기준으로 산정되었고 최저 매출의 경우 인근 가맹점들이 아닌 전국 가맹점들의 일평균매출액을 기준으로 산정되었으므로, 예상매출액 산정서에 기재된 '인근 가맹점의 직전사업연도 매출환산액 범위'는 허위 정보에 해당하고, 을 회사가 갑 등에게 설명한 예상매출액도 갑 등의 점포와 인근 가맹점들 사이의 면적, 입지 등에 관한 비교·분석 없이 막연히 산출된 것으로 보이는 점 등에 비추어 을 회사가 주요 사항이 누락되거나 허위로 또는 과장되어 기재된 예상매출액 산정서를 갑 등에게 교부한 것은 가맹사업거래의 공정화에 관한 법률 제9조 제1항 제1호를 위반한 불법행위에 해당하므로, 을 회사는 이에 따른 손해배상책임을 부담하는데, 위와 같은 불법행위는 가맹계약 '체결 과정'에서의 불법행위이므로, 위 불법행위로 인하여 갑 등이 입은 통상의 손해는, 갑 등이 예상매출액 산정서의 기재가 주요 내용에 대한 허위나 과장 또는 누락 없이 사실 그대로라고 믿고서 가맹계약을 체결하고 점포를 개설하기 위하여 지출한 비용으로 한정되고, 가맹계약이 '체결된 이후 가맹점을 운영하는 과정'에서 발생한 비용이나 손실은 위와 같은 을 회사의 불법행위로 인한 것이라고 보기 어렵다[결국, 가맹비 및 교육비, 인테리어 공사대금, 주방기구, 기타 집기 구입비용만이 '개업비용'으로서 손해배상액으로 인정되고, '가맹점운영비용'인 콩가루 등의 구입비용은 이에 해당하지 않는다고 판결하였다(저자 註)]"(서울중앙지방법원 2019. 9. 26. 선고 2017가합548157 판결). 그런데 이 판결에 대해, 가맹본부의 허위·과장된 정보 제공행위와 인과관계가 있는 가맹점사업자의 통상손해를 가맹계약의 목적과 특수성을 고려해 '가맹점운영비용'까지 포함(확대)시키되, 그 구체적 범위는 '가맹점사업자가 가맹본부로부터 허위·과장정보를 제공받은 사실을 인지하고 가맹계약을 해지한 뒤 새로운 영업을 준비하는 데 필요한 합리적인 기간 동안에 발생한 운영비용'으로 한정하도록 하는 것이 더욱 구체적 타당성이 있다고 비판하는 견해가 있다(정유나, 가맹본부의 허위·과장 정보제공행위로 인한 통상손해의 범위-서울중앙지법 2019. 9. 26. 선고 2017가합548157 판결을 중심으로-, 경영법률 제30권 제4호. 2020년, 291면).

2) 적용대상

① 허위·과장 또는 기만적인 정보제공 금지의무(법 제9조 제1항) 위반시

② 부당한 거래거절 금지의무(법 제12조 제1항 제1호) 위반시

③ 보복조치의 금지의무(법 제12조의5) 위반시

3) 필수적 고려사항

법원은 징벌적 손해배상액을 정할 때에는 다음의 사항을 고려하여야 함(법 제37조의 2 제3항).

① 고의 또는 손해 발생의 우려를 인식한 정도

② 위반행위로 인하여 가맹점사업자가 입은 피해 규모

③ 위법행위로 인하여 가맹본부가 취득한 경제적 이익

④ 위반행위에 따른 벌금 및 과징금

⑤ 위반행위의 기간 · 횟수

⑥ 가맹본부의 재산상태

⑦ 가맹본부의 피해구제 노력의 정도

4. 기타

손해배상청구의 소가 제기된 경우 「독점규제 및 공정거래에 관한 법률」 제110조 및 제115조를 준용함(법 제37조의2 제4항).

---

60) [갑 등이 을 주식회사와 가맹계약을 체결한 후 가맹점운영권을 부여받아 점포를 운영하였는데, 가맹계약을 체결하는 과정에서 을 회사가 제공한 '예상매출액 산정서'는 점포 예정지에서 가장 인접한 5개 가맹점들 중 직전 사업연도 매출환산액이 낮은 가맹점 일부를 임의로 제외하고 다른 가맹점을 포함시켜 예상매출액 범위를 확정함으로써 예상매출액 범위 최저액이 과다 산정된 것이었고, 갑 등이 가맹점 개설 이래로 계속 점포 차임 등 지출비용을 매출로 충당하지 못하는 영업손실이 발생하자 을 회사를 상대로 손해배상을 구한 사안] [1] 가맹사업거래의 공정화에 관한 법률 제1조, 제9조 제1항 제1호, 제5항, 제37조의2, 제41조 제1항, 부칙 (2017. 4. 18.) 제4조, 구 가맹사업거래의 공정화에 관한 법률(2017. 4. 18. 법률 제14812호로 개정되기 전의 것) 제37조 제3항, 가맹사업거래의 공정화에 관한 법률 시행령 제8조 제1항 제1호, 제9조 제4항, 제5항의 내용, 입법 경과 등을 종합하면, 위 법령은 가맹희망자가 가맹계약을 체결할지 판단함에 있어 중요한 정보, 특히 예상수익상황에 관한 정보는 가맹본부로 하여금 반드시 '서면'으로 제공하게 하는 한편, 이에 관한 객관적이고 정확한 근거에 따라 예상수익상황을 산정하도록 주의의무를 부과한 것이라고 봄이 타당하다. 이로써 가맹본부에 정보가 편재되어 있는 상황에서 가맹본부로 하여금 정확한 정보를 제공하게 하여 가맹희망자의 합리적 판단을 방해하지 않도록 하고, 제공받은 정보에 기초하여 가맹계약을 체결함으로써 가맹점을 운영하는 가맹희망자나 가맹점사업자를 두텁게 보호하려는 데 그 입법 취지가 있다. [2] 불법행위로 인한 손해배상책임을 지우려면 위법한 행위와 원고가 입은 손해 사이에 상당인과관계가 있어야 하고, 상당인과관계의 유무는 결과 발생의 개연성, 위법행위의 태양 및 피침해이익의 성질 등을 종합적으로 고려하여 판단하여야 한다. 한편 민법 제763조에 따라 불법행위로 인한 손해배상에 준용되는 민법 제393조 제1항은 "채무불이행으로 인한 손해배상은 통상의 손해를 그 한도로 한다."라고 규정하고, 제2항은 "특별한 사정으로 인한 손해는 채무자가 이

[독점규제 및 공정거래에 관한 법률]

제110조(기록의 송부등) 법원은 제109조에 따른 손해배상청구의 소가 제기되었을 때 필요한 경우 공정거래위원회에 대하여 해당 사건의 기록(사건관계인, 참고인 또는 감정인에 대한 심문조서, 속기록 그 밖에 재판상 증거가 되는 모든 것을 포함한다)의 송부를 요구할 수 있다.

제115조(손해액의 인정) 법원은 이 법을 위반한 행위로 인하여 손해가 발생된 것은 인정되나 그 손해액을 입증하는 것이 해당 사실의 성질상 매우 곤란한 경우에 변론 전체의 취지와 증거조사의 결과에 기초하여 상당한 손해액을 인정할 수 있다.

를 알았거나 알 수 있었을 때에 한하여 배상의 책임이 있다."라고 규정하고 있다. 제1항의 통상손해는 특별한 사정이 없는 한 그 종류의 채무불이행이 있으면 사회일반의 거래관념 또는 사회일반의 경험칙에 비추어 통상 발생하는 것으로 생각되는 범위의 손해를 말하고, 제2항의 특별한 사정으로 인한 손해는 당사자들의 개별적, 구체적 사정에 따른 손해를 말한다. [3] 을 회사가 가맹사업거래의 공정화에 관한 법률 시행령 제9조 제4항을 위반하여 임의로 선정한 가맹점들을 기준으로 삼아 예상매출액 범위 최저액을 과다 산정함으로써 마치 안정적 사업운영이 가능한 것처럼 보이는 '예상매출액 산정서'를 제공한 행위는 가맹사업거래의 공정화에 관한 법률(이하 '가맹사업법'이라 한다) 제9조 제1항 제1호의 허위·과장의 정보제공행위로서 가맹사업법의 규정을 위반한 위법행위에 해당하고, 이로 인하여 갑 등이 잘못된 정보를 바탕으로 가맹계약을 체결하였으므로, 을 회사는 그로 인한 갑 등의 손해를 배상할 책임이 있는데, 갑 등의 **영업손실 손해**는 객관적으로 보아 상당한 정도로 예측 가능한 것으로서 을 회사의 불법행위와 상당인과관계 있는 통상손해의 범위에 포함되고, 이 손해가 특별한 사정으로 인한 손해라고 하더라도 그러한 **특별한 사정의 존재에 대하여는 을 회사의 예견가능성이 있었다**고 보아야 하며, 위 영업손실에 갑 등의 운영능력, 시장상황 등 다른 요인으로 인한 부분이 구분되지 않은 채 포함되어 있어 을 회사의 불법행위에 따른 손실 부분의 구체적인 액수 입증이 사안의 성질상 곤란하더라도, 변론 전체의 취지와 증거조사의 결과에 기초하여 상당한 손해액을 인정할 수 있다."(대법원 2022.05.26. 선고, 2021다300791 판결). 이 판결에 대해, 가맹점사업자가 입은 영업손실도 가맹본부가 배상해야 할 손해배상액에 포함된다고 명확히 선언함으로써 가맹희망자나 가맹점사업자의 보호를 두텁게 하였다는 데에 의의가 있다고 긍정적으로 평가하면서도, 영업손실을 통상손해로 인정한다면 가맹점사업자의 개인적 운영능력이나 손해방지의무를 등한시한 결과 영업손실이 확대된 부분은 감안되어야 하며(과실상계-저자 註), 또한 가맹점사업자가 영업기간 중 얻은 이득이 있다면 이는 손익상계 대상이 될 것이지만, 가맹점사업자가 가맹점을 운영하는 동안 거액의 영업 손실을 입은 대상판결 사안과 같은 경우 실제로 손익상계가 인정되는 경우는 많지 않을 것으로 생각된다는 견해가 있다(강혜림, 2022년 민법(채권법) 중요 판례 평석, 경희법학 제58권 제1호. 2023년, 130-136면).

2021년(19회) 가맹계약론

'A버거'라는 영업표지를 사용하여 가맹사업을 운영하는 가맹본부 甲은 가맹점사업자 乙과 아래의 내용을 포함한 가맹계약을 체결하였다.(50점)

> **제11조 [계약의 발효일과 계약기간]** 이 계약은 2018년 3월 2일부터 발효되며 그 기간은 계약 발효일로부터 2021년 3월 1일까지 3년간으로 한다.
>
> **제12조 [영업지역의 보호]** 乙의 영업지역은 X지역으로 하며, 甲은 계약기간 중 乙의 영업지역에서 乙과 동일한 업종의 자기 또는 계열회사의 직영점이나 가맹점을 개설하지 아니한다. 다만 乙이 동의한 경우에는 그러하지 아니하다.
>
> **제25조 [재료의 조달]** A버거의 주재료인 햄버거 패티의 공급원은 甲으로 한정한다.

2019년 4월 15일, 甲은 乙의 영업지역에 자기의 직영점을 개설하기 위하여 乙의 동의를 요청하였지만 乙은 이를 거절하였다. 이에 甲은 乙이 끝까지 동의하지 않는다면 더 이상 햄버거 패티를 공급하지 않겠다는 의사를 乙에게 명백하게 표시하였다. 乙이 이에 대해 항의하였음에도, 甲은 2019년 5월 1일 이후 햄버거 패티를 공급하지 않았다.

(1) 2019년 7월 1일, 乙은 더 이상 甲과의 가맹계약을 유지하기 어렵다고 판단하여 가맹계약을 해지하고자 한다. 乙이 위 가맹계약을 해지할 수 있는지 설명하시오.(30점)

(2) 甲이 햄버거 패티를 공급하지 않아 영업을 하지 못한 乙은 큰 손해를 입게 되었다. 이에 乙은 甲에 대하여 「가맹사업거래의 공정화에 관한 법률」에 따라 손해배상을 청구하는 소송을 제기하려고 한다. 손해배상 소송에서 乙이 승소할 경우 甲이 乙에 대해 부담하는 손해배상책임의 특징에 관하여 설명하시오.(20점)

[답안 예시]

Ⅰ. 물음(1)의 해결

1. 문제의 소재

2. 갑의 햄버거 패티 미공급행위의 위법성 검토

  (1) 가맹사업법 상 '거래거절' 해당여부 - 거래거절 중 '영업지원 등의 거절'에 해당

  (2) 사안의 경우

  갑이 햄버거 패티를 공급하지 아니한 행위는 정당한 이유가 없으므로 불공정거래행위 중 '영업지원 등의 거절'에 해당하여 위법하다.

3. 계약해지의 가부

  (1) 민법상 해지 가부 - 민법 제544조

    1) 이행지체의 성부(요건)

    2) 이행지체의 효과

  (2) 상법상 해지 가부 - 상법 제168조의10

  (3) 사안의 경우

4. 사안의 해결

갑이 햄버거 패티를 공급하지 아니한 행위는 정당한 이유가 없으므로 불공정거래행위 중 '영업지원 등의 거절'에 해당하여 위법한 바, 이는 가맹계약상 중대반 의무위반이 있는 경우에 해당한다고 볼 수 있으므로, 을은 상당한 기간을 정하여 예고한 후 가맹계약을 해지할 수 있고(상법 제168조의 10), 민법에 따라 의무이행을 최고한 후 상당기간 내 의무 미이행시 해지할 수도 있을 것으로 판단된다(민법 제544조).

Ⅱ. 물음(2)의 해결

1. 문제의 소재

2. 손해배상책임의 원칙 - 법 제37조의2 제1항

3. '거래거절'에 따른 손해배상책임의 특징

  (1) 의의 및 특징 - 징벌적 손해배상책임(법 제37조의2 제2항)

  (2) 필수적 고려사항

4. 사안의 해결

벌칙

1. 행정형벌

(1) 종류(법 제41조)

1) 5년 이하의 징역 또는 3억원 이하의 벌금

허위·과장 또는 기만적인 정보를 제공한 경우(법 제9조 제1항 위반)

2) 3년 이하의 징역 또는 1억원 이하의 벌금

① **가맹점사업자에게 불이익을 주는 행위를 하거나 다른 사업자로 하여금 이를 행하도록 한 경우**(법 제12조의5 위반)

② **시정조치명령에 따르지 아니한 경우**(법 제33조 제1항 위반)

③ **비밀엄수의무를 위반**한 경우(법 제37조 제4항)

◈ **비밀엄수의무(법 제37조 제4항)**

이 법에 의한 직무에 종사하거나 종사하였던 공정거래위원회의 위원, 공무원 또는 협의회에서 가맹사업거래에 관한 분쟁의 조정업무를 담당하거나 담당하였던 자 및 제34조의3에 따른 동의의결의 이행관리 업무를 담당하거나 담당하였던 사람에 대하여는 「독점규제 및 공정거래에 관한 법률」 제119조 준용한다.

> 참고 **독점규제 및 공정거래에 관한 법률 제119조(비밀엄수의 의무)**
>
> 이 법에 따른 직무에 종사하거나 종사하였던 위원, 공무원 또는 협의회에서 분쟁조정업무를 담당하거나 담당하였던 사람 또는 동의의결 이행관리 업무를 담당하거나 담당하였던 사람은 그 직무상 알게 된 사업자 또는 사업자단체의 비밀을 누설하거나 이 법의 시행을 위한 목적 외에 이를 이용해서는 아니된다.

---

3) 2년 이하의 징역 또는 5천만원 이하의 벌금

① **가맹점사업자로부터 예치가맹금을 직접 수령한 경우**(법 제6조의5 제1항 위반)

② **숙고기간(14일/7일)을 미준수하여 가맹금을 수령하거나 가맹계약을 체결한 경우**(법 제7조 제3항 위반)

③ **가맹점사업자피해보상보험계약 등을 체결하였다는 사실을 나타내는 표지를 제작하거나 사용**한 경우(법 제15조의2 제6항 위반)

4) 1년 이하의 징역 또는 1천만원 이하의 벌금

가맹거래사 등록증을 빌려주거나 빌린 자 또는 이를 알선한 자(법 제29조의2 위반)

5) 예치가맹금의 2배 상당의 벌금

거짓이나 그 밖의 부정한 방법으로 예치가맹금의 지급을 요청한 경우(법 제6조의5 제4항 위반)

(2) 양벌규정

법인의 대표자나 법인 또는 개인의 대리인, 사용인, 그 밖의 종업원이 그 법인 또는 개인의 업무에 관하여 제41조의 위반행위를 하면 그 행위자를 벌하는 외에 그 법인 또는 개인에게도 해당 조문의 벌금형을 과(科)함. 다만, 법인 또는 개인이 그 위반행위를 방지하기 위하여 해당 업무에 관하여 상당한 주의와 감독을 게을리하지 아니한 경우에는 그러하지 아니함(법 제42조).[61]

(3) 전속고발제도(법 제44조)[62]

2. 행정질서벌

(1) 종류(법 제43조)

1) **5,000만원 이하**의 과태료[63]

① 공정거래위원회의 서면실태조사에 따른 **자료를 제출하지 아니**하거나 **거짓의 자료를 제출**한 자(법 제32조의2 제2항 위반)

② 공정거래위원회의 서면실태조사에 대하여 **가맹점사업자로 하여금 자료를 제출하지 아니하게** 하거나 **거짓 자료를 제출하도록 요구**한 자(법 제32조의2 제4항 위반)

2) **1,000만원 이하의 과태료**

① 기한 내에 **정보공개서 변경등록을 하지 아니**하거나 **거짓으로 변경등록**을 한 경우(법 제6조의2 제2항 본문 위반)

② **정보공개서 제공의무, 근거자료 비치 및 자료요구에 응할 의무, 예상매출액산정서 제공·보관의무을 위반**한 경우(법 제9조 제3항 내지 제6항 위반)

③ **가맹계약서를 보관하지 아니**한 경우(법 제11조 제3항 위반)

④ 광고 또는 판촉행사 비용의 집행 내역을 통보하지 아니하거나 **열람 요구에 응하지 아니**한 경우(법 제12조의6 제2항 위반)

3) **300만원 이하**의 과태료

① 정보공개서 변경신고를 하지 아니하거나 **거짓으로 신고**한 경우(제6조의2 제2항 단서 위반)

② **가맹거래사가 아님에도 가맹거래사임을 표시**하거나 이와 **유사한 용어**를 사용한 경우(법 제29조 제4항 위반)

(2) 과태료 부과 · 징수 권한

1) 원칙 : **공정거래위원회**가 부과 · 징수함(법 제43조 제8항).

2) 예외 : **시 · 도지사에게 정보공개서를 등록한 가맹본부**[64]에 대한 과태료 중 아래 과태료의 부과 · 징수권한은 해당 **시·도지사**에게 위임함(법 제39조 제1항/법 시행령 제35조).

    ① **1,000만원 이하**의 과태료(법 제43조 제6항 위반)

    ② 300만원 이하의 과태료 부과대상 중 **정보공개서 미신고 또는 거짓신고**에 따른 과태료(법 제43조 제7항 제1호 위반)

---

61) 본 규정에 의하여 실제 행위자(가맹본부 대표 등 자연인) 외 사업자(가맹본부)에게도 벌금형을 부과할 수 있다. 또한 단서의 '상당한 주의와 감독'에 대한 입증책임은 해당 사업자에 있으므로, 가맹본부가 책임을 면하기 위하여는 가맹본부 스스로 자신이 상당한 주의와 감독의무를 다하였다는 점을 입증하여야 한다.

62) 별도의 쟁점으로 분류한다. [쟁점 23] 참고.

63) 단, 이 경우에도 가맹본부의 임원이 위반한 경우는 1,000만원 이하, 가맹본부의 종업원 또는 이에 준하는 법률상 이해관계가 있는 자가 위반한 경우는 500만원 이하의 과태료가 부과된다(법 제43조 제3항, 제4항).

64) [쟁점 4] 참고.

전속고발제도

「가맹사업거래의 공정화에 관한 법률」상 전속고발제도에 관하여 설명하시오.(25점)

1. 서설

(1) 전속고발제도의 의의

일정한 가맹사업법 위반행위에 대하여 공정거래위원회에 전속고발권을 부여함에 따라, 이 고발이 없으면 검찰은 공소를 제기할 수 없음(법 제44조 제1항).

(2) 전속고발제도의 취지

공정거래위원회에 고발에 대한 재량을 부여하여, 기업인의 경제활동 위축을 예방함.

2. 전속고발권의 대상

(1) 허위·과장 또는 기만적인 정보를 제공한 경우(법 제9조 제1항 위반)

(2) 가맹점사업자에게 불이익을 주는 행위를 하거나 다른 사업자로 하여금 이를 행하도록 한 경우(법 제12조의5 위반)

(3) 시정조치명령에 따르지 아니한 경우(법 제33조 제1항 위반)

(4) 가맹점사업자로부터 예치가맹금을 직접 수령한 경우(법 제6조의5 제1항 위반)

(5) 숙고기간(14일/7일)을 미준수하여 가맹금을 수령하거나 가맹계약을 체결한 경우(법 제7조 제3항 위반)

(6) 가맹점사업자피해보상보험계약 등을 체결하였다는 사실을 나타내는 표지를 제작하거나 사용한 경우(법 제15조의2 제6항 위반)

3. 전속고발권에 대한 통제

(1) 의무적 고발사항

공정거래위원회는 전속고발권의 대상 중 위반의 정도가 객관적으로 명백하고 중대하다고 인정하는 경우, 검찰총장에게 고발하여야 함(법 제44조 제2항).

(2) 의무고발요청제도(고발요청에 따른 의무고발)

 1) 고발요청

　① 검찰총장 : 검찰총장은 고발요건(객관적으로 명백하고 중대한 위반)에 해당하는 사실이 있음을 공정거래위원회에 통보하여 고발을 요청할 수 있음(법 제44조 제3항).

② 감사원장·중소벤처기업부장관 : 공정거래위원회가 고발요건에 해당하지 아니한다고 결정하더라도, 감사원장 및 중소벤처기업부장관은 사회적 파급효과, 가맹희망자나 가맹점사업자에게 미친 피해 정도 등 다른 사정을 이유로 공정거래위원회에 고발을 요청할 수 있음(법 제44조 제4항).

2) 의무고발

상기 고발요청이 있는 때, 공정거래위원회 위원장은 해당 법 위반행위를 검찰총장에게 고발하여야 함(법 제44조 제5항).

(3) 공소제기 후 고발 취소 금지

공정거래위원회는 공소가 제기된 후에는 고발을 취소하지 못함(법 제44조 제6항).

쟁점 26 　가맹거래사 제도

☞ **['14 기출(사)]** 가맹사업거래의 공정화에 관한 법령상 가맹거래사의 의의, 업무와 책임, 그리고 등록취소에 관하여 설명하시오.(25점)

☞ **['21 기출(사)]** 「가맹사업거래의 공정화에 관한 법률」 및 같은 법 시행령에 따라 가맹거래사의 자격취득 요건 및 업무개시 요건을 각각 설명하고 가맹거래사가 수행하는 업무 6가지를 쓰시오.(25점)

1. 가맹거래사의 의의(자격취득 요건)

공정거래위원회가 실시하는 가맹거래사 자격시험에 합격한 후 <u>대통령령이 정하는 바에 따라 실무수습을 마친 자</u>(법 제27조 제1항)

◈ **대통령령이 정하는 바에 따른 실무수습**

[가맹사업법 시행령]

제30조(가맹거래사의 실무수습) ① 가맹거래사의 실무수습 기간은 **100시간 이상**으로 한다.

② 실무수습의 구체적인 내용, 기간 및 방법 등은 공정거래위원회가 정하여 고시한다.

2. 가맹거래사의 업무와 책임

(1) 가맹거래사의 업무(법 제28조)

1) 가맹사업의 **사업성에 관한 검토**

2) 정보공개서와 가맹계약서의 작성 · 수정이나 이에 관한 자문

3) 가맹점사업자의 **부담**, 가맹사업 영업활동의 **조건 등에 관한 자문**

4) 가맹사업당사자에 대한 **교육 · 훈련이나 이에 대한 자문**

5) 가맹사업거래 **분쟁조정 신청의 대행 및 의견의 진술**

6) **정보공개서 등록의 대행**

(2) 가맹거래사의 책임(법 제30조)

1) 가맹거래사는 성실히 직무를 수행하며 품위를 유지하여야 함.

2) 가맹거래사는 직무를 수행함에 있어서 고의로 진실을 감추거나 허위의 보고를 하여서는 아니됨.

3. 가맹거래사의 등록·갱신 및 등록취소

(1) 가맹거래사의 등록 및 갱신

1) 가맹거래사의 등록(업무개시 요건)

가맹거래사 자격이 있는 자가 가맹거래사의 업무를 개시하고자 하는 경우에는 **등록신청서**를 공정거래위원회에 제출하여야 함(법 제29조 제1항/법 시행령 제32조 제1항).

→ 공정거래위원회, 가맹거래사등록부에 등록사항 기재 후 신청인에게 **등록증**을 교부하여야 함(법 시행령 제32조 제2항).

2) 가맹거래사 등록의 갱신

① 가맹거래사는 **5년**마다 등록을 갱신하여야 함(법 제29조 제2항).

② 갱신등록을 하지 아니한 가맹거래사는 그 자격이 정지됨. 단, 이 경우 공정거래위원회가 고시로서 정하는 바에 따라 보수교육을 받고 갱신등록을 한 때에는 그 때부터 자격이 회복됨(법 제31조 제2항).

3) 등록 및 등록갱신시 공정거래위원회의 의무

공정거래위원회는 가맹거래사의 등록 또는 갱신등록을 할 때에 등록증을 내주어야 함 (법 제29조 제3항).

◈ **가맹거래사 등록증의 대여금지**

1. 금지의무(법 제29조의2)

　　가. 가맹거래사는 자기의 등록증을 다른 사람에게 **빌려주어서는** 아니 된다.

　　나. 누구든지 다른 사람의 가맹거래사 등록증을 **빌려서는** 아니 된다.

　　다. 누구든지 제1항 및 제2항에서 금지된 행위를 **알선하여서는** 아니 된다.

2. 위반시 죄책(법 제41조 제4항)

가맹거래사 등록증을 빌려주거나 빌린 자 또는 이를 알선한 자는 **1년 이하의 징역** 또는 **1천만원 이하의 벌금**에 처함.

4) 미등록 가맹거래사의 표시행위 등 금지

등록을 한 가맹거래사가 아닌 자는 가맹거래사임을 표시하거나 이와 유사한 용어를 사용하여서는 아니됨(법 제29조 제4항)[65]

(2) 가맹거래사의 등록취소(법 제31조 제1항)

1) 필요적 등록취소사유

① **허위 그 밖의 부정한 방법**으로 등록 또는 갱신등록을 한 경우

② 법 제27조 제2항의 규정에 의한 **결격사유**에 해당하게 된 경우

---

65) 이를 위반한 자는 300만원 이하의 과태료 처분을 받을 수 있다(법 제43조 제7항 제2호).

◆ **결격사유(법 제27조 제2항)**

다음 각 호의 어느 하나에 해당하는 자는 가맹거래사가 될 수 없다.

1. **미성년자 · 피성년후견인 또는 피한정후견인**

2. **파산선고**를 받고 복권되지 아니한 자

3. 금고 이상의 실형의 선고를 받고 그 집행이 종료(종료된 것으로 보는 경우를 포함한다)되거나 집행을 받지 아니하기로 확정된 후 **2년**이 경과되지 아니한 자

4. 금고 이상의 형의 집행유예를 받고 그 **집행유예기간 중**에 있는 자

5. 법 제31조의 규정에 의하여 가맹거래사의 등록이 취소된 날부터 **2년**이 경과되지 아니한 자

　2) 임의적 등록취소사유

　　① 업무수행과 관련하여 알게 된 **비밀을 다른 사람에게 누설**한 경우

　　② **가맹거래사 등록증을 다른 사람에게 대여**한 경우

　　③ 업무수행과 관련하여 **고의 또는 중대한 과실**로 다른 사람에게 **중대한 손해**를 입힌 경우

　3) 등록취소 절차

가맹거래사의 등록을 취소하려는 경우에는 '행정절차법'에 따른 청문을 실시하여야 함 (법 제31조 제4항).

　4) 등록취소시 의무

가맹거래사 등록이 취소된 사람은 지체 없이 등록증을 공정거래위원회에 반납하여야 함 (법 제31조 제3항).

제 2 편

사례해결을 위한
민법(계약법) 논리구조

☞ **['16기출(계)]** 가맹사업을 영위함에 있어서 「가맹사업거래의 공정화에 관한 법률」상 가맹본부의 준수사항과 그 위반에 따른 계약법상의 효과를 설명하시오.(25점)

1. 계약당사자의 확정

누구를 계약당사자로 볼 것인지에 관한 당사자 간 의사해석의 문제(자연적 해석 → 규범적 해석)[66]

2. 계약성립 여부 및 계약유형 검토

(1) 계약의 성립 여부 검토

→ 당사자 간 청약과 승낙(의사의 합치)이 존재하는지 여부(특히, 묵시적 계약 성립 여부)

(2) 가맹계약에 해당하는지 여부 검토

→ 가맹사업 및 가맹계약을 구성하는 요건별로 검토(영업표지의 사용 및 지휘·교육·통제 여부, 가맹금 해당 여부 등)

(2) 가맹사업법 적용 여부 검토(법 제3조)

→ 적용 예외 사유를 중심으로 검토

3. 가맹계약의 유효요건 검토

(1) 계약의 유효요건 검토

  1) 계약 내용의 확정·실현가능성·적법성·사회적 타당성(민법 제103조·제104조)

  → 위반시 계약 '무효'

  2) 의사와 표시의 일치(민법 제107조, 제109조, 제110조)

  → 불일치시 계약 '취소' 가능

(2) 가맹계약에 특수한 유효요건(가맹본부의 의무) 검토

  1) 가맹금예치의무 위반 여부(법 제6조의5)

  2) 정보공개서 및 인근가맹점 현황문서 사전 제공 여부(법 제7조)

  3) 허위·과장된 정보 등 제공금지의무 위반 여부(법 제9조)

---

66) "계약을 체결하는 행위자가 타인의 이름으로 법률행위를 한 경우에 행위자 또는 명의인 가운데 누구를 계약의 당사자로 볼 것인가에 관하여는, <u>우선 행위자와 상대방의 의사가 일치한 경우에는 그 **일치한 의사대로** 행위자 또는 명의인을 계약의 당사자로 확정해야 하고</u>(자연적 해석-저자 註), 행위자와 상대방의 의사가 일치하지 않는 경우에는 그 계약의 성질·내용·목적·체결 경위 등 그 계약 체결 전후의 구체적인 제반 사정을 토대로 <u>상대방이 합리적인 사람이라면 행위자와 명의자 중 **누구를 계약 당사자로 이해할 것인가**에 의하여 당사자를 결정</u>(규범적 해석-저자 註)하여야 한다(대법원 1998.03.13. 선고, 97다22089 판결)."

4) 가맹계약서 사전 제공 여부(법 제11조)

(3) 위반시 효과

  1) 가맹계약의 무효·취소에 따른 효과

    ① **부당이득 반환**(민법 제741조, 제748조)

      가) 부당이득반환청구권의 행사(원상회복청구, 동시이행의 항변권)

      나) 부당이득반환범위 확정(가맹금 등 - 반환범위 판단 필요!)

    ② **손해발생에 따른 손해 전보**

      가) 계약체결상의 과실책임(민법 제535조 유추적용의 문제)

      나) 불법행위책임(민법 제750조)

  2) 가맹계약에 특수한 유효요건 위반에 따른 효과

    ① 행정적 제재 : 시정조치·시정권고 + 과징금(관련 매출액의 2/100 이내)

    ② 형사적 제재 : 해당시 양벌규정/전속고발(함께 기술할 것)

    ③ 민사적 제재 : 손해배상(단, 제9조 위반시는 '징벌적 손해배상')

4. 가맹계약의 이행단계에서의 하자 검토

(1) 귀책사유가 있는 경우

  1) 가맹본부의 위반행위

    ① **불공정거래행위(법 제12조)**

    ② **새로운 유형의 불공정거래행위(법 제12조의2 내지 제12조의5)**

    ③ **광고·판촉행사 실시시 준수사항 위반(법 제12조의6)**

  2) 위반시 책임

    ① 행정적 제재 : 시정조치·시정권고 + 과징금(관련 매출액의 2/100 이내)

    ② 형사적 제재 : 시정조치명령 위반시 3년 이하 징역 또는 1억원 이하 벌금/양벌규정/전속고발[단, 법 제12조의5(보복조치의 금지) 위반시는 시정조치명령 없이 바로 형사적 제재 가능]

    ③ 민사적 제재

      가) 계약의 해지 및 이에 따른 원상회복(상호 청산)

      나) 계약위반(채무불이행 또는 불법행위)에 기한 손해배상[단, 법 제12조 제1항 제1호(거래거절) 및 제12조의5(보복조치의 금지) 위반시에는 '징벌적 손해배상']

(2) 귀책사유가 없는 경우

쌍무계약시 (대가)위험부담의 문제(민법 제537조, 제538조)

5. 가맹계약 종료에 따른 하자 검토

(1) 하자(위반)의 종류

  1) 가맹계약의 갱신(법 제13조)

  2) 가맹계약의 해지(법 제14조)

(2) 위반시 책임

불공정거래행위 중 거래거절(**부당한 계약갱신 거절** 또는 **부당한 계약해지**)에 해당

6. 위반행위 발생시 공정거래위원회(또는 가맹점사업자)의 조치

(1) 행정적 제재

  1) 시정조치·시정권고 + 과징금(관련 매출액의 2/100 이내)

  2) 과태료(5,000만원/1,000만원/300만원)

(2) 형사적 제재

행정형벌/양벌규정/전속고발

(3) 민사적 제재

  1) 손해배상청구권(또는 징벌적 손해배상청구권)

  2) 가맹금의 반환(법 제10조 제1항)

  정보공개서 제공의무 위반시(법 제7조 제3항 위반), 허위·과장된 정보제공행위 금지
  의무 위반시(제9조 제1항 위반), 가맹사업의 일방적 중단시

구조 2   계약 체결 단계에서의 당사자 일방의 책임

◈ **계약 체결상의 과실책임과 관련한 계약교섭의 부당파기 사례구조**

1. 계약 성립 유무
   - 결론은 계약 체결 前(계약 체결의 준비 단계)
2. 계약체결상의 과실책임과 관련한 법적 성질론
   - **불법행위책임**(판례)
3. 불법행위책임(민법 제750조)의 요건 검토
4. 손해배상의 범위 확정
   - **신뢰이익의 배상**, 위자료 청구권

1. 계약체결상의 과실책임

[민법]

제535조(계약체결상의 과실) ① 목적이 불능한 계약을 체결할 때에 그 불능을 알았거나 알 수 있었을 자는 상대방이 그 계약의 유효를 믿었음으로 인하여 받은 손해를 배상하여야 한다. 그러나 그 배상액은 계약이 유효함으로 인하여 생길 이익액을 넘지 못한다.

② 전항의 규정은 상대방이 그 불능을 알았거나 알 수 있었을 경우에는 적용하지 아니한다.

(1) 의의

계약 성립과정에서 당사자의 일방이 그에게 책임 있는 사유로 상대방에게 손해를 준 때에 부담하여야 할 배상책임

(2) 법적성질

학설은 대립하고 있으나(채무불이행책임설 vs. 불법행위책임설), 판례는 계약이 무효가 된 경우 이를 불법행위규정에 의하여 해결하고 있는 것으로 보아, 계약체결상의 과실책임의 법적성질을 불법행위책임으로 보는 듯 함.

(3) 요건

1) **외견상 계약체결행위**가 있었을 것
2) **원시적·객관적·전부 불능**일 것
3) 계약체결 행위시 불능사실에 대한 **급부채무자의 악의·과실**이 있었을 것
4) 계약의 무효로 인하여 **상대방이 손해**를 입었을 것
5) 계약체결시 **상대방은 선의·무과실**일 것

(4) 효과

상대방이 그 계약의 유효를 믿었음으로 인하여 받은 손해를 배상하여야 함(**신뢰손해의 배상** - 계약비용, 계약준비를 위한 비용, 기대이익 등). 그러나 그 배상액은 계약이 유효함으로 인하여 생길 이익액(이행이익)을 넘지 못함.

2. 확대적용의 문제 - 계약교섭의 부당파기

(1) 확대적용 여부

1) 문제점

계약체결 전 당사자 일방이 상대방의 신뢰에 반하여 부당하게 계약을 파기한 경우, 민법 제535조를 유추적용할 것인가, 아니면 계약 체결 전이므로 불법행위책임을 물을 것인가의 문제가 있음.

2) 학설 및 판례

학설은 대립하나, 판례는 "어느 일방이 교섭단계에서 계약이 확실하게 체결되리라는 정당한 기대 내지 신뢰를 부여하여 상대방이 그 신뢰에 따라 행동하였음에도 상당한 이유 없이 계약의 체결을 거부하여 손해를 입혔다면 이는 <u>신의성실의 원칙에 비추어 볼 때 계약자유원칙의 한계를 넘는 위법한 행위로서 **불법행위**를 구성한다.</u>"라고 하여, 불법행위책임으로 판단하고 있음.

3) 검토

민법은 제750조를 별도의 규정으로 두고 있고 계약이 성립되기 전임에 비추어, 불법행위책임으로 보는 것이 타당함.

(2) 계약교섭단계에서의 불법행위책임(민법 제750조) 성립요건(판례)

1) 계약교섭단계에서 상대방에게 계약이 체결될 것이라는 **정당한 신뢰** 부여

2) 상대방이 그 **신뢰에 따른 행동**을 하였을 것

3) 정당한 이유 없이 **계약을 체결할 것을 거부**할 것

(3) 손해배상의 범위

1) 신뢰손해

계약이 유효하게 체결된다고 믿었던 것에 의하여 입었던 손해(신뢰손해)에 한정됨[67]

2) 위자료 청구권

타인의 신체, 자유 또는 명예를 해하거나 기타 정신상 고통을 가한 자는 재산 이외의 손해에 대하여도 배상할 책임을 부담함(민법 제751조 제1항).[68]

67) "계약교섭의 부당한 중도파기가 불법행위를 구성하는 경우 그러한 불법행위로 인한 손해는 일방이 <u>신의</u> <u>에 반하여 상당한 이유 없이 계약교섭을 파기함으로써 계약체결을 신뢰한 상대방이 입게 된 상당인과관계 있</u> <u>는 손해로서 계약이 유효하게 체결된다고 믿었던 것에 의하여 입었던 손해 즉 **신뢰손해**에 한정된다고 할 것이</u> 고, 이러한 신뢰손해란 예컨대, <u>그 계약의 성립을 기대하고 지출한 계약준비비용과 같이 **그러한 신뢰가 없었**</u> **더라면 통상 지출하지 아니하였을 비용상당의 손해**라고 할 것이며, 아직 계약체결에 관한 확고한 신뢰가 부여 되기 이전 상태에서 계약교섭의 당사자가 계약체결이 좌절되더라도 어쩔 수 없다고 생각하고 지출한 비용, 예 컨대 경쟁입찰에 참가하기 위하여 지출한 제안서, 견적서 작성비용 등은 여기에 포함되지 아니한다."(대법원 2003.04.11. 선고, 2001다53059 판결 등)

68) "침해행위와 피해법익의 유형에 따라서는 계약교섭의 파기로 인한 불법행위가 인격적 법익을 침해함으 써 상대방에게 정신적 고통을 초래하였다고 인정되는 경우라면 그러한 정신적 고통에 대한 손해에 대하여는 별도로 배상을 구할 수 있다."(대법원 2003.04.11. 선고, 2001다53059 판결 등)

'K커피'라는 영업표지를 가진 가맹본부 甲은 'K커피'의 추출에 대한 특별한 노하우를 갖게 된 것으로 믿고, 乙에게 'K커피'에 관하여 가맹점사업을 제안하였다. 이에 甲의 제안을 믿고, 그 믿음에 과실이 없는 가맹점사업자 乙은 甲과 가맹계약을 체결하고, 甲의 노하우 등을 지원받았다. 다음 물음에 답하시오.(50점)

참고 아래 물음 1), 물음 2)는 별개의 독립된 문제임

(1) 가맹점사업자 乙은 'K커피'의 판매를 시작하였는데, 甲이 노하우라고 주장하는 'K커피'의 추출방법은 가맹계약의 체결 당시 널리 사용되고 있던 것으로, 이로 인해 가맹계약의 목적달성이 계약체결 당시부터 전부 불가능한 것이었음이 확인되었다. 또한 甲이 조금만 주의하여 확인하였더라면 위와 같은 가맹계약의 목적달성이 불가능함을 알 수 있었던 것으로 밝혀졌다. 가맹계약의 목적달성 불능으로 인해 乙이 가맹계약의 체결을 위하여 준비하는데 지출한 비용 5백만 원, 가맹계약이 정상적으로 이행되었더라면 乙이 얻었을 이익을 얻지 못하게 된 손해 3천만 원, 다른 가맹본부 丙으로부터 甲보다 더 유리한 제안을 받고도 甲과의 계약을 준수하기 위해 이를 거절함으로 생긴 손해 3천만 원이 乙에게 발생하였다. 乙은 甲을 상대로 계약체결상의 과실책임에 기하여, 위 각 손해에 대한 배상을 청구하고자 한다. 乙이 주장하는 계약체결상의 과실책임의 의의와 그 책임이 성립하는지 여부 및 위 각 손해가 계약체결상의 과실책임의 손해배상 범위에 포함되는지에 관하여 설명하시오.(20점)

(2) 가맹점사업자인 乙은 가맹본부 甲과의 가맹계약에서 정한 교육을 여러 차례 받지 않고, 자신의 동생이 경영하는 커피점에서 甲으로부터 공급받은 커피원두와 甲의 상표가 표기된 종이컵을 비롯한 부자재를 사용하여 가맹계약을 위반하였다. 이에 甲은 乙에게 구두로 시정하도록 주의를 주었음에도 乙은 시정을 하지 않았다. 甲은 2019년 3월 2일 乙에게 4월 15일자로 가맹계약을 해지한다고 서면으로 통보하였다. 이때, 甲의 해지권 행사가 적법한지를 설명하시오.(20점)

[답안 예시]

Ⅰ. 물음(1)의 해결

1. 문제의 소재

2. 계약체결상의 과실책임의 성립여부

   (1) 의의 및 문제점– 민법 제535조 적용

   (2) 법적성질

   (3) 성립요건

   (4) 사안의 경우

   가맹계약의 목적은 처음부터 전부 불능이었고 이를 믿은 을은 선의·무과실이었으므로 정당한 신뢰를 가졌으며, 갑에게는 전부 불능사실에 관한 과실이 있었다. 따라서 갑은 해당 불능사실에 관한 계약체결상의 과실책임을 부담한다.

3. 갑이 을에게 부담하여야 하는 손해배상의 범위

   (1) 신뢰이익의 손해(신뢰손해)

   (2) 사안의 경우

   을은 가맹계약이 유효함을 믿고 준비비용으로 5백만원을 지출하였고(적극적 손해), 이를 믿음으로써 다른 가맹본부 병으로부터 받은 제안을 거절하게 되어 3천만원의 손해를 입게 되었다(소극적 손해). 따라서 을의 신뢰손해는 3천 5백만원이다. 단, 신뢰이익은 이행이익을 초과하지 못하는데, 본 사안에서 이행이익은 가맹계약이 정상적으로 이행되었더라면 을이 얻었을 이익(일실이익)인 3천만원이므로, 결국 갑은 을에 대하여 3천만원의 배상책임을 부담해야 할 것으로 판단된다.

4. 사안의 해결

   갑은 을에 대하여 계약체결상의 과실책임으로서 불법행위책임을 부담하여야 하고, 그로 인한 손해배상금액은 3천만원으로 판단된다.

Ⅱ. 물음(2)의 해결

1. 문제의 소재

2. 가맹계약의 즉시해지가 가능한지 여부

   (1) 가맹계약의 즉시해지 사유

   (2) 사안의 경우

을은 가맹계약을 위반하였지만, 해당 사실은 가맹계약의 즉시해지 사유에는 해당하지 아니한다. 따라서, 갑이 가맹계약을 적법하게 해지하기 위하여는 가맹계약법 상의 절차적 요건을 준수하여야 한다.

3. 가맹계약의 해지요건를 준수하였는지 여부

(1) 가맹계약 해지의 절차적 제한(요건)

(2) 사안의 경우

갑이 가맹계약을 적법하게 해지하기 위해서는 을에 대하여 서면으로 2회 이상 최고하여야 하고, 해지시에도 2개월 이상의 유예기간을 두어야 한다. 하지만 갑은 을에게 구두로 계약위반 사항을 시정하도록 주의를 주었을 뿐만 아니라 그 횟수도 1회에 불과하였고, 2019년 3월 2일에 4월 15일자로 가맹계약을 해지한다고 통보하였으므로 2개월의 유예기간도 준수하지 아니하였다. 따라서, 갑은 가맹계약의 해지요건을 준수하지 못하였다고 판단된다.

4. 사안의 해결

을은 가맹계약을 위반하였지만 즉시해지 사유에는 해당하지 아니하므로 갑이 가맹계약을 해지하기 위해서는 절차적 요건을 준수하여야 하는데, 갑은 이를 미준수하였으므로 갑의 해지권 행사는 부적법하다고 판단된다.

1. 청약과 승낙

[민법]

제527조(계약의 청약의 구속력) 계약의 청약은 이를 철회하지 못한다.

(1) **청약** : 계약을 체결할 것을 제의하는 상대방 있는 의사표시. **구체적, 확정적 의사표시**여야 하므로, 계약의 내용을 결정할 수 있을 정도의 사항을 포함해야 함. 만약 타인으로 하여금 청약을 하게 하려는 정도에 그친다면 '청약의 유인'에 해당함.

(2) **청약의 구속력** : 청약이 그 효력을 발생한 때에는 청약자가 임의로 철회하지 못함 (민법 제527조).

(3) **승낙** : 계약을 성립시킬 목적으로 **청약에 응하는** 의사표시

심화학습　모집광고 행위와 허위·과장의 정보 등의 제공금지

1. 문제의 소재

허위·과장의 정보제공 등의 금지를 규정하고 있는 가맹사업법 제9조가 가맹계약이 성립되지 아니한 모집광고의 단계에서도 적용되어 이를 위반한 가맹본부에 대하여 가맹사업법 상의 제재를 가할 수 있는지 문제됨.

2. 모집광고 행위의 법적성질

일반적인 경우 가맹본부의 모집, 광고 행위는 잠재적 가맹희망자에 자기의 영업표지를 환기시킴을 목적으로 하는 **청약의 유인**. 단, 그 내용이 거래조건의 구체적내용 등을 담고 있어 구속력이 인정되는 경우는 **청약**.

참고　'청약'과 '청약의 유인' 구별에 관한 기타 예시

예시) 구인광고(회사) ^{청약의 유인} → 지원서 제출(구직자) ^{청약} → 합격통보(회사) ^{승낙} ☞ 고용계약 ^{계약의 성립}

3. 가맹사업법상의 규정

가맹사업법 제9조는, 가맹본부는 가맹점사업자 뿐만이 아니라 가맹희망자에게도 허위·과장된 정보 또는 기만적인 정보를 제공하여서는 아니된다고 규정하고 있음.

4. 검토

가맹사업법 제9조의 규정 취지는 불합리한 판단으로 인한 가맹점사업자 및 가

맹희망자의 불측의 손해를 예방코자 하는 데 있으므로, 정보공개서 뿐만 아니라 제공되는 모든 정보에 대하여 가맹사업법상의 규정이 적용된다고 보는 것이 타당한 바, 모집광고의 단계에서도 가맹사업법은 적용된다고 할 것임.

2. 계약의 성립요건

(1) 의사의 합치 : 청약과 승낙의 합치(**명시적 또는 묵시적 합의**)[69]

(2) 의사합치의 정도 : 계약의 **본질적인 사항**이나 **중요 사항**에 관하여 구체적으로 의사합치가 있거나 적어도 장래 **구체적으로 특정할 수 있는 기준과 방법** 등에 관한 합의가 있어야 함.

3. 계약의 성립시기

[민법]

제111조(의사표시의 효력발생시기) ① 상대방이 있는 의사표시는 상대방에게 도달한 때에 그 효력이 생긴다.

제531조(격지자간의 계약성립시기) 격지자간의 계약은 승낙의 통지를 발송한 때에 성립한다.

(1) 대화자 간의 계약성립시기 : 승낙의 의사표시가 '**도달**'한 때 성립함(도달주의/민법 제111조 제1항).

(2) 격지자 간의 계약성립시기 : 승낙의 통지를 '**발송**'한 때 성립함(발신주의/민법 제531조)[70]

---

69) "일반적으로 계약이 성립하기 위하여는 청약과 승낙이라는 서로 대립하는 의사표시가 합치하여야 하지만, 그러한 의사표시가 명시적이어야 할 필요는 없고 묵시적으로도 이루어질 수 있다(대법원 2011. 9. 29. 선고 2011다30765 판결 등 참조). 가맹계약의 경우 가맹본부는 가맹사업에 관한 시스템을 개발·구축하고 가맹점 운영에 관한 축적된 경험을 가지고 있어 정보력이나 교섭력 면에서 가맹점사업자에 비해 상당한 우위에 있는 경우가 많다. 또 통상적으로 가맹계약은 **가맹본부가 미리 마련해둔 약관 형태의 가맹계약서**를 이용하여 체결되므로, 가맹본부에게는 그 과정에서 위와 같은 정보력과 교섭력을 이용하여 가맹계약 내용을 미리 준비하고 자신에게 유리한 내용을 가맹계약서에 명시함으로써 그와 관련된 불확실성을 미리 제거할 충분한 기회도 있다. 한편 가맹사업법은 가맹본부로 하여금 가맹희망자에게 **가맹계약 체결 전에 영업표지의 사용권 부여에 관한 사항, 가맹금 등의 지급에 관한 사항 등 계약의 주요 내용이 적힌 가맹계약서를 교부**하도록 하고 있고(제11조 제1항, 제2항), 이를 위반한 가맹본부에 대해서는 공정거래위원회가 위반행위 시정에 필요한 조치를 명하거나 과징금을 부과할 수 있다고 규정하고 있다(제33조 제1항, 제35조 제1항). 이러한 사정 등을 종합하

◈ **이행보조자가 채무를 이행하지 않은 경우의 사례구조**

1. 제3자의 지위 확정

– 제3자(종업원 등)가 가맹점사업자의 이행보조자인지 여부(결론 : O)

참고　만약 이행보조자에 해당하지 아니한다고 판단되면, 이는 계약당사자의 확정문제로서 그 '제3자'는 이행보조자가 아닌 독립적인 계약주체가 되어 상대방에 대한 직접적인 계약상 의무를 부담하게 된다는 점에 유의한다.

2. 채무자의 채권자에 대한 책임

– **채무불이행책임**(민법 제391조), 불법행위책임(민법 제750조)

3. 이행보조자의 책임

(1) 채권자에 대한 책임 : **불법행위책임**(민법 제750조)

(2) 채무자에 대한 책임 : **채무불이행책임**(민법 제390조)

4. 채무자와 이행보조자의 채권자에 대한 책임의 관계 – **부진정연대채무**

1. 이행보조자

[민법]

제391조(이행보조자의 고의, 과실) 채무자의 법정대리인이 채무자를 위하여 이행하거나 채무자가 타인을 사용하여 이행하는 경우에는 법정대리인 또는 피용자의 고의나 과실은 채무자의 고의나 과실로 본다.

(1) 의의

채무자의 의사 관여 아래 그 채무의 **이행행위에 속하는 활동**을 하는 사람[71]

면, 가맹계약에 관하여 가맹본부와 가맹점사업자 사이에 **가맹점사업자에게 불리한 내용의 묵시적 합의가 성립**된 사실을 인정하려면 가맹본부와 가맹점사업자의 사회·경제적 지위, 가맹계약 체결 경위와 전체적인 내용, 가맹점사업자에게 그와 같은 묵시적 합의 체결의 의사를 표시할 수 있을 정도로 충분한 정보가 제공되었는지 여부, 가맹본부가 법적 불확실성이나 과징금 부과 등의 불이익을 무릅쓰면서까지 합의 내용을 가맹계약서에 명시하지 않을 특별한 사정이 있는지 여부, 그와 같은 계약 내용으로 인하여 가맹점사업자가 입는 불이익의 정도, 거래 관행 등을 종합적으로 고려하여 신중하게 판단하여야 한다."(대법원 2018.06.15. 선고 2017다248803, 248810 판결)

70)　학설의 대립은 있으나, 통설은 승낙의 통지가 발송된 때에 계약은 성립하고, 다만 청약의 존속기간(승낙적격) 내 그 승낙이 청약자에게 도달하지 아니한 경우 발송시로 소급하여 계약이 성립하지 아니한 것으로 본다(해제조건설).

(2) '이행행위에 속하는 활동'의 판단기준

이행보조자의 행위가 채무자의 채무와 **객관적·외형적 관련성**이 있어야 함.

2. 채무자와 이행보조자의 채권자에 대한 책임의 관계

(1) 문제점

채무자는 채권자에 대하여 채무불이행 및 불법행위의 책임을 부담하고, 이행보조자는 채권자에 대하여 불법행위책임을 부담하게 되는 바, 이 때 채무자와 이행보조자 간 책임의 법적관계가 문제됨.

(2) 판례의 태도

판례는 "채무자의 채무불이행책임과 이행보조자의 불법행위책임은 동일한 사실관계에 기한것으로 **부진정연대채무관계**에 있다."고 판시하고 있음.[72]

참고 연대채무와 부진정연대채무의 비교[73]

구분	연대채무	부진정연대채무
의의	수인의 채무자가 각자 채무전부를 이행할 의무를 부담하되, 채무자 1인의 이행으로 다른 채무자도 그 의무를 면하게 되는 다수당사자의 채무관계	연대채무자의 의사와 관계없이 우연히 발생한 채무로서, '동일한 사실관계'에 기한 손해를 수인이 각자의 입장에서 전보해 주어야 할 의무를 부담하는 경우에 발생하는 채무관계
주관적 공동관계	있음	없음
내부 부담부분	존재(민법 제425조) → 출재시 구상권 발생(하지만 출재액이 자신의 내부부담부분을 초과할 필요는 없음)	부존재 → 출재시 구상권 발생 X(단, 판례는 형평의 관점에서 공동불법행위 등 일정한 경우 예외적으로 구상권 인정. 하지만 이 경우 출재액이 내부부담부분을 초과하여야 함)
예시	공동임차인의 의무(민법 제654조) 등	채무자와 이행보조자 간 채무(민법 제391조), 공동불법행위자 간 채무(민법 제760조), 사용자와 피용자 간 채무(민법 제756조) 등

71) ① "이행보조자는 **채무자의 의사 관여 아래 채무이행행위에 속하는 활동**을 하는 사람이면 족하고 반드시 채무자의 지시 또는 감독을 받는 관계에 있어야 하는 것은 아니므로, 그가 채무자에 대하여 종속적 또는 독립적인 지위에 있는가는 문제되지 않으며, 이행보조자가 채무의 이행을 위하여 제3자를 복이행보조자로서 사용하는 경우에도 채무자가 이를 승낙하였거나 적어도 묵시적으로 동의한 경우에는 채무자는 복이행보조자의 고의·과실에 관하여 민법 제391조에 의하여 책임을 부담한다."(대법원 2011.05.26. 선고, 2011다1330 판결)
② **"[가맹본부인 갑 회사가 을 회사와, 을 회사가 직접 갑 회사의 지사 또는 가맹점으로부터 주문을 받고, 갑 회사가 선정한 병 주식회사 등 식자재 제조·생산업체로부터 식자재를 납품받아 갑 회사의 지사 또는 가맹점에 운송하며, 물품대금을 을 회사가 자신의 책임으로 직접 갑 회사의 지사 또는 가맹점으로부터 회수한 후 판매이익의 일정 비율을 갑 회사에 수수료로 지급하기로 하는 내용의 계약을 체결하였는데, 병 회사가 갑 회사의 이행보조자인 을 회사를 통해 갑 회사의 지사 또는 가맹점에 식자재를 납품하였다며 갑 회사를 상대로 미지급 물품대금의 지급을 구한 사안]** 가맹사업거래의 공정화에 관한 법률은 가맹사업의 특수성을 고려하여, 일정한 경우에는 가맹본부가 가맹점에게 원재료 또는 부재료를 특정한 거래상대방(가맹본부 포함)과 거래하도록 강제하는 것을 허용하고 있는데, 그러한 사정만으로 가맹본부가 그 공급거래의 당사자가 되거나 공급거래 자체에 따른 어떠한 책임을 부담하게 되는 것은 아니다. 나아가 가맹본부는 각 원재료나 부재료 별로 공급업체를 일일이 지정하여 가맹점과 직접 거래하도록 하는 것은 비효율적일 수 있으므로, 중간 공급업체를 지정하여 그 업체로 하여금 각 재료별 공급업체로부터 재료를 공급받아 가맹점과 거래하도록 하는 경우가 있다. 이 경우 가맹본부는 품질기준의 유지를 위해 중간 공급업체로 하여금 가맹본부가 지정한 업체로부터만 재료를 공급받도록 정할 수 있을 것인데, 이처럼 가맹본부가 각 재료 공급업체의 지정에 관여하였다고 하더라도 그러한 사정만으로 가맹본부와 각 재료 공급업체를 그 공급거래의 당사자라고 단정할 만한 전형적 징표라고 보기도 어렵다[☞ 을 회사는 단순히 갑 회사의 배송 및 수금업무를 대행한 자가 아니라 가맹본부인 갑 회사의 중간 공급업체로서 갑 회사가 선정한 식자재 제조·생산업체인 병 회사와 직접 납품계약을 체결한다는 의사로 식자재를 납품받아 그 명의로 대금을 결제하여 왔고, 병 회사 역시 납품계약의 상대방을 을 회사로 인식하였으므로, 을은 단순히 갑의 이행보조자가 아니라 독립적인 계약주체인 바, 병에 대한 물품대금의 지급채무는 갑이 아닌 을에게 있다는 판례(저자 註)]."(대법원 2018.01.25. 선고, 2016다238212 판결)

72) "피용자와 제3자가 공동불법행위로 피해자에게 손해를 가하여 그 손해배상채무를 부담하는 경우에 피용자와 제3자는 공동불법행위자로서 서로 부진정연대관계에 있고, 한편 사용자의 손해배상책임은 피용자의 배상책임에 대한 대체적 책임이어서 사용자도 제3자와 **부진정연대관계**에 있다고 보아야 할 것이므로, 사용자가 피용자와 제3자의 책임비율에 의하여 정해진 **피용자의 부담부분을 초과하여 피해자에게 손해를 배상한 경우**에는 사용자는 제3자에 대하여도 **구상권**을 행사할 수 있으며, 그 구상의 범위는 제3자의 부담부분에 국한된다고 보는 것이 타당하다."(대법원 1992.06.23. 선고, 91다33070 전원합의체 판결)

73) 부진정연대채무에 관한 자세한 내용은 [구조 9] '심화학습' 참고.

☞ **[사례예시]** 가맹본부 갑이 가맹점사업자 을과 적법하게 가맹계약을 체결하였고, 갑은 을에 대하여 가맹계약서에 기재된 물품을 제공하는 대신, 을로부터 우선 해당 물품대금의 일부를 지급받고(1차 대금) 그로부터 보름 후 잔금(2차 대금)을 지급받음과 동시에 물품을 일시에 납품받기로 약정하였다. 그런데 갑은 아무런 이유 없이 을의 최초 물품대금의 수령을 여러 차례 거절하였다. 이 경우, 가맹점사업자의 구제수단은 무엇인가?[74]

◈ **이행거절 및 채권자지체에 따른 효과와 관련한 사례구조**

1. 채권자의 채권자지체 성립여부

    (1) 채무자의 변제제공 여부(민법 제460조)

    (2) 채권자지체의 성부(민법 제400조)

        – 법적성질 및 요건

    (3) 채권자지체의 효과

        – 민법 제401조 내지 제403조

        – 계약해제·해지권 및 손해배상(?) [*법적성질론과 연관]

2. 채무자의 이행기 전 이행거절 성립여부

    (1) 채무자의 행위가 이행거절로 인정될 수 있는지 여부

    (2) 이행거절의 독자성 인정여부(민법 제390조 관련)

    (3) 이행거절의 효과

        – 계약·해제해지권 및 손해배상청구권

1. 채권자지체(수령지체)

[민법]

제400조(채권자지체) 채권자가 이행을 받을 수 없거나 받지 아니한 때에는 이행의 제공있는 때로부터 지체책임이 있다.

제401조(채권자지체와 채무자의 책임) 채권자지체 중에는 채무자는 고의 또는 중대한 과실이 없으면 불이행으로 인한 모든 책임이 없다.

제402조(동전) 채권자지체 중에는 이자있는 채권이라도 채무자는 이자를 지급할 의무가 없다.

제403조(채권자지체와 채권자의 책임) 채권자지체로 인하여 그 목적물의 보관 또는 변제의 비용이 증가된 때에는 그 증가액은 채권자의 부담으로 한다.

(1) 법적성질

1) 학설의 대립[75]

① 채무불이행책임설 : 채권관계에 있어서 채권자와 채무자는 공동의 목적을 향하여 서로 협력하여야 할 일종의 협동체를 이루는 것이므로, 채권자에게도 신의칙이 요구하는 정도의 법률상의 협력의무를 인정하여야 한다는 전제 하에, 채권자지체는 채권자의 협력의무의 불이행책임이라는 견해

② 법정책임설 : 권리절대의 사상 위에 서 있는 민법의 체계 하에서, 채권자는 관습 또는 특약에 기하는 경우 이외에는 수령의무가 없으므로, 민법이 규정하는 채권자의 수령지체책임은 신의칙에 의한 법정책임에 불과하다는 견해

③ 절충설 : 매매, 도급, 임치의 세 경우에는 채권자(매수인, 도급인, 임치인)의 수령의무가 있으므로 이를 위반한 때에는 채무불이행이 되나, 그 밖의 경우에는 채권자에게 수령의무가 없으므로 채권자지체책임은 법정책임이라는 견해

2) 판례의 태도

명확하지는 않지만, 최근 판례는 특별한 사정이 없는 한 채권자지체의 이유만으로는 원칙적으로 계약을 해제할 수 없다고 판시하고 있음.[76]

3) 검토

채권자지체의 효과가 민법 제401조 내지 제403조에 별도로 규정되어 있는 점을 고려할 때, **법정책임설**이 타당함.

(2) 성립요건(법정책임설)

1) 채무의 이행에 **채권자의 수령 또는 협력**이 필요할 것

2) 채무의 내용에 좇은 **이행의 제공**이 있을 것

3) 채권자의 **수령거절 또는 수령불능**이 있을 것

(3) 채권자지체의 효과

1) 채무자의 주의의무 경감

채권자지체가 성립한 이후에는 채무자는 **고의 또는 중대한 과실**이 없으면 불이행으로 인한 모든 책임이 없음(민법 제401조).

2) 이자의 발생정지와 증가비용의 부담

이자있는 채권이라도 채무자는 이자를 지급할 의무가 없고, 목적물의 보관 또는 변제의 비용이 증가된 때에는 그 증가액은 채권자의 부담으로 함(민법 제402조, 제403조)

3) 위험부담의 이전[77)]

쌍무계약에 있어 채권자지체 중 당사자 쌍방의 귀책사유 없이 급부가 불능이 된 때, 채무자는 급부의무를 면하고 반대급부청구권을 상실하지 아니함(민법 제538조 제1항 후단).

2. 이행거절

[민법]

제390조(채무불이행과 손해배상) 채무자가 채무의 내용에 좇은 이행을 하지 아니한 때에는 채권자는 손해배상을 청구할 수 있다. 그러나 채무자의 고의나 과실없이 이행할 수 없게 된 때에는 그러하지 아니하다.

제544조(이행지체와 해제) 당사자 일방이 그 채무를 이행하지 아니하는 때에는 상대방은 상당한 기간을 정하여 그 이행을 최고하고 그 기간내에 이행하지 아니한 때에는 계약을 해제할 수 있다. 그러나 채무자가 미리 이행하지 아니할 의사를 표시한 경우에는 최고를 요하지 아니한다.

---

74) 하기의 민법상 구제수단 외에도, 가맹사업법 상 **불공정거래행위 중 거래거절(영업지원 등의 거절)**에도 해당할 수 있음에 유의한다. 또한 만약 반대의 경우, 즉 가맹본부가 가맹점사업자와의 계약을 해지하고자 하는 경우에는 '즉시해지사유가 없는 한' 언제나 절차상 제한(2회 이상/2개월 이상)을 준수하여야 한다.

75) 본 학설 대립의 실익은, 채권자지체 발생시 그 효과가 민법 제401조 내지 403조의 그것에 그치느냐 아니면 그 채권자가 채무불이행책임까지도 부담하느냐에 있다. 만일에 채권자에게 수령의무 내지는 협력의무가 있다고 한다면 채권자지체는 채무불이행을 구성하여 채권자는 계약해제·해지 및 손해배상책임까지 부담하게 되지만(또한, 채권자지체가 채무불이행책임이라면 그 성립에 있어 채권자의 귀책사유까지 요하게 됨), 반대로 그러한 의무를 부담하지 않는다면 민법이 특별히 규정하는 제401조 내지 제403조의 책임만을 부담하는 결과가 된다.

76) "민법은 채권자지체의 효과로서 채권자지체 중에는 채무자는 고의 또는 중대한 과실이 없으면 불이행으로 인한 모든 책임이 없고(제401조), 이자 있는 채권이라도 채무자는 이자를 지급할 의무가 없으며(제402조), 채권자지체로 인하여 그 목적물의 보관 또는 변제의 비용이 증가된 때에는 그 증가액은 채권자가 부담하는 것으로 정한다(제403조). 나아가 채권자의 수령지체 중에 당사자 쌍방의 책임 없는 사유로 채무를 이행할 수 없게 된 때에는 채무자는 상대방의 이행을 청구할 수 있다(제538조 제1항). 이와 같은 규정 내용과 체계에 비추어 보면, 채권자지체가 성립하는 경우 그 효과로서 원칙적으로 채권자에게 민법 규정에 따른 일정한 책임이 인정되는 것 외에, 채무자가 채권자에 대하여 일반적인 채무불이행책임과 마찬가지로 손해배상이나 계약 해제를 주장할 수는 없다. 그러나 계약 당사자가 명시적·묵시적으로 채권자에게 급부를 수령할 의무 또는 채무자의 급부 이행에 협력할 의무가 있다고 약정한 경우, 또는 구체적 사안에서 신의칙상 채권자에게 위와 같은 수령의무나 협력의무가 있다고 볼 특별한 사정이 있다고 인정되는 경우에는 그러한 의무 위반에 대한 책임이 발생할 수 있다. 그 중 신의칙상 채권자에게 급부를 수령할 의무나 급부 이행에 협력할 의무가 있다고 볼 특별한 사정이 있는지는 추상적·일반적으로 판단할 것이 아니라 구체적 사안에서 계약의 목적과 내용, 급부의 성질, 거래 관행, 객관적·외부적으로 표명된 계약 당사자의 의사, 계약 체결의 경위와 이행 상황, 급부의 이행 과정에서 채권자의 수령이나 협력이 차지하는 비중 등을 종합적으로 고려해서 개별적으로 판단해야 한다. 이와 같이 채권자에게 계약상 의무로서 수령의무나 협력의무가 인정되는 경우, 그 수령의무나 협력의무가 이행되지 않으면 계약 목적을 달성할 수 없거나 채무자에게 계약의 유지를 더 이상 기대할 수 없다고 볼 수 있는 때에는 채무자는 수령의무나 협력의무 위반을 이유로 계약을 해제할 수 있다."(대법원 2021.10.28 선고, 2019다293036 판결)

77) 자세한 내용은 [구조 6] 참고.

(1) 문제점

이행거절이란, 채무자가 자신의 채무를 이행할 뜻이 없음을 명백하고도 종국적으로 밝히는 것으로서, 채권자로 하여금 채무자의 임의의 이행을 더 이상 기대할 수 없게 하는 경우를 말함. 이러한 이행거절을 이행지체, 이행불능, 불완전이행 외 독자적인 채무불이행의 한 유형으로 보아야 하는지에 관하여 견해 대립이 있음.

(2) 이행거절의 독자성 인정여부

학설은 대립하나[78], 판례는 **"채무자가 채무를 이행하지 아니할 의사를 명백히 표시한 경우**에 채권자는 신의성실의 원칙상 이행기 전이라도 이행의 최고 없이 채무자의 이행거절을 이유로 계약을 해제하거나 채무자를 상대로 손해배상을 청구할 수 있지만, 이러한 <u>이행거절이라는 채무불이행이 인정되기 위해서는 채무를 이행하지 아니할 채무자의 명백한 의사표시가 위법한 것으로 평가되어야 한다.</u>"고 하여, 해석상 이행거절이 독자적 유형으로 인정될 수 있는 여지를 남기고 있음.

(3) 요건

   ① 채무의 **이행이 가능함에도 이행을 거절**할 것

   ② **주된 급부의무**의 이행거절일 것

   ③ **진지하고 종국적인** 거절의 의사일 것

   ④ 이행거절이 **위법**할 것

(4) 이행거절의 효과

   1) 계약해제(해지)권 및 손해배상청구권 발생

   2) 채무자의 채무불이행책임 면제

   판례에 따르면 명백한 이행거절의 경우, 민법 규정에 따른 변제의 제공 불요(구두제공 조차 불요).[79]

---

78) "이행거절의 유형을 민법이 인정하고 있다는 법적인 근거로서 직접 제544조 단서가 거론되기도 한다. 그러나 제544조 단거의 요건 중 '미리'의 해석에 있어 이를 이행기의 도과 후 최고기간 경과 전을 뜻하는 것으로 새기는 것이 동 규정의 형식논리에 합당하다. …(중략)… 다만 제390조는 "채무자가 채무의 내용에 좇은 이행을 하지 아니한 때에 채권자는 손해배상을 청구할 수 있다."라는 요건과 효과상의 포괄적인 규정을 두고 있으므로, 이행거절도 제390조에 의하여 채무불이행의 유형으로 인정될 여지는 있다."(박동진, 계약법강의, 법문사. 2020년, 597~598면)

---

79) "매수인이 잔대금 지급의무를 이행하고 소유권이전등기를 넘겨받을 의사가 없음을 미리 표시한 것으로 볼 수 있는 객관적인 명백한 사정이 있는 경우에는 당사자 일방이 자기의 채무의 이행을 제공을 하지 않더라도 상대방의 이행지체를 이유로 계약을 해제할 수 있는 것으로, 매수인이 이를 번복할 가능성이 있다고 볼 만한 다른 특별한 사정이 없는 한, 이러한 경우까지 매도인에게 매수인을 이행지체에 빠뜨리기 위하여 구두제공의 방법으로라도 자기의 반대채무를 이행제공할 것을 요구할 것은 아니라고 볼 것이다."(대법원 1995.04.28. 선고, 94다16083 판결)

☞ **['15기출(계)]** 가맹본부 갑의 종업원 병은 가맹점사업자 을에게 약속한 시간에 상품재료를 배달하러 갔으나 을이 부재중이어서 돌아오던 중 병의 잘못으로 차가 전복되어 재료가 모두 멸실되었다. 을이 갑에게 책임을 물을 수 있는 법적 근거에 관하여 설명하시오.(25점)[80]

☞ **['21기출(계)]** 커피사업을 시행하는 가맹본부 甲은 가맹점사업자 乙과 체결한 가맹계약에 따라 매주 수요일에 乙의 점포로 커피원두 10kg을 공급하여 주기로 하였다. 甲은 수요일 약속된 시간에 커피원두를 가지고 乙의 점포를 방문하였으나, 乙이 부재 중이어서 커피원두를 인도하지 못하였다. 이에 甲이 그 커피원두를 가지고 돌아오던 중, 甲의 경과실로 교통사고가 발생하였고, 이 사고로 인하여 그 커피원두는 모두 소실되었다. 甲이 乙에 대하여 소실된 커피원두의 대금지급을 청구할 수 있는지에 관하여 설명하시오.(25점)

◈ **채권자 수령지체 중 채무자의 경과실로 목적물을 멸실한 경우의 사례구조**

1. 매도인의 목적물인도채무

   (1) 채무의 성질 확정(종류채권 또는 특정물채권)

   (2) 종류채권일 경우, 종류채권의 특정시기 및 방법

   (3) 특정물채권으로의 변경에 따른 목적물인도청구권의 존부 – **급부위험의 이전**

2. 매도인의 채무불이행책임의 성부

   – **선량한 관리자의 주의의무** 위반 여부(민법 제374조)

   * 이행기 후의 멸실

      [이행지체 중 멸실] **민법 제392조**(과실 없는 경우도 책임)

      [채권자지체 중 멸실] **민법 제401조**(고의·중과실에 한해 책임)

3. 매수인의 대금지급의무

   – **대가위험의 이전**(민법 제538조 제1항 후단)

1. 종류채권의 특정

[민법]

제375조(종류채권) ① 채권의 목적을 종류로만 지정한 경우에 법률행위의 성질이나 당사자의 의사에 의하여 품질을 정할 수 없는 때에는 채무자는 중등품질의 물건으로 이행하여야 한다.

② 전항의 경우에 채무자가 이행에 필요한 행위를 완료하거나 채권자의 동의를 얻어 이행할 물건을 지정한 때에는 그때로부터 그 물건을 채권의 목적물로 한다.

---

80) 갑의 채무불이행책임 여부를 판단하기 위하여 종업원 병의 법적지위를 먼저 검토하여야 한다. 본 사안에서는 병이 갑의 **이행보조자**이므로, 병의 과실은 결국 갑의 과실로 간주되는 바(민법 제391조), 해당 쟁점을 기술한 후 갑의 과실에 대한 법적판단이 이루어져야 할 것이다. [구조 4] 참고.

(1) 의의

일정한 종류에 속하는 물건의 일정량의 인도를 목적으로 하는 채권(불특정물채권)

(2) 특정시기 및 방법

1) 계약이 있는 경우 : 계약의 내용에 따라 특정

2) 계약이 없는 경우 : 채무내용에 따라 **물건의 급부를 위해 필요한 행위를 한 때**(민법 제375조 제2항)

① 지참채무의 경우 : 채권자의 주소에서 현실제공시

② 추심채무의 경우 : 채권자의 협력이 필요한 경우 구두제공시(급부목적물을 분리하여 채권자가 수령할 수 있는 상태로 놓아두고 수령을 최고한 때)

③ 채무자가 호의로 제3지에 송부하는 경우 : 발송시

(3) 특정의 효과

[민법]

제374조(특정물인도채무자의 선관의무) 특정물의 인도가 채권의 목적인 때에는 채무자는 그 물건을 인도하기까지 선량한 관리자의 주의로 보존하여야 한다.

제392조(이행지체 중의 손해배상) 채무자는 자기에게 과실이 없는 경우에도 그 이행지체 중에 생긴 손해를 배상하여야 한다. 그러나 채무자가 이행기에 이행하여도 손해를 면할 수 없는 경우에는 그러하지 아니하다.

제401조(채권자지체와 채무자의 책임) 채권자지체 중에는 채무자는 고의 또는 중대한 과실이 없으면 불이행으로 인한 모든 책임이 없다.

1) 선량한 관리자의 주의의무

① 채무자는 특정물 보존에 대한 선관주의의무 부담(민법 제374조)

② 특정된 종류물의 수령을 채권자가 지체하는 경우(채권자지체)[81], 채무자의 선관주의의무는 경감되고(민법 제401조), 당사자 쌍방의 책임 없는 사유로 그 목적물이 멸실된 때에도 채무자는 반대급부청구권을 상실하지 아니함(민법 제538조 제1항 후단).

2) 급부위험의 이전

특정된 물건이 양 당사자의 귀책사유 없이 멸실된 경우, 채무자는 다시 동일한 물건으로 급부할 의무를 부담하지 아니함. 다만, 이 경우 채무자 또한 채권자에 대하여 반대 급부(대가)를 청구할 수 없음(민법 제537조/채무자위험부담주의의 원칙).

---

81) [구조 5] 참고.

2. 위험부담

> **[민법]**
> **제537조(채무자위험부담주의)** 쌍무계약의 당사자 일방의 채무가 <u>당사자쌍방의 책임없는 사유로</u> <u>이행할 수 없게 된 때</u>에는 채무자는 상대방의 이행을 청구하지 못한다.
> **제538조(채권자귀책사유로 인한 이행불능)** ① 쌍무계약의 당사자 일방의 채무가 <u>채권자의 책임있</u> <u>는 사유로 이행할 수 없게 된 때</u>에는 채무자는 상대방의 이행을 청구할 수 있다. <u>채권자의 수령지</u> <u>체 중에 당사자쌍방의 책임없는 사유로 이행할 수 없게 된 때</u>에도 같다.
> ② 전항의 경우에 채무자는 자기의 채무를 면함으로써 이익을 얻은 때에는 이를 채권자에게 상환 하여야 한다.

(1) 채무자위험부담주의(원칙)

　1) 성립요건

　　① 급부의 후발적 불능

　　② 급부 불능에 대한 양 당사자의 귀책사유 부존재

　2) 효과

　　① 반대급부청구권의 소멸

　　② 일부불능과 반대급부의 감축 : 발생 불능 범위에서 의무를 면하고, 이에 대응한 반대급부도 소멸함.

(2) 채권자위험부담주의(예외)

　1) 성립요건

　　① 채권자에게 **책임있는 사유**로 인한 불능[82]

　　② 채권자의 **수령지체** 중의 불능

　2) 효과

　　① 대가위험의 이전 : 채권자의 반대급부의무는 존속함.

　　② 채무자의 이익상환의무 : 채무자는 채무를 면함으로써 얻은 이익을 채권자에게 상환해야 함.

---

[82] "민법 제538조 제1항의 '채권자의 책임 있는 사유'란 채권자의 어떤 작위나 부작위가 채무자의 이행의 실현 을 방해하고 그 작위나 부작위는 채권자가 이를 피할 수 있었다는 점에서 **신의칙상 비난받을 수 있는 경우**를 의 미한다."(대법원 2014.11.27. 선고, 2013다94701 판결)

가맹계약상 갑이 매주 월요일 오전 5시까지 생닭 50마리를 을의 영업점까지 배
달하여 공급하기로 하여 갑은 냉동창고에 보관 중인 생닭 중 50마리를 차에 싣고
2017년 3월 첫째주 월요일 오전 5시까지 을의 영업점에 도착하였으나, 을은 영업
점에 나타나지 않았다. 한참을 기다리던 갑은 생닭을 싣고 돌아가 차를 주차시켜
놓았는데, 인근에서 발생한 원인불명의 화재로 차와 그에 실린 생닭 50마리가 전
소되었다. 을은 갑에게 생닭을 다시 공급해달라고 하였다. 을의 주장이 타당한지
여부와 그 근거를 설명하시오.(20점)

[답안 예시]

Ⅰ. 문제의 소재

Ⅱ. 생닭 인도채무의 법적성질

  1. 갑의 채무의 법적성질

  2. 특정 여부 및 특정의 효과

  3. 사안의 경우

　생닭 인도채무는 특정되었고, 갑은 선관주의의무를 부담한다.

Ⅲ. 갑의 손해배상의무의 존부

  1. 문제점

  2. 채권자지체의 의의 및 법적성질

　　결론은 법정책임설

  3. 채권자지체의 성립요건

  4. 채권자지체의 효과

  5. 사안의 경우

을은 채권자지체의 책임을 부담하므로, 갑은 고의 또는 중과실이 없는 한 을에 대하여
채무불이행책임을 부담하지 않는다(주의의무의 경감).

Ⅳ. 사안의 해결

특정에 의하여 급부위험은 을에게 이전되었고, 을의 채권자지체 중 원인불명의 화재
로 생닭 50마리가 멸실되었는데 이는 갑의 고의 또는 중과실에 의하여 발생한 것이

아니므로 을은 갑에 대하여 채무불이행책임도 부담하지 않는 바, 을은 갑에 대하여 생닭 50마리를 다시 공급해달라고 청구할 권리가 없다고 판단된다. 따라서, 을의 주장은 타당하지 아니하다.

V. 보론(補論) - 대가위험의 이전

채권자지체 중 쌍방의 귀책사유 없는 사유(원인불명의 화재)로 생닭 50마리가 멸실되었으므로, 갑은 오히려 을에 대하여 반대급부(대가)의 청구를 할 수 있다(민법 제538조 제1항).

동시이행의 항변권

☞ **['13기출(계)]** 가맹사업을 희망하는 을은 가맹본부 갑과 가맹계약을 체결하면서, 갑이 인테리어공사를 완성해 줌과 동시에 가맹금을 지급하기로 하였다. 위 인테리어 공사가 완성되지 않은 상태에서 갑이 가맹금의 지급을 청구하는 경우, 을은 어떠한 권리를 행사할 수 있는가?(25점)

1. 의의 및 법적성질

[민법]

제536조(동시이행의 항변권) ① 쌍무계약의 당사자 일방은 상대방이 그 채무이행을 제공할 때 까지 자기의 채무이행을 거절할 수 있다. 그러나 상대방의 채무가 변제기에 있지 아니하는 때에는 그러하지 아니하다.

② 당사자 일방이 상대방에게 먼저 이행하여야 할 경우에 상대방의 이행이 곤란할 현저한 사유가 있는 때에는 전항 본문과 같다.

쌍무계약에서 상대방이 채무의 이행을 제공할 때까지 자기 채무의 이행을 거절할 수 있는 권리로서, 공평의 원칙상 인정되는 연기적 항변권

2. 성립요건

(1) 동일한 쌍무계약에 의한 대가적 채무의 존재

주된 채무 상호 간에 존재할 것(例 : 매도인의 인도의무와 매수인의 잔대급지급의무)

(2) 상대방의 채무가 이행기(변제기)에 있을 것

1) 원칙 : 상대방의 채무는 이행기에 있어야 함.

2) 예외

① 불안의 항변권(민법 제536조 제1항)

② 선이행의무의 이행지체 중 상대방 채무의 이행기가 도래한 경우

- 동시이행의 항변권의 성립여부는 이행청구가 행하여진 때를 표준으로 하면 족하므로, 매수인이 선이행하여야 하는 중도금을 지급하고 있지 아니한 채 잔대금지급기일이 도래한 경우, 매수인의 중도금(이에 대한 지급일 익일부터 잔대금지급기일까지의 지연손해금까지 포함) 및 잔대금의 지급채무와 매도인의 소유권이전등기의무 간에는 동시이행의 관계가 성립함.[83]

(3) 상대방이 이행 또는 이행의 제공을 하고 있지 아니할 것

3. 효과

(1) 실체법적 효과

1) **이행거절권능** : 행사효(주장 필요)

당사자 일방은 상대방이 채무의 이행을 제공할 때까지 자신의 채무의 이행을 거절할 수 있음.

2) **이행지체저지효, 상계금지효** : 존재효(주장 불요)

동시이행의 항변권을 행사하는 경우에 당사자 일방은 이행지체를 원인으로 하는 책임 (계약해제·해지, 손해배상 등)을 부담하지 않고, 상대방은 이를 자동채권으로 하여 상계하지 못함.

(2) 절차법적 효과

상환이행판결(동시이행의 항변이 있을 때, 원고와 피고가 서로 채무를 이행하도록 명하는 판결)

4. 관련 문제

(1) 소멸시효의 진행

동시이행의 항변권을 행사하고 있다 하더라도 소멸시효의 진행에는 영향 없음.

(2) 권리남용의 문제

자기채무이행의 회피수단으로 동시이행의 항변권을 행사하는 것은 권리남용에 해당함.

---

83) "매수인이 선이행의무 있는 중도금을 지급하지 않았다 하더라도 계약이 해제되지 않은 상태에서 잔대금 지급일이 도래하여 그 때까지 중도금과 잔대금이 지급되지 아니하고 잔대금과 동시이행관계에 있는 매도인의 소유권이전등기 소요서류가 제공된 바 없이 그 기일이 도과하였다면, 다른 특별한 사정이 없는 한, **매수인의 중도금 및 잔대금의 지급과 매도인의 소유권이전등기 소요서류의 제공**은 동시이행관계에 있다 할 것이어서 그 때부터는 매수인은 중도금을 지급하지 아니한 데 대한 이행지체의 책임을 지지 아니한다."(대법원 2002.03.29. 선고, 2000다577 판결)

구조 8 　손해배상액의 예정

◆ **계약당사자 간 손해배상액을 예정한 경우의 사례구조**

1. 계약 위반 여부 검토(O)

   (例 : 영업비밀보호 또는 경업금지특약 등을 체결하면서 위반시 손해배상액을 미리 약정하는 경우)

2. 특약내용의 확정

   – 손해배상액의 예정 또는 위약벌

   (→ 특별한 약정이 없는 한 '손해배상액의 예정'으로 추정)

3. 손해배상액의 예정시 유효 여부

   – 민법 제103조 또는 제104조 위반 여부 검토

4. 예정한 손해배상액 청구시 행사요건 검토

   – 손해발생의 요부 및 채무자 귀책사유 요부

5. 법원의 배상액 감액 가부(민법 제398조 제2항)

1. 손해배상액 예정

[민법]

제398조(배상액의 예정) ① 당사자는 채무불이행에 관한 손해배상액을 예정할 수 있다.

② 손해배상의 예정액이 부당히 과다한 경우에는 법원은 적당히 감액할 수 있다.

③ 손해배상액의 예정은 이행의 청구나 계약의 해제에 영향을 미치지 아니한다.

④ 위약금의 약정은 손해배상액의 예정으로 추정한다.

⑤ 당사자가 금전이 아닌 것으로써 손해의 배상에 충당할 것을 예정한 경우에도 전4항의 규정을 준용한다.

(1) 의의

채무불이행 발생시 채무자가 지급해야 할 손해배상액을 당사자 간 미리 계약을 정하는 것 (민법 제398조 제1항)

(2) 손해배상액 예정의 성립요건

1) 채권이 존재할 것

2) 채무불이행 발생 전 체결할 것

3) 선량한 풍속 기타 사회질서에 반하지 않을 것

4) 배상액의 예정은 금전 이외의 방법으로도 가능함(민법 제398조 제5항)

(3) 청구요건

1) 채무불이행사실의 존재

채무불이행사실만 증명하면 손해의 발생 및 손해금액을 증명할 필요 없음.

2) 귀책사유의 필요여부

판례는 귀책사유의 존재가 필요하다는 입장인데, 과실책임주의의 원칙상 판례의 태도가 타당하다고 판단됨(필요설/다수설).

(4) 청구효과

1) 배상청구액의 범위

실제 발생한 손해액이 예정된 배상액보다 많거나 적더라도, 예정된 배상액만을 청구할 수 있을 뿐임.

2) 법원의 직권감액

손해배상의 예정액이 부당히 과다한 경우에는 법원은 적당히 감액할 수 있음(민법 제398조 제2항).[84]

2. 위약벌과의 구별

(1) 위약금의 정의

채무불이행의 경우, 채무자가 채권자에게 지급할 것을 약속한 금전으로서 당사자 간 특별한 약정이 없는 한 '손해배상액의 예정'으로 추정됨(민법 제398조 제4항).[85]

(2) 위약벌

1) 의의

당사자 간 의무이행을 확보하기 위하여 의무부담자에게 압력을 가하기 위한 수단으로 약정되는 사적 제재수단

---

84) "민법 제398조 제2항에서의 **'부당히 과다한 경우'**란 채권자와 채무자의 각 지위, 계약의 목적 및 내용, 손해배상액을 예정한 동기, 채무액에 대한 예정액의 비율, 예상 손해액의 크기, 그 당시의 거래관행 등 모든 사정을 참작하여 일반 사회 관념에 비추어 예정액의 지급이 경제적 약자의 지위에 있는 채무자에게 부당한 압박을 가하여 공정성을 잃는 결과를 초래한다고 인정되는 경우를 뜻하는 것으로 보아야 하고, 한편 위 규정의 적용에 따라 손해배상의 예정액이 부당하게 과다한지 및 그에 대한 적당한 감액의 범위를 판단하는 데 있어서는, 법원이 구체적으로 그 판단을 하는 때 즉, 사실심의 변론종결 당시를 기준으로 하여 그 사이에 발생한 위와 같은 모든 사정을 종합적으로 고려하여야 한다. 이때 감액사유에 대한 사실인정이나 그 비율을 정하는 것은 형평의 원칙에 비추어 현저히 불합리하다고 인정되지 않는 한 사실심의 전권에 속하는 사항이다."(대법원 2017.05.30. 선고, 2016다275402 판결)

85) 결국, 위약금은 '손해배상액의 예정'과 '위약벌'(특별한 약정이 있는 경우)로 구분된다.

2) 특징

① 위약벌은 손해배상이 아닌 사적 제재수단일 뿐이므로, 채권자는 채무자에 대하여 위약벌 외 별도의 손해배상청구를 할 수 있음.

② 민법상 손해배상액의 예정에 관한 조항이 적용되지 아니하므로, 법원이 직권으로 감액할 수 없고, 위약벌이 과도한 경우에는 일부 또는 전부가 공서양속에 반하여 무효로 될 수 있을 뿐임.[86]

---

86) "**위약벌의 약정**은 채무의 이행을 확보하기 위하여 정하는 것으로서 손해배상의 예정과 다르므로 손해배상의 예정에 관한 민법 제398조 제2항을 유추 적용하여 그 액을 감액할 수 없고, 다만 의무의 강제로 얻는 채권자의 이익에 비하여 약정된 벌이 과도하게 무거울 때에는 일부 또는 전부가 공서양속에 반하여 무효로 된다. 그런데 당사자가 약정한 위약벌의 액수가 과다하다는 이유로 법원이 계약의 구체적 내용에 개입하여 약정의 전부 또는 일부를 무효로 하는 것은, 사적 자치의 원칙에 대한 중대한 제약이 될 수 있고, 스스로가 한 약정을 이행하지 않겠다며 계약의 구속력에서 이탈하고자 하는 당사자를 보호하는 결과가 될 수 있으므로, 가급적 자제하여야 한다. 이러한 견지에서, **위약벌 약정**이 공서양속에 반하는지를 판단할 때에는, 당사자 일방이 독점적 지위 내지 우월한 지위를 이용하여 체결한 것인지 등 당사자의 지위, 계약의 체결 경위와 내용, 위약벌 약정을 하게 된 동기와 경위, 계약 위반 과정 등을 고려하는 등 신중을 기하여야 하고, 단순히 위약벌 액수가 많다는 이유만으로 섣불리 무효라고 판단할 일은 아니다."(대법원 2016.01.28. 선고, 2015다239324 판결)

물건의 하자로 인한 확대손해의 배상책임

☞ **['22 기출(계)]** 乙은 횟집을 운영하기 위해 "A활어회"라는 가맹점을 보유하고 있는 甲 가맹본부와 직접 횟감을 공급받기로 하는 가맹계약을 체결하였다. 丙은 乙의 횟집에서 甲이 공급한 회를 사먹고 장염에 걸려 입원치료를 받았다. 그 원인은 甲의 과실에 의한 일부 횟감의 부패로 밝혀졌다. 丙이 乙을 상대로 제기한 손해배상청구소송에서 승소한 금액을 乙이 전액 배상한 경우, 乙은 甲에게 어떠한 책임을 물을 수 있는지 설명하시오.(25점)

◆ **물건의 하자로 인하여 고객이 손해를 입은 경우의 사례구조(고객의 구제수단)**

1. 하자담보책임(무과실책임)

    (1) 계약유형의 확정(특정물매매)

    (2) 하자담보책임(민법 제580조)의 성부

    (3) 하자담보책임의 효과 : 계약해제 및 손해배상

    (4) 손해배상의 범위

    – 신뢰이익의 배상 : **물품의 하자만큼의 손해**에 한함

2. 채무불이행책임(과실책임)

    (1) 불완전이행(민법 제390조)의 성부

    (2) 채무불이행의 효과 : 계약해제(해지) 및 손해배상

    (3) 손해배상의 범위

    – 이행이익의 배상 : **부패 횟감 상당 금액 + 이로 인한 손해(치료비, 일실이익 등)**

3. 하자담보책임과 채무불이행책임의 경합 : 경합 인정

4. 제조물책임(사실상 무과실책임) [* 과실이 문제되는 경우는 민법상 불법행위책임 검토]

    (1) 제조물책임의 성부

    (2) 손해배상의 범위

    – **부패 횟감으로 인한 손해**에 한함(제조물책임법 제3조 제1항). 단, 징벌적 손해배상 책임의 예외 존재

5. 계약책임과 불법행위책임의 경합 : 경합 인정

1. 하자담보책임

[민법]

제580조(매도인의 하자담보책임) ① 매매의 목적물에 하자가 있는 때에는 제575조제1항의 규정을 준용한다. 그러나 매수인이 하자있는 것을 알았거나 과실로 인하여 이를 알지 못한 때에는 그러

하지 아니하다.

② 전항의 규정은 경매의 경우에 적용하지 아니한다.

* 제575조(제한물권있는 경우와 매도인의 담보책임) ① 매매의 목적물이 지상권, 지역권, 전세권, 질권 또는 유치권의 목적이 된 경우에 매수인이 이를 알지 못한 때에는 이로 인하여 계약의 목적을 달성할 수 없는 경우에 한하여 매수인은 <u>계약을 해제</u>할 수 있다. 기타의 경우에는 <u>손해배상</u>만을 청구할 수 있다.

(1) 의의

매매계약의 목적물인 물건에 하자 내지 결함이 있는 경우, 매도인의 귀책 유무에 관계없이 매도인이 부담하는 책임

(2) 하자담보책임의 성립요건(민법 제580조)

1) 특정물에 **하자**가 있을 것

목적물이 거래통념상 기대되는 **객관적 성질·성능의 결여** 또는 **당사자가 예정 또는 보증한 성질의 결여**

2) 매수인의 **선의·무과실**

3) 매도인의 귀책사유는 요구되지 아니함(**무과실책임**)

(3) 권리행사기간 : 하자를 안 날로부터 6개월 내(제척기간/민법 제582조)

(4) 행사의 효과

1) 계약의 해제

2) 손해배상 : 신뢰이익의 배상[87]

2. 채무불이행책임 중 불완전이행

[민법]

제390조(채무불이행과 손해배상) 채무자가 채무의 내용에 좇은 이행을 하지 아니한 때에는 채권자는 손해배상을 청구할 수 있다. 그러나 채무자의 고의나 과실없이 이행할 수 없게 된 때에는 그러하지 아니하다.

(1) 의의

채무자에 의하여 적극적으로 이행행위가 행해졌으나, 채무자가 완전한 이행을 하지 못하여 채권자에게 손해가 발생하는 것(채무불이행의 한 유형)

(2) 불완전이행의 요건

1) 채무자가 채무를 **이행**하여야 함.

2) 이행된 채무가 **불완전**하여야 함.

3) 채무자의 **귀책사유**가 있을 것

(3) 불완전이행의 효과

1) 완전이행이 가능한 경우

① **완전이행청구권** : 새로운 목적물로 이행청구 가능

② **추완청구권** : 추완방법이 있으면 신의칙상 추완청구권만을 가짐.

③ **계약해제(해지)**(완전이행청구 또는 추완청구에 불응시), **손해배상청구권**

2) 완전이행이 불가능한 경우

① **계약해제(해지)**

② 이행불능에 의한 **손해배상(전보배상)청구권**

3. 하자담보책임과 채무불이행책임의 경합(O)

판례도 하자담보책임과 채무불이행책임이 인정된다고 판시한 바 있음.[88]

4. 제조물책임

(1) 의의

제조물에 통상적으로 기대되는 안전성을 결여한 결함으로 인하여 생명, 신체나 제조물 그 자체 외 다른 재산에 손해가 발생한 경우, 제조업자에게 지우는 손해배상책임

(2) 책임주체 - 제조업자(제조물책임법 제2조 제3호)

1) 제조물의 제조·가공 또는 수입을 업(業)으로 하는 자

2) 제조물에 성명·상호·상표 또는 그 밖에 식별가능한 기호 등을 사용하여 자신을 제조업자로 표시한 자 또는 제조업자로 오인하게 할 수 있는 표시를 한 자

(3) 성립요건

1) **결함(안전성의 결여)**의 존재[89]

---

87) 손해배상의 범위에 관한 학설의 대립은 있으나, 하자담보책임이 무과실책임임을 고려할 때 신뢰이익의 배상에 한정된다고 보는 것이 타당하다.

88) "토지 매도인이 성토작업을 기화로 다량의 폐기물을 은밀히 매립하고 그 위에 토지를 덮은 다음 도시계획사업을 시행하는 공공사업시행자와 사이에서 정상적인 토지임을 전제로 협의취득절차를 진행하여 이를 매도함으로써 매수자로 하여금 그 토지의 폐기물처리비용 상당의 손해를 입게 하였다면 <u>매도인은 이른바 불완전이행으로서 채무불이행으로 인한 손해배상책임을 부담하고, 이는 하자 있는 토지의 매매로 인한 민법 제580조 소정의 하자담보책임과 경합적으로 인정된다.</u>"(대법원 2004.07.22. 선고, 2002다51586 판결)

◆ **결함 등의 추정(제조물책임법 제3조의2)**

피해자가 다음 각 호의 사실을 증명한 경우에는 제조물을 공급할 당시 해당 제조물에 결함이 있었고 그 제조물의 결함으로 인하여 손해가 발생한 것으로 추정한다. 다만, 제조업자가 제조물의 결함이 아닌 다른 원인으로 인하여 그 손해가 발생한 사실을 증명한 경우에는 그러하지 아니하다.

1. 해당 제조물이 **정상적으로 사용되는 상태에서 피해자의 손해가 발생**하였다는 사실

2. 제1호의 손해가 **제조업자의 실질적인 지배영역에 속한 원인**으로부터 초래되었다는 사실

3. 제1호의 손해가 해당 **제조물의 결함 없이는 통상적으로 발생하지 아니한다**는 사실

2) **손해**의 발생

3) 결함과 발생한 손해 간 **인과관계**의 존재

4) 제조업자 등의 귀책사유의 존재는 요구되지 아니함(**사실상 무과실책임**)[90]

(4) 효과 - 손해배상책임

1) 원칙

① **제조업자**는 제조물의 결함으로 사람이 생명·신체 또는 재산에 손해를 입은 경우, 그 손해를 배상하여야 함.

② 피해자가 제조물의 제조업자를 알 수 없는 경우, 그 **제조물을 영리 목적으로 판매·대여 등의 방법으로 공급한 자**는 손해를 배상하여야 함. 다만, 피해자 또는 법정대리인의 요청을 받고 상당한 기간 내에 그 제조업자 또는 공급한 자를 그 피해자 또는 법정대리인에게 고지한 때에는 책임을 부담하지 아니함.

2) 예외 - 징벌적 손해배상책임

제조업자가 제조물의 **결함을 알면서도** 그 결함에 대하여 **필요한 조치를 취하지 아니한 결과**로 생명 또는 신체에 중대한 손해를 입은 자가 있는 경우에는 그 자에게 발생한 **손해의 3배**를 넘지 아니하는 범위에서 배상책임을 부담함.

---

89) "이른바 **제조물책임**이란 제조물에 통상적으로 기대되는 안전성을 결여한 결함으로 인하여 생명, 신체나 **제조물 그 자체 외의 다른 재산에 손해가 발생한 경우**에 제조업자 등에게 지우는 손해배상책임이고, 제조물에 상품적합성이 결여되어 제조물 그 자체에 발생한 손해는 제조물책임이론의 적용 대상이 아니다['제조물 그 자체'에 발생한 손해는 '하자담보책임'의 적용대상이다(저자 註)]"(대법원 1999.02.05. 선고, 97다26593 판결)

90) 제조물책임법은 소비자의 권리를 보호하기 위해 소비자가 정상적으로 그 물건을 사용했음을 증명하면 고의 또는 과실이 없음을 제조업자가 증명하도록 규정하고 있다. 이를 증명하지 못하면 제조업자는 고의나 과실이 없더라도 이 법에 따라 책임을 지게 되는 바, 사실상 무과실책임을 지게 된다.

5. 계약책임과 불법행위책임의 경합(O)

계약책임과 불법행위책임은 그 청구원인을 달리하므로 경합함. 따라서, 채권자는 채무자에 대하여 이를 선택적으로 행사 가능함.

> **심화학습** **부진정연대채무와 책임분담관계**

1. 문제의 소재

물건의 하자로 인한 확대손해가 발생하여 가맹본부가 하자담보책임 및 제조물책임, 가맹점사업자가 채무불이행책임(불완전이행)에 따른 불법행위책임 등을 함께 부담하는 경우, 가맹본부와 가맹점사업자는 채권자(고객)에 대하여 부진정연대채무관계에 있는 바, 이 경우 채무자들 간의 구체적인 책임분담관계가 문제됨.

2. 부진정연대채무의 발생원인

'동일한 사실관계'에 기한 손해에 대해 수인이 각각의 입장에서 전보해야 할 의무를 부담하는 경우, 부진정연대채무관계에 있게 됨.

3. 절대적 효력(부진정연대채무자 중 1인에게 생긴 사유의 효력)

채권의 만족을 가져오는 사유인 변제 및 대물변제, 공탁, 상계는 절대적 효력 존재(즉, 소멸한 채무 전액에 관하여 다른 부진정연대채무자에게도 그 효력이 미침)

4. 대내적 효력

(1) 구상권의 인정 여부 및 제한

종래 판례는 공동불법행위자 간의 경우에만 형평의 관점에서 그 '과실의 비율'에 따른 분담부분이 있는 것으로 보아 구상권을 인정해 왔으나, 최근 부진정연대채무 전반에 대해 구상권을 인정하는 태도를 보이고 있음. 다만, 손해의 공평한 분담이라는 견지에서 구상권 행사를 일정 부분 제한하기도 함.

> **참고** 관련 판례 : "불법행위에 있어서 부진정연대채무의 관계에 있는 복수의 책임주체 중 1인이 자기 부담 부분 이상을 변제하여 공동의 면책을 얻게 하고 다른 부진정연대채무자에 대하여 그 부담 부분의 비율에 따라 구상권을 행사하는 경우 부담 부분의 비율을 판단함에 있어서는, 불법행위 및 손해와 관련하여 그 발생 내지 확대에 대한 각 부진정연대채무자의 주의의무의 정도에 상응한 과실의 정도를 비롯한 기여도 등 사고 내지 손해와 직접적으로 관련된 대외적 요소를 고려하여야 함은 물론, 나아가 부진정연대채무자 사이에 특별한 내부적 법률관계가 있어 그 실질적 관계를 기초로 한 요소를 참작하지 않으면 현저하게 형평에 어긋난다고 인정되는 경우에는 그 대내적 요소

도 참작하여야 하며, 일정한 경우에는 그와 같은 제반 사정에 비추어 <u>손해의 공평한 분담이라는 견</u><u>지에서 신의칙상 상당하다고 인정되는 한도 내에서만 구상권을 행사하도록 제한할 수도 있다."</u>(대법원 2001. 1. 19. 선고 2000다33607 판결)

(2) 구상권의 행사요건

자기 부담부분을 넘은(초과) 면책행위를 해야 구상권 행사 가능(연대채무와의 차이점).

(3) 수인의 구상의무자 간 상호관계

원칙적 **분할채무관계**(각자의 내부적 부담부분의 범위 내에서만 구상의무 부담). 단, 구상권자인 공동불법행위자 측에 과실이 전혀 없는 경우(내부적 부담부분이 전혀 없는 경우)에는 **부진정연대채무관계**(判例)

'M치킨'의 영업표지를 가진 가맹본부 갑은 2016년 1월경부터 가맹희망자를 모집하여 가맹희망자 을과 같은 해 2월 1일부터 3년 간 치킨의 주재료인 닭, 양념 등과 그 제조법 등을 제공하기로 하는 가맹계약을 체결하였고, 이 과정에서 갑은 을로부터 가맹금 5천만원을 지급받았다. 가맹계약상 갑은 친환경사료로 사육된 토종닭을 을에게 제공하기로 하였는데, 고객들이 치킨의 품질에 대한 불만을 제기하여 을이 2017년 4월 16일 확인한 결과, 2016년 7월까지는 계약에 따라 토종닭이 공급되었으나, 2016년 8월부터 2017년 4월 15일까지는 값싼 저질사료로 사육된 수입닭이 공급되었다. 이로 인해 영업상 손해가 1억원이 발생한 을은 갑에게 2017년 5월 15일까지 계약에 따른 토종닭의 공급을 요청하였으나, 갑은 같은 해 5월 15일까지 이를 시정하지 않았다. 을은 5월 16일 현재 갑에게 어떠한 법적 조치를 할 수 있는지 설명하시오.(30점)

[답안 예시]

Ⅰ. 문제의 소재

Ⅱ. 가맹본부 갑의 가맹사업법 위반 및 채무불이행책임의 성부

 1. 가맹금 예치제도 위반 여부

  (1) 의의 및 취지

  (2) 내용

  (3) 사안의 경우

  가맹본부 갑은 가맹점사업자피해보상보험계약 등을 체결한 사실 없이, 가맹금을 예치기관에 예치하지 아니하고 자신이 직접 수령하였으므로, 가맹금 예치제도(법 제6조의5 제1항)를 위반하였다고 판단된다.

 2. 허위·과장된 정보제공 등의 금지행위 위반 여부

  (1) 의의 및 유형

  (2) 내용

  (3) 사안의 경우

  당초 체결된 계약 내용과는 달리 을에게 값싼 저질사료로 사육된 수입닭이 공급되

었으므로, 가맹본부 갑은 허위·과장된 정보제공 등의 금지의무를 위반하였다고 판단된다.

3. 채무불이행책임(불완전이행)의 성부

　(1) 의의 및 유형

　(2) 불완전이행의 성립요건

　(3) 사안의 경우

갑은 을의 요청에도 불구하고 5월 15일까지 계속 토종닭이 아닌 수입닭을 공급하였는 바, 이는 채무가 갑의 귀책에 따라 불완전하게 이행된 경우에 해당하므로, 채무불이행의 유형 중 '불완전이행'에 해당한다고 판단된다.

4. 사안의 경우

Ⅲ. 가맹점사업자 을이 갑에 대해 할 수 있는 법적조치

1. 가맹금 예치제도 위반에 따른 민사적 조치

　(1) 착오에 의한 계약 취소 - 민법 제109조

　(2) 부당이득반환청구 - 가맹금 5천만원에 대한 반환청구

2. 허위·과장된 정보제공 등의 금지행위 위반에 따른 민사적 조치

　(1) 징벌적 손해배상청구 - 손해액(1억원)의 3배 범위 내

　(2) 기 지급한 가맹금의 반환청구 - 가맹금 5천만원에 대한 반환청구

3. 채무불이행(불완전이행)에 따른 조치(효과)

　(1) 완전이행이 가능한 경우 - 완전이행청구권

　(2) 완전이행이 불가능한 경우 - 계약해지 및 손해배상청구권

4. 사안의 경우

을은 갑에 대하여 착오에 기한 가맹계약의 취소 또는 허위·과장된 정보제공 등의 금지행위 위반을 이유로 하여 기 지급한 가맹금을 반환받을 수 있고, 손해액의 3배인 3억원 범위 내의 손해배상청구를 할 수 있다. 또한 현재의 불완전이행 상태가 계속되고 시정이 되지 아니한다면, 종국에는 본 가맹계약을 해지할 수도 있을 것이다.

Ⅳ. 사안의 해결

영업행위 중 발생한 손해에 대한 배상책임

☞ **['23기출(계)]** 가맹본부 甲은 가맹점사업자 乙과 X상품의 공급에 관한 가맹계약을 체결하였다. 甲은 상품공급 후 乙의 X상품의 판매에 대해서는 전혀 관여하지 않았다. 이후 고객이 주문한 X상품을 乙의 종업원 丙이 乙의 지시에 따라 차량에 싣고 고객의 주소지로 가던 중 운전 부주의로 인해 X상품이 차량에서 떨어지면서 지나가던 행인 丁이 다치게 되었다. 丁은 자신에게 발생한 손해에 대하여 甲, 乙, 丙에게 배상청구를 할 수 있는지 여부에 관하여 설명하시오.(25점)

◆ **가맹점사업자의 영업행위 중 과실에 의하여 발생한 손해에 대한 배상책임에 관한 사례구조**

1. 가맹점사업자(을)의 책임

(1) 해당 여부 검토

1) **채무불이행책임** 및 **불법행위책임**의 성부

2) **사용자책임**의 성부

(2) 효과

고객 병에 대해 채무불이행 또는 불법행위에 기한 손해배상책임 부담(만약 을의 종업원의 귀책사유에 의한 경우, 을은 사용자책임 부담 가능)

2. 가맹본부(갑)의 책임

(1) 대위책임 해당 여부 검토

1) **표현대리**의 성부(X)

2) **명의대여자책임**의 성부(X)

3) **사용자책임**의 성부(X)

(2) 직접책임 해당 여부 검토

1) **불법행위책임**의 성부(△)

불법행위책임 또는 공동불법행위책임

2) **제조물책임**의 성부(△)

(3) 효과

3. 검토

개별 사안마다 달리 판단되겠으나, 가맹점사업자의 독립성에 비추어 볼 때 일반적으로는 가맹점사업자가 단독으로 책임을 부담하는 경우가 많을 것이다.

1. 표현대리책임[91]

> **[민법]**
>
> **제125조(대리권 수여의 표시에 의한 표현대리)** 제삼자에 대하여 타인에게 대리권을 수여함을 표시한 자는 그 대리권의 범위 내에서 행한 그 타인과 그 제삼자간의 법률행위에 대하여 책임이 있다. 그러나 제삼자가 대리권 없음을 알았거나 알 수 있었을 때에는 그러하지 아니하다.

(1) 성립요건

1) 본인의 **대리권 수여의 표시가** 있을 것

2) **표시된 대리권의 범위 내**에서 한 행위일 것

3) **표시의 통지를 받은 상대방과의 대리행위**일 것

4) 상대방이 **선의·무과실**일 것

(2) 효과

표현대리인이 한 법률행위의 효과가 본인에게 귀속됨.

(3) 사안에의 적용

가맹계약의 경우, 영업표지의 사용을 허락했다는 사정만으로는 대리권 수여의 표시가 있다고 보기 힘들므로, 가맹본부에게 표현대리책임을 물을 수 없다고 판단됨.

2. 명의대여자책임

> **[상법]**
>
> **제24조(명의대여자의 책임)** 타인에게 자기의 성명 또는 상호를 사용하여 영업을 할 것을 허락한 자는 자기를 영업주로 오인하여 거래한 제3자에 대하여 그 타인과 연대하여 변제할 책임이 있다.

(1) 성립요건

1) 외관의 존재

명의차용자가 명의대여자의 성명 또는 상호를 사용하여 명의차용자의 영업이 명의대여자의 영업인 것과 같은 **외관**이 존재할 것

2) 외관의 부여

명의대여자가 명의차용자에게 자신의 명의를 사용할 것을 **허락**할 것

3) 외관의 신뢰

제3자(거래상대방)에게 **고의 또는 중과실이 없을 것**

---

91) 민법상 표현대리책임은 총 세가지(제125조, 제126조, 제129조)이나, 가맹사업법과 관련된 쟁점은 제125조에 한한다고 보면 무방하다.

(2) 효과

명의대여자는 명의차용자와 연대하여 제3자(거래상대방)에게 변제할 책임을 부담함.

(3) 사안에의 적용

일반적으로 가맹본부인지 가맹점사업자인지는 일반인이 보편적으로 인식할 수 있으므로, 거래상대방이 가맹점사업자와 거래를 하면서 가맹본부와 동일한 상호나 영업표지를 사용하고 있는 것을 몰랐다면 이를 중과실이 있는 것으로 볼 수 있는 바, 가맹본부는 명의대여자의 책임을 부담하지는 않는다고 판단됨.[92]

3. 불법행위책임

> **[민법]**
>
> **제750조(불법행위의 내용)** 고의 또는 과실로 인한 위법행위로 타인에게 손해를 가한 자는 그 손해를 배상할 책임이 있다.

(1) 성립요건

  1) **귀책사유(고의 또는 과실)**의 존재

  2) **위법한 가해행위**의 존재

  3) 타인의 **손해** 발생

  4) 가해행위와 손해 간 **인과관계** 존재

  5) 가해자에게 **책임능력** 존재

(2) 효과

귀책당사자는 피해자에 대하여 손해배상책임을 부담함.

(3) 사안에의 적용

가맹점사업자가 가맹사업을 영위하면서 제3자인 고객에 대한 불법행위책임을 부담하기 위해서는 고객의 손해발생, 그 손해와의 인과관계의 존재, 주의의무의 위반의 요건이 모두 충족되어야 하는 바, 이는 개별적·구체적 사안에 따라 달리 판단되어야 할 것임.

---

92) 이한무, 가맹사업법 해설, 법률정보센타. 2009년. 358면. 그러나, 일반소비자의 경우 구체적으로 가맹점사업자와 가맹본부의 관계를 쉽게 파악하기 어렵다는 이유로 중과실을 부정하는 견해도 있다(이성재, 가맹업자의 제3자에 대한 책임의 고찰 - 미국의 입법례를 중심으로, 인하법률 제3호. 2013년. 243면).

4. 사용자책임

(1) 성립요건

1) 피용자의 가해행위가 **불법행위의 일반적 성립요건**을 충족할 것

2) 타인을 사용하여 어느 사무에 종사하게 할 것(**사용관계의 존재**)

반드시 유효한 고용관계에 한하지 아니하고, **실질적으로 지휘·감독하는 관계**에 있으면 족함.

3) 피용자가 사무집행에 관하여 제3자에게 손해를 주었을 것(**사무집행관련성**) 외형상 **객관적**으로 사용자의 사업활동 내지 사무집행행위 또는 그와 관련된 것이라고 보여지면 족함(외형이론).

4) 사용자의 **선임·감독상의 주의의무 결여**가 있을 것

(2) 효과

1) 사용자책임이 성립하는 경우, 사용자는 피해자에 대한 손해배상책임 부담

2) 손해배상을 한 사용자는 피용자에 대한 구상권 행사 가능

(3) 사안에의 적용

1) 가맹본부의 경우

가맹본부와 가맹점사업자의 관계는 고용 등과 같은 사용관계라고 볼 수 없으므로, 일반적으로는 사용자책임을 묻기 어렵다고 판단됨(가맹점사업자의 독립성).

2) 가맹점사업자의 경우

가맹점사업자의 종업원이 직무와 관련한 불법행위를 행한 경우에는 사용관계와 사무집행관련성이 인정되므로, 가맹점사업자는 그 종업원의 불법행위에 대하여 사용자책임을 부담할 수 있음.

가맹중개인의 불법행위에 대한 가맹본부의 책임

1. 문제의 소재

가맹사업법은 가맹중개인에 대한 의무나 책임을 규정하고 있지 않음. 따라서 만약 가맹중 개인의 책임있는 사유로 가맹희망자 또는 가맹점사업자에게 손해가 발생하는 경우, 위탁자인 가맹본부도 이에 대한 책임을 부담하여야 하는지가 문제됨.

2. 가맹중개인의 법적지위

가맹중개인은 가맹본부 등과 위탁계약을 체결하여 가맹중개업무를 수행하는 수탁자로서, '중개'라는 **사실행위**를 할 수 있을 뿐, 특약 등이 없는 한 계약을 체결할 수 있는 대리권은 없음.

3. 가맹본부와 가맹중개인의 책임

가맹본부는 위탁계약을 통해 가맹중개인으로 하여금 가맹중개업무를 수행할 수 있도록 했으므로 가맹중개인에 대한 사용관계 및 사무집행관련성을 인정할 수 있는 바, 가맹중개인의 행위에 대한 사용자책임(민법 제756조)을 부담함. 이 때, 가맹중개인은 **불법행위책임**(민법 제750조)을 부담하고, 양 자는 **부진정연대채무** 관계에 있음(만약 가맹본부가 손해액 전액을 배상한 경우, 가맹중개인에 대한 구상권 행사 가능).

5. 공동불법행위책임

[민법]

제760조(공동불법행위자의 책임) ① 수인이 공동의 불법행위로 타인에게 손해를 가한 때에는 연대하여 그 손해를 배상할 책임이 있다.

② 공동 아닌 수인의 행위 중 어느 자의 행위가 그 손해를 가한 것인지를 알 수 없는 때에도 전항과 같다.

③ 교사자나 방조자는 공동행위자로 본다.

(1) 성립요건

1) 각 가해자의 행위가 **불법행위의 일반적 성립요건**을 충족할 것

2) 가해행위자 및 가해행위 상호간 **행위공동성**이 있을 것

의사의 공통이나 행위공동의 인식이 필요한 것은 아니지만, 객관적으로 보아 행위자 각자의 고의 또는 과실에 기한 행위가 공동으로 행하여져 피해자에 대한 손해발생에 공통의 원인이 되었다고 인정되어야 함(**객관적 공동설**).

(2) 효과

1) 피해자와의 관계 - **부진정연대채무**

공동불법행위자 각자가 피해자의 피해금액 **전부**에 대한 책임을 부담함.

2) 공동불법행위자들 간의 관계

각자가 귀책비율에 따라 내부적으로 책임을 분담하므로, 자신의 귀책비율을 초과하여 피해자에게 배상을 한 자는 그 초과부분에 대하여 다른 공동불법행위자에 대한 구상권을 보유함.[93]

---

93) 자세한 내용은 [구조 9] '심화학습' 참고

국내 유명상호인 'A씨푸드'의 영업표지권을 가진 가맹본부 갑은 을과 가맹계약을 체결하였다. 갑은 가맹계약에 따라 을이 판매할 해산물을 을에게 조달하기로 하였으나, 위 가맹계약의 체결 후 영업상의 곤란을 겪게 되자 적조에 오염된 폐사 직전의 해산물을 싼 값으로 구입하여 을에게 공급하였다. 갑과의 계약에 따라 갑의 지시를 따를 수 밖에 없었던 을은 그 신선도에 의문을 가졌음에도 이를 그대로 판매하였고, 을의 가맹점을 'A씨푸드'라고 믿고 위 해산물을 사먹은 병이 패혈증으로 장기간 입원치료를 받았다. 다음 물음에 답하시오.(50점)

(1) 을이 오염된 해산물의 판매로 인하여 영업상의 손해를 입은 경우, 을은 갑에 대하여 어떠한 권리를 행사할 수 있는가?(20점)

(2) 병은 자신이 입은 치료비 등의 손해에 대하여 갑과 을을 상대로 그 배상을 청구할 수 있는가? 그 법적 근거를 들어 설명하시오.(30점)

[답안 예시]

Ⅰ. 물음(1)의 해결

1. 문제의 소재

2. 불완전이행의 성부

　(1) 의의

　(2) 요건

　(3) 효과

　(4) 사안의 경우

3. 사안의 해결

완전이행청구 / 이행지체시 계약해지, 손해배상(지연배상) / 이행불능시 계약해지, 손해배상(전보배상)

Ⅱ. 물음(2)의 해결

1. 문제의 소재

2. 가맹점사업자 을의 책임

　(1) 채무불이행책임(불완전이행)의 성부

(2) 불법행위책임의 성부

(3) 사안의 경우

가맹사업자 을은 병에 대하여 채무불이행(불완전이행) 및 불법행위책임에 기한 손해배상책임을 부담하는 바, 병은 을에 대하여 자신이 입은 치료비 등의 손해에 대한 배상을 청구할 수 있다.

3. 가맹본부 갑의 책임

(1) 사용자책임의 성부

가맹계약관계는 사용자와 피용자 관계가 아니므로 가맹점사업자의 불법행위로 손해를 입은 자는 원칙적으로 가맹본부에게 사용자책임을 물을 수 없다. 다만, 가맹본부 갑이 가맹점사업자 을의 경영 및 영업활동에 대한 세부적이고 구체적인 통제권을 행사하고 있다면 사용관계가 인정될 것이고, 그에 따라 사용자책임을 부담할 수도 있다 할 것이다.

(2) 명의대여자책임의 성부

을과 갑을 동일한 영업주체로 오인할 수 밖에 없을 정도의 특별한 사정이 있는 경우를 제외하고는 갑에게 상법상 명의대여자책임을 묻기는 힘들 것으로 판단된다.

(3) 제조물책임의 성부

가맹본부는 제조물책임법상 '제조물에 상표 등을 사용하여 자신을 제조업자로 오인하게 할 수 있는 표시를 한 자'에 해당한다. 따라서, 병은 가맹본부 갑에게 제조물책임을 물을 수 있다고 판단된다.

(4) 표현대리의 성부

영업표지의 사용 허락만으로 대리권을 수여하였다고 보기에는 무리가 있으므로, 표현대리는 성립하지 아니한다고 판단된다.

4. 사안의 해결

2014년(12회) 가맹계약론

"앗싸푸드"의 영업표지권을 가진 가맹본부 갑은 가맹점사업자 을과 가맹계약을 체결하고, 자사의 상품을 독점적으로 공급하기로 하였다. 을은 사업이 번창하자 갑에게 물량공급을 늘려줄 것을 요청하였고, 갑은 자사의 사정에 의하여 이에 응하지 않았다. 그리하여 을은 갑과 상의 없이 병으로부터 부족한 수량만큼 유사가공상품을 공급받아 판매하던 중 이를 "앗싸푸드"로 믿고 결함있는 것을 사먹은 정이 질병에 걸렸다. 다음 물음에 답하시오.

(1) 이 경우 갑이 을에게 행사할 수 있는 권리와 그 행사방법을 설명하시오.(25점)

(2) 정이 갑, 을, 병에게 행사할 수 있는 권리를 설명하시오.(25점)

[답안 예시]

Ⅰ. **물음(1)의 해결**

1. 문제의 소재

2. 이행지체의 성부(O)

3. 가맹계약 해지의 절차상의 한계

　(1) 원칙 - 2개월 이상의 유예기간 / 2회 이상 서면통지

　(2) 즉시해지사유 해당 여부

4. 사안의 해결

을은 갑에 대하여 이행지체(채무불이행) 책임을 부담한다고 판단된다. 다만, 본 사안은 법 시행령 제15조 제9호에서 규정하고 있는 '가맹점사업자가 뚜렷이 공중의 건강이나 안전에 급박한 위해를 일으킬 염려가 있는 방법이나 형태로 가맹점을 운영하고 있으나, 행정청의 시정조치를 기다리기 어려운 경우'에 해당하지는 않을 것으로 판단되므로, 갑이 가맹계약을 해지하기 위해서는 법 제14조 제1항의 절차를 거쳐야 할 것이다.

Ⅱ. **물음(2)의 해결**

1. 문제의 소재

2. 가맹점사업자 을의 책임

을은 채무불이행(불완전이행) 및 불법행위책임에 기한 손해배상책임을 부담한다.

3. 공급업자 병의 책임 - 제조물책임

병은 제조물책임법상 '제조물에 상표 등을 사용하여 자신을 제조업자로 오인하게 할 수 있는 표시를 한 자'에 해당하므로, 병은 정에 대하여 직접 손해배상책임을 부담하여야 한다고 판단된다.

4. 가맹본부 갑의 책임

  (1) 사용자책임의 성부

  (2) 명의대여자 책임

  (3) 표현대리의 성부

5. 사안의 해결

정은 을에 대하여 채무불이행 또는 불법행위책임에 기한 손해배상책임을 물을 수 있고(선택적 청구), 병에 대하여 제조물책임에 기한 손해배상책임을 물을 수 있다. 그러나 갑에 대하여는 특별한 사정이 없는 한 법적 책임을 묻기 힘들 것으로 판단된다.

구조 11 과실상계

☞ **[사례예시]** 가맹희망자 병은 가맹본부(법인)에 소속하여 근무 중인 종업원 을의 매 월 1,000만원 이상의 수익보장에 대한 말을 믿고 이에 대한 사업성을 검토한 결과, 수익보장의 근거가 확실하다고 판단하여 가맹본부 갑과 가맹계약을 체결하였다. 하지만 해당 수익에 관한 정보는 을이 가공한 허위정보였고, 계약체결 과정에서 종업원 을의 불법행위사실을 면밀히 살피지 못한 가맹본부 갑의 과실도 있었음이 밝혀졌다. 결국 병은 약정하였던 수익이 나지 않아 개업 3개월만에 가맹계약을 해지하고 가맹본부 갑과 종업원 을을 상대로 손해배상청구를 하였는데, 법원은 합리적 검토 없이 성급하게 계약을 체결한 병에게도 30%의 과실이 있음을 인정하였다. 이 경우 병은 갑과 을 모두로부터 손해액 전액에 대한 배상을 받을 수 있는가?[94]

◆ **과실상계로써 일부 공동불법행위자의 책임이 제한되는 경우의 사례구조**

1. 가맹본부 등의 가맹사업법 위반 여부 검토(O)

가맹본부와 종업원이 **공동불법행위책임** 부담(例 : 종업원의 허위·과장된 정보제공행위 등

금지 위반으로 인한 불법행위책임 + 가맹본부의 사용자책임) ☞ **부진정연대채무**

2. 공동불법행위책임에 의한 손해배상청구

(1) 손해배상청구(또는 징벌적 손해배상)의 내용(가맹사업법 및 민법)

(2) 손해배상의 평가방법(**전체적 평가**)

3. 손해배상청구시 과실상계(가맹본부 등의 책임제한) 가부

    (1) 과실상계의 적용 요건

    (2) 과실상계의 적용 방법(**전체적 평가 또는 개별적 평가**)

4. 사안의 해결

가맹점사업자는 고의에 의한 불법행위자인 종업원에 대해서는 손해액 전액을 배상받을 수 있으나, 과실에 의한 불법행위자인 가맹본부에 대해서는 손해액의 70%에 한하여만 배상받을 수 있을 것으로 판단됨(공동불법행위자 각각 개별적 평가).

1. 손해배상의 평가방법

손해배상의 책임범위는 피해자에 대한 관계에서 가해자들 전원의 행위를 '**전체적**'으로 함께 평가하여 정하여야 하고, 가해자의 1인이 다른 가해자에 비하여 불법행위에 가공한 정도가 경미하다고 하더라도 피해자에 대한 관계에서 그 가해자의 책임범위를 손해배상액의 일부로 제한하여 인정할 수 없음(판례).

---

94) 이 외에도 다양한 공동불법행위책임 구조가 만들어질 수 있다[例 : 상한 음식 탓에 식중독으로 입원한 고객에 대한 가맹본부와 가맹점사업자 간의 공동불법행위책임(제조물책임+불법행위책임), 종업원의 과실로 손등에 상처를 입은 고객에 대한 가맹점사업자와 종업원 간의 공동불법행위책임(불법행위책임+사용자책임) 등].

2. 과실상계

> **[민법]**
> **제396조(과실상계)** 채무불이행에 관하여 채권자에게 과실이 있는 때에는 법원은 손해배상의 책임 및 그 금액을 정함에 이를 참작하여야 한다.
> **제763조(준용규정)** 제393조, 제394조, 제396조, 제399조의 규정은 불법행위로 인한 손해배상에 준용한다.

(1) 과실의 의미 및 판단기준

신의성실의 원칙에 따라 공동생활에 있어 필요한 약한 의미의 부주의로서, 구체적 사안마다 신의칙과 공평의 관념에 따라 여러 사정을 참작해야 함.

(2) 과실상계의 적용 요건

1) 채권자 혹은 피해자의 손해의 발생 및 확대에 대한 과실 존재

2) 채권자 혹은 피해자의 사리식별능력 존재

3) 과실과 손해의 발생 내지 확대 사이의 인과관계 존재

(3) 과실상계의 적용 방법(공동불법행위의 경우 판례의 태도)

1) 원칙 : 전체적 평가설

"피해자가 공동불법행위자 중의 일부만을 상대로 손해배상을 청구하는 경우에도 과실상계를 함에 있어 참작하여야 할 쌍방의 과실은 피해자에 대한 공동불법행위자 전원의 과실과 피해자의 공동불법행위자 전원에 대한 과실을 전체적으로 평가하여야 하고 공동불법행위자 간의 과실의 경중이나 구상권 행사의 가능 여부 등은 고려할 여지가 없다."

2) 예외 : 개별적 평가설

"피해자의 부주의를 이용하여 고의로 불법행위를 저지른 자가 바로 그 피해자의 부주의를 이유로 자신의 책임을 감하여 달라고 주장하는 것은 허용될 수 없으나, 이는 그러한 사유가 있는 자에게 과실상계의 주장을 허용하는 것이 신의칙에 반하기 때문이므로, 불법행위자 중의 일부에게 그러한 사유가 있다고 하여 그러한 사유가 없는 다른 불법행위자까지도 과실상계의 주장을 할 수 없다고 해석할 것은 아니다."

(4) 과실상계의 심리 및 판단

채권자가 채무불이행 내지 불법행위로 인한 손해배상청구를 하는 경우, 채무자의 주장이 없더라도 과실이 인정되는 경우 반드시 이를 참작해야 함. 단, 참작의 정도를 정하는 것은 법원의 자유재량에 속함.

☞ **[사례예시]** 가맹본부 갑은 매장 운영에 필요한 POS기를 계약기간 동안 가맹점사업자 을에게 임대하였다. 을은 사용 중 해당 POS기가 고장나자 이를 수리하기 위하여 인근의 병에게 수리를 맡겼다. 병은 수리를 완료한 후 가맹점사업자 을에게 해당 POS기를 인도하였고, 을은 가맹계약이 종료하자 갑에게 해당 기기를 반환하였다. 이후, 병은 을에게 POS기 수리비용을 청구하였으나, 을은 이미 무자력이 되어 수리비용을 지급할 수 없는 상황이다. 이 때 병의 구제수단은?

◈ **전용물소권 인정 여부와 관련한 사례구조**

1. 을과 병의 법률관계

병의 을에 대한 수리대금청구권(도급계약 – 민법 제664조)

2. 갑과 을의 법률관계

을의 갑에 대한 비용상환청구권(임대차계약 – 민법 제626조)

3. 병과 갑의 법률관계

(1) 병이 갑에게 '직접' 부당이득반환청구권을 행사할 수 있는지 여부

– **전용물소권 인정 여부** : 결론은 **부정**

(2) 병이 을의 갑에 대한 비용상환청구권을 '대위행사' 할 수 있는지 여부

– **채권자대위권** 인정 여부 : 결론은 **긍정**

4. 사안의 해결

병은 을에 대한 수리대금청구권을 피보전채권으로 하고, 을의 갑에 대한 비용상환청구권을 피대위권리로 하는 채권자대위권을 행사하여 자신의 채권을 보전 및 만족할 수 있음.

1. 부당이득반환청구권

[민법]

제741조(부당이득의 내용) 법률상 원인없이 타인의 재산 또는 노무로 인하여 이익을 얻고 이로 인하여 타인에게 손해를 가한 자는 그 이익을 반환하여야 한다.

제748조(수익자의 반환범위) ① 선의의 수익자는 그 받은 이익이 현존한 한도에서 전조의 책임이 있다.

② 악의의 수익자는 그 받은 이익에 이자를 붙여 반환하고 손해가 있으면 이를 배상하여야 한다.

(1) 요건

1) 법률상 원인 없이 타인의 재산 또는 노무로 인하여 이익을 얻을 것

2) 해당 이익으로 **타인에게 손해**를 가할 것

3) 해당 이익과 손해 사이에 **인과관계**가 있을 것

(2) 효과 – 부당이득반환청구권의 발생(반환범위 : 민법 제748조)

2. 전용물소권(다수당사자 사이의 부당이득)

(1) 의의

계약상의 급부가 계약의 상대방 뿐만 아니라 제3자의 이익이 된 경우, 급부를 행한 계약당사자가 그 제3자에 대해서 부당이득의 반환을 청구하는 권리

(2) 인정 여부

1) 학설 및 판례

부정설이 통설이며, 판례 또한 "계약상의 급부를 한 계약당사자는 이익의 귀속주체인 제3자에 대하여 직접 부당이득반환을 청구할 수 없다."고 하여 **부정설**임. 그 근거로, ① 자기책임 하에 체결된 계약에 따른 위험부담을 제3자에게 전가하는 것은 계약법의 기본원리에 반하고 ② 채권자인 계약당사자가 채무자인 계약 상대방의 일반채권자에 비하여 우대받는 결과가 되어 일반채권자의 이익을 해치게 되며 ③ 수익자인 제3자가 계약 상대방에 대하여 가지는 항변권 등을 침해하게 되어 부당하다는 점을 들고 있음.

2) 검토(부정설)

전용물소권을 인정하게 되면 법률문제가 복잡해질 뿐만 아니라 선이행한 자가 다른 채권자에 비해 유리한 지위를 얻게 되어 부당하고, 민법 제404조(채권자대위권)에 의하여 급부를 행한 계약당사자의 권리보호가 가능하므로 부정설이 타당함.

3. 채권자대위권

> **[민법]**
> **제404조(채권자대위권)** ①채권자는 자기의 채권을 보전하기 위하여 채무자의 권리를 행사할 수 있다. 그러나 일신에 전속한 권리는 그러하지 아니하다.
> ②채권자는 그 채권의 기한이 도래하기 전에는 법원의 허가없이 전항의 권리를 행사하지 못한다. 그러나 보전행위는 그러하지 아니하다.

> **제405조(채권자대위권행사의 통지)** ①채권자가 전조 제1항의 규정에 의하여 보전행위 이외의 권리를 행사한 때에는 채무자에게 통지하여야 한다.
> ②채무자가 전항의 통지를 받은 후에는 그 권리를 처분하여도 이로써 채권자에게 대항하지 못한다.

(1) 법적성질

채권자대위소송은 민법이 권리주체인 채무자와 병행하여 채권자에게 소송수행권을 부여한 결과 채무자를 대위하여 소송수행권을 가지는 **'법정소송담당'**의 한 例(통설, 판례)

(2) 요건

1) 피보전채권의 존재

금전채권, 특정채권 등 채권의 종류는 묻지 않음. 단, 범위 및 내용 등이 구체적으로 정해져 있어야 함.

2) 채권보전의 필요성

피대위권리가 특정채권인 경우 채무자의 무자력(無資力)은 요구되지 않지만, 금전채권인 경우 채무자가 무자력이어야 함. 다만, 판례는 피보전채권과 피대위권리가 밀접하게 관련되어 있어서 채권자대위권을 행사하지 않으면 피보전채권을 유효적절하게 행사할 수 없는 경우 예외적으로 무자력을 요구하지 아니함.

3) 채무자(피대위자)의 권리불행사

채무자가 권리를 행사하는 이상, 그 방법이나 결과를 묻지 않고 채권자대위는 허용되지 아니함.

4) 피대위권리의 존재

행사상 일신전속성이 있는 권리(유류분반환청구권 등 가족법상의 권리)를 제외한 권리는 채권자대위권의 목적이 됨.

(3) 채권자대위권의 행사

1) 행사의 방법

① 원칙 : 제3채무자에 대해 채무자에게 일정한 급부행위를 하라고 청구할 것

② 예외 : 금전지급청구와 같이 수령을 요하는 것이거나, 등기말소청구와 같이 이행의 상대방이 별다른 의미를 가지지 못하는 경우, 채권자(원고)에게 이행할 것을 청구할 수도 있음.[95]

---

95) 이 경우 채권자가 수령한 것은 채무자에게 인도하여야 하지만, 동종의 채권으로서 상계적상에 있는 경우 채권자는 이를 상계함으로써 '사실상 우선변제'를 받는 효과가 있다.

2) 대위권 행사의 통지 – 채무자의 처분권한 제한(민법 제405조)

(4) 채권자대위권 행사의 효과

채권자대위권 행사의 효과는 직접 '채무자'에게 귀속하고, **총채권자를 위한 공동담보**가 됨.

부록

가맹사업거래의 공정화에 관한 법률
(약칭: 가맹사업법)

[시행 2024. 2. 9.] [법률 제19912호, 2024. 1. 2., 일부개정]

제1장 총칙

제1조(목적) 이 법은 가맹사업의 공정한 거래질서를 확립하고 가맹본부와 가맹점사업자가 대등한 지위에서 상호보완적으로 균형있게 발전하도록 함으로써 소비자 복지의 증진과 국민경제의 건전한 발전에 이바지함을 목적으로 한다.

제2조(정의) 이 법에서 사용하는 용어의 정의는 다음과 같다. 〈개정 2007. 8. 3., 2013. 8. 13., 2020. 12. 29., 2021. 5. 18.〉

1. "가맹사업"이라 함은 가맹본부가 가맹점사업자로 하여금 자기의 상표·서비스표·상호·간판 그 밖의 영업표지(이하 "영업표지"라 한다)를 사용하여 일정한 품질기준이나 영업방식에 따라 상품(원재료 및 부재료를 포함한다. 이하 같다) 또는 용역을 판매하도록 함과 아울러 이에 따른 경영 및 영업활동 등에 대한 지원·교육과 통제를 하며, 가맹점사업자는 영업표지의 사용과 경영 및 영업활동 등에 대한 지원·교육의 대가로 가맹본부에 가맹금을 지급하는 계속적인 거래관계를 말한다.

2. "가맹본부"라 함은 가맹사업과 관련하여 가맹점사업자에게 가맹점운영권을 부여하는 사업자를 말한다.

3. "가맹점사업자"라 함은 가맹사업과 관련하여 가맹본부로부터 가맹점운영권을 부여받은 사업자를 말한다.

4. "가맹희망자"란 가맹계약을 체결하기 위하여 가맹본부나 가맹지역본부와 상담하거나 협의하는 자를 말한다.

5. "가맹점운영권"이란 가맹점사업자가 가맹본부의 가맹사업과 관련하여 가맹점을 운영할 수 있는 계약상의 권리를 말한다.

6. "가맹금"이란 명칭이나 지급형태가 어떻든 간에 다음 각 목의 어느 하나에 해당하는 대가를 말한다. 다만, 가맹본부에 귀속되지 아니하는 것으로서 대통령령으로 정하는 대가를 제외한다.

　가. 가입비·입회비·가맹비·교육비 또는 계약금 등 가맹점사업자가 영업표지의 사용허락 등 가맹점운영권이나 영업활동에 대한 지원·교육 등을 받기 위하여 가맹

본부에 지급하는 대가

나. 가맹점사업자가 가맹본부로부터 공급받는 상품의 대금 등에 관한 채무액이나 손해배상액의 지급을 담보하기 위하여 가맹본부에 지급하는 대가

다. 가맹점사업자가 가맹점운영권을 부여받을 당시에 가맹사업을 착수하기 위하여 가맹본부로부터 공급받는 정착물·설비·상품의 가격 또는 부동산의 임차료 명목으로 가맹본부에 지급하는 대가

라. 가맹점사업자가 가맹본부와의 계약에 의하여 허락받은 영업표지의 사용과 영업활동 등에 관한 지원·교육, 그 밖의 사항에 대하여 가맹본부에 정기적으로 또는 비정기적으로 지급하는 대가로서 대통령령으로 정하는 것

마. 그 밖에 가맹희망자나 가맹점사업자가 가맹점운영권을 취득하거나 유지하기 위하여 가맹본부에 지급하는 모든 대가

7. "가맹지역본부"라 함은 가맹본부와의 계약에 의하여 일정한 지역 안에서 가맹점사업자의 모집, 상품 또는 용역의 품질유지, 가맹점사업자에 대한 경영 및 영업활동의 지원·교육·통제 등 가맹본부의 업무의 전부 또는 일부를 대행하는 사업자를 말한다.

8. "가맹중개인"이라 함은 가맹본부 또는 가맹지역본부로부터 가맹점사업자를 모집하거나 가맹계약을 준비 또는 체결하는 업무를 위탁받은 자를 말한다.

9. "가맹계약서"라 함은 가맹사업의 구체적 내용과 조건 등에 있어 가맹본부 또는 가맹점사업자(이하 "가맹사업당사자"라 한다)의 권리와 의무에 관한 사항(특수한 거래조건이나 유의사항이 있는 경우에는 이를 포함한다)을 기재한 문서를 말한다.

10. "정보공개서"란 다음 각 목에 관하여 대통령령으로 정하는 사항을 수록한 문서를 말한다.

가. 가맹본부의 일반 현황

나. 가맹본부의 가맹사업 현황(가맹점사업자의 매출에 관한 사항을 포함한다)

다. 가맹본부와 그 임원(「독점규제 및 공정거래에 관한 법률」 제2조제6호에 따른 임원을 말한다. 이하 같다)이 다음의 어느 하나에 해당하는 경우에는 해당 사실

1) 이 법, 「독점규제 및 공정거래에 관한 법률」 또는 「약관의 규제에 관한 법률」을 위반한 경우

2) 사기·횡령·배임 등 타인의 재산을 영득하거나 편취하는 죄에 관련된 민사소송에서 패소의 확정판결을 받았거나 민사상 화해를 한 경우

    3) 사기 · 횡령 · 배임 등 타인의 재산을 영득하거나 편취하는 죄를 범하여 형을 선

　　고받은 경우

　라. 가맹점사업자의 부담

　마. 영업활동에 관한 조건과 제한

　바. 가맹사업의 영업 개시에 관한 상세한 절차와 소요기간

　사. 가맹본부의 경영 및 영업활동 등에 대한 지원과 교육 · 훈련에 대한 설명

　아. 가맹본부의 직영점(가맹본부의 책임과 계산 하에 직접 운영하는 점포를 말한다.

　이하 같다) 현황(직영점의 운영기간 및 매출에 관한 사항을 포함한다)

11. "점포환경개선"이란 가맹점 점포의 기존 시설, 장비, 인테리어 등을 새로운 디자

인이나 품질의 것으로 교체하거나 신규로 설치하는 것을 말한다. 이 경우 점포의 확장

또는 이전을 수반하거나 수반하지 아니하는 경우를 모두 포함한다.

12. "영업지역"이란 가맹점사업자가 가맹계약에 따라 상품 또는 용역을 판매하는 지

역을 말한다.

제3조(소규모가맹본부에 대한 적용배제 등) ①이 법은 다음 각 호의 어느 하나에 해당하
는 경우에는 적용하지 아니한다. 〈개정 2012. 2. 17., 2013. 8. 13.〉

1. 가맹점사업자가 가맹금의 최초 지급일부터 6개월까지의 기간동안 가맹본부에게

지급한 가맹금의 총액이 100만원 이내의 범위에서 대통령령으로 정하는 금액을 초과

하지 아니하는 경우

2. 가맹본부의 연간 매출액이 2억원 이내의 범위에서 대통령령으로 정하는 일정규모

미만인 경우. 다만, 가맹본부와 계약을 맺은 가맹점사업자의 수가 5개 이상의 범위에

서 대통령령으로 정하는 수 이상인 경우는 제외한다.

② 제1항에도 불구하고 제6조의2부터 제6조의5까지, 제7조, 제9조, 제10조 및 제15

조의2는 모든 가맹사업거래에 대하여 적용한다. 〈신설 2013. 8. 13., 2021. 5. 18.〉

[제목개정 2021. 5. 18.]

제2장 가맹사업거래의 기본원칙

제4조(신의성실의 원칙) 가맹사업당사자는 가맹사업을 영위함에 있어서 각자의 업무를
신의에 따라 성실하게 수행하여야 한다.

제5조(가맹본부의 준수사항) 가맹본부는 다음 각호의 사항을 준수한다.

1. 가맹사업의 성공을 위한 사업구상

2. 상품이나 용역의 품질관리와 판매기법의 개발을 위한 계속적인 노력

3. 가맹점사업자에 대하여 합리적 가격과 비용에 의한 점포설비의 설치, 상품 또는 용역 등의 공급

4. 가맹점사업자와 그 직원에 대한 교육·훈련

5. 가맹점사업자의 경영·영업활동에 대한 지속적인 조언과 지원

6. 가맹계약기간중 가맹점사업자의 영업지역안에서 자기의 직영점을 설치하거나 가맹점사업자와 유사한 업종의 가맹점을 설치하는 행위의 금지

7. 가맹점사업자와의 대화와 협상을 통한 분쟁해결 노력

제6조(가맹점사업자의 준수사항) 가맹점사업자는 다음 각호의 사항을 준수한다.

1. 가맹사업의 통일성 및 가맹본부의 명성을 유지하기 위한 노력

2. 가맹본부의 공급계획과 소비자의 수요충족에 필요한 적정한 재고유지 및 상품진열

3. 가맹본부가 상품 또는 용역에 대하여 제시하는 적절한 품질기준의 준수

4. 제3호의 규정에 의한 품질기준의 상품 또는 용역을 구입하지 못하는 경우 가맹본부가 제공하는 상품 또는 용역의 사용

5. 가맹본부가 사업장의 설비와 외관, 운송수단에 대하여 제시하는 적절한 기준의 준수

6. 취급하는 상품·용역이나 영업활동을 변경하는 경우 가맹본부와의 사전 협의

7. 상품 및 용역의 구입과 판매에 관한 회계장부 등 가맹본부의 통일적 사업경영 및 판매전략의 수립에 필요한 자료의 유지와 제공

8. 가맹점사업자의 업무현황 및 제7호의 규정에 의한 자료의 확인과 기록을 위한 가맹본부의 임직원 그 밖의 대리인의 사업장 출입허용

9. 가맹본부의 동의를 얻지 아니한 경우 사업장의 위치변경 또는 가맹점운영권의 양도 금지

10. 가맹계약기간중 가맹본부와 동일한 업종을 영위하는 행위의 금지

11. 가맹본부의 영업기술이나 영업비밀의 누설 금지

12. 영업표지에 대한 제3자의 침해사실을 인지하는 경우 가맹본부에 대한 영업표지 침해사실의 통보와 금지조치에 필요한 적절한 협력

제3장 가맹사업거래의 공정화

제6조의2(정보공개서의 등록 등) ① 가맹본부는 가맹희망자에게 제공할 정보공개서를 대통령령으로 정하는 바에 따라 공정거래위원회 또는 특별시장·광역시장·특별자치시장·도지사·특별자치도지사(이하 "시·도지사"라 한다)에게 등록하여야 한다. 〈개정 2013. 8. 13., 2018. 1. 16.〉

② 가맹본부는 제1항에 따라 등록한 정보공개서의 기재사항 중 대통령령으로 정하는 사항을 변경하려는 경우에는 대통령령으로 정하는 기한 이내에 공정거래위원회 또는 시·도지사에게 기재사항의 변경등록을 하여야 한다. 다만, 대통령령으로 정하는 경미한 사항을 변경하려는 경우에는 신고하여야 한다. 〈신설 2013. 8. 13., 2018. 1. 16.〉

③공정거래위원회 및 시·도지사는 제1항 또는 제2항에 따라 등록·변경등록하거나 신고한 정보공개서를 공개하여야 한다. 다만, 「개인정보 보호법」 제2조제1호에 따른 개인정보와 「부정경쟁방지 및 영업비밀보호에 관한 법률」 제2조제2호에 따른 영업비밀은 제외한다. 〈개정 2013. 8. 13., 2016. 12. 20., 2018. 1. 16.〉

④공정거래위원회 및 시·도지사는 제3항에 따라 정보공개서를 공개하는 경우 해당 가맹본부에 공개하는 내용과 방법을 미리 통지하여야 하고, 사실과 다른 내용을 정정할 수 있는 기회를 주어야 한다. 〈개정 2013. 8. 13., 2016. 3. 29., 2018. 1. 16.〉

⑤공정거래위원회는 제3항에 따른 정보공개서의 공개(시·도지사가 공개하는 경우를 포함한다)를 위하여 예산의 범위 안에서 가맹사업정보제공시스템을 구축·운용할 수 있다. 〈개정 2013. 8. 13., 2018. 1. 16.〉

⑥그 밖에 정보공개서의 등록, 변경등록, 신고 및 공개의 방법과 절차는 대통령령으로 정한다. 〈개정 2013. 8. 13.〉[본조신설 2007. 8. 3.]

제6조의3(정보공개서 등록의 거부 등) ①공정거래위원회 및 시·도지사는 제6조의2에 따른 정보공개서 등록 신청이 다음 각 호의 어느 하나에 해당하는 경우에는 정보공개서의 등록을 거부하거나 그 내용의 변경을 요구할 수 있다. 〈개정 2016. 12. 20., 2018. 1. 16., 2021. 5. 18.〉

  1. 정보공개서나 그 밖의 신청서류에 거짓이 있거나 필요한 내용을 적지 아니한 경우
  2. 정보공개서에 기재된 가맹사업의 내용에 다른 법률에서 금지하고 있는 사항이 포함되어 있는 경우

3. 제6조의2제1항에 따라 정보공개서를 신규로 등록하는 경우 등록 신청일 현재 정보공개서에 기재된 가맹사업과 영업표지가 동일하고 같은 품질기준이나 영업방식에 따라 상품이나 용역을 판매하는 직영점이 없거나, 그 운영기간(해당 직영점을 가맹본부가 운영하기 전에 가맹본부의 임원이 운영한 경우 대통령령으로 정하는 바에 따라 임원이 운영한 기간도 직영점 운영기간으로 본다)이 1년 미만인 경우. 다만, 가맹본부가 가맹사업의 영위를 위하여 관련 법령에 따라 허가·면허를 받아야 하는 등 직영점 운영이 불필요하다고 인정되는 사유로 대통령령으로 정하는 경우에는 이 규정을 적용하지 아니한다.

②공정거래위원회 및 시·도지사는 정보공개서의 등록을 하였을 때에는 가맹본부에게 등록증을 내주어야 한다. 〈개정 2016. 12. 20., 2018. 1. 16.〉 [본조신설 2007. 8. 3.]

제6조의4(정보공개서 등록의 취소) ①공정거래위원회 및 시·도지사는 정보공개서가 다음 각 호의 어느 하나에 해당하는 경우에는 그 등록을 취소할 수 있다. 다만, 제1호 및 제2호에 해당하는 경우에는 등록을 취소하여야 한다. 〈개정 2013. 8. 13., 2016. 12. 20., 2018. 1. 16.〉

1. 거짓이나 그 밖의 부정한 방법으로 정보공개서가 등록된 경우

2. 제6조의3제1항제2호에 해당하는 경우

3. 제2조제10호 각 목의 기재사항 중 대통령령으로 정하는 중요한 사항(이하 "중요사항"이라 한다)이 누락된 경우

4. 가맹본부가 폐업 신고를 한 경우

5. 가맹본부가 정보공개서 등록취소를 요청하는 경우

② 공정거래위원회 및 시·도지사는 정보공개서 등록이 취소된 가맹본부의 명단을 공개할 수 있다. 〈신설 2013. 8. 13., 2018. 1. 16.〉 [본조신설 2007. 8. 3.]

제6조의5(가맹금 예치 등) ①가맹본부는 가맹점사업자(가맹희망자를 포함한다. 이하 이 조, 제15조의2 및 제41조제3항제1호에서 같다)로 하여금 가맹금(제2조제6호가목 및 나목에 해당하는 대가로서 금전으로 지급하는 경우에 한하며, 계약체결 전에 가맹금을 지급한 경우에는 그 가맹금을 포함한다. 이하 "예치가맹금"이라 한다)을 대통령령으로 정하는 기관(이하 "예치기관"이라 한다)에 예치하도록 하여야 한다. 다만, 가맹본부가 제15조의2에 따른 가맹점사업자피해보상보험계약 등을 체결한 경우에는 그러하지 아

니하다. 〈개정 2016. 3. 29.〉

②예치기관의 장은 가맹점사업자가 예치가맹금을 예치한 경우에는 예치일부터 7일 이내에 그 사실을 가맹본부에 통지하여야 한다.

③가맹본부는 다음 각 호의 어느 하나에 해당하는 경우에는 예치기관의 장에게 대통령령으로 정하는 바에 따라 예치가맹금의 지급을 요청할 수 있다. 이 경우 예치기관의 장은 10일 이내에 예치가맹금을 가맹본부에 지급하여야 한다.

  1. 가맹점사업자가 영업을 개시한 경우

  2. 가맹계약 체결일부터 2개월이 경과한 경우. 다만, 2개월이 경과하기 전에 가맹점사업자가 제5항제1호부터 제3호까지의 규정 중 어느 하나에 해당하는 조치를 취한 사실을 예치기관의 장에게 서면으로 통보한 경우에는 그러하지 아니하다.

④가맹본부는 거짓이나 그 밖의 부정한 방법으로 예치가맹금의 지급을 요청하여서는 아니 된다.

⑤예치기관의 장은 제1호부터 제3호까지의 규정 중 어느 하나에 해당하는 경우에는 제24조에 따른 가맹사업거래분쟁조정협의회의 조정이나 그 밖의 분쟁해결의 결과(이하 "분쟁조정 등의 결과"라 한다) 또는 제33조에 따른 공정거래위원회의 시정조치가 확정될 때(공정거래위원회의 시정조치에 대하여 이의신청이 제기된 경우에는 재결이, 시정조치나 재결에 대하여 소가 제기된 경우에는 확정판결이 각각 확정된 때를 말한다. 이하 이 조에서 같다)까지 예치가맹금의 지급을 보류하여야 하고, 제4호에 해당하는 경우에는 예치가맹금의 지급요청을 거부하거나 가맹본부에 그 내용의 변경을 요구하여야 한다.

  1. 가맹점사업자가 예치가맹금을 반환받기 위하여 소를 제기한 경우

  2. 가맹점사업자가 예치가맹금을 반환받기 위하여 알선, 조정, 중재 등을 신청한 경우

  3. 가맹점사업자가 제10조의 위반을 이유로 가맹본부를 공정거래위원회에 신고한 경우

  4. 가맹본부가 제4항을 위반하여 거짓이나 그 밖의 부정한 방법으로 예치가맹금의 지급을 요청한 경우

⑥예치기관의 장은 가맹본부 또는 가맹점사업자가 분쟁조정 등의 결과나 시정조치 결과를 첨부하여 예치가맹금의 지급 또는 반환을 요청하는 경우 요청일부터 30일 이내에 그 결과에 따라 예치가맹금을 가맹본부에 지급하거나 가맹점사업자에게 반환하여야 한다.

⑦예치기관의 장은 가맹점사업자가 가맹본부의 동의를 받아 예치가맹금의 반환을 요청하는 경우에는 제5항 및 제6항에도 불구하고 요청일부터 10일 이내에 예치가맹금을 가

맹점사업자에게 반환하여야 한다.

⑧그 밖에 가맹금의 예치 등에 관하여 필요한 사항은 대통령령으로 정한다.

[본조신설 2007. 8. 3.]

제7조(정보공개서의 제공의무 등) ①가맹본부(가맹지역본부 또는 가맹중개인이 가맹점사업자를 모집하는 경우를 포함한다. 이하 같다)는 가맹희망자에게 제6조의2제1항 및 제2항에 따라 등록 또는 변경등록한 정보공개서를 내용증명우편 등 제공시점을 객관적으로 확인할 수 있는 대통령령으로 정하는 방법에 따라 제공하여야 한다. 〈개정 2007. 8. 3., 2013. 8. 13.〉

②가맹본부는 제1항에 따라 정보공개서를 제공할 경우에는 가맹희망자의 장래 점포 예정지에서 가장 인접한 가맹점 10개(정보공개서 제공시점에 가맹희망자의 장래 점포 예정지가 속한 광역지방자치단체에서 영업 중인 가맹점의 수가 10개 미만인 경우에는 해당 광역지방자치단체 내의 가맹점 전체)의 상호, 소재지 및 전화번호가 적힌 문서(이하 "인근가맹점 현황문서"라 한다)를 함께 제공하여야 한다. 다만, 정보공개서를 제공할 때 장래 점포 예정지가 확정되지 아니한 경우에는 확정되는 즉시 제공하여야 한다. 〈신설 2013. 8. 13.〉

③가맹본부는 등록된 정보공개서 및 인근가맹점 현황문서(이하 "정보공개서등"이라 한다)를 제1항의 방법에 따라 제공하지 아니하였거나 정보공개서등을 제공한 날부터 14일(가맹희망자가 정보공개서에 대하여 변호사 또는 제27조에 따른 가맹거래사의 자문을 받은 경우에는 7일로 한다)이 지나지 아니한 경우에는 다음 각 호의 어느 하나에 해당하는 행위를 하여서는 아니 된다. 〈신설 2007. 8. 3., 2013. 8. 13.〉

   1. 가맹희망자로부터 가맹금을 수령하는 행위. 이 경우 가맹희망자가 예치기관에 예치가맹금을 예치하는 때에는 최초로 예치한 날(가맹본부가 가맹희망자와 최초로 가맹금을 예치하기로 합의한 때에는 그 날)에 가맹금을 수령한 것으로 본다.

   2. 가맹희망자와 가맹계약을 체결하는 행위

④공정거래위원회는 대통령령이 정하는 바에 따라 정보공개서의 표준양식을 정하여 가맹본부 또는 가맹본부로 구성된 사업자단체에게 그 사용을 권장할 수 있다. 〈개정 2007. 8. 3., 2013. 8. 13.〉 [제목개정 2007. 8. 3.]

제8조 삭제 〈2007. 8. 3.〉

제9조(허위·과장된 정보제공 등의 금지) ① 가맹본부는 가맹희망자나 가맹점사업자에게

정보를 제공함에 있어서 다음 각 호의 행위를 하여서는 아니 된다. 〈개정 2013. 8. 13.〉

1. 사실과 다르게 정보를 제공하거나 사실을 부풀려 정보를 제공하는 행위(이하 "허위 · 과장의 정보제공행위"라 한다)

2. 계약의 체결 · 유지에 중대한 영향을 미치는 사실을 은폐하거나 축소하는 방법으로 정보를 제공하는 행위(이하 "기만적인 정보제공행위"라 한다)

② 제1항 각 호의 행위의 유형은 대통령령으로 정한다. 〈신설 2013. 8. 13.〉

③ 가맹본부는 가맹희망자나 가맹점사업자에게 다음 각 호의 어느 하나에 해당하는 정보를 제공하는 경우에는 서면으로 하여야 한다. 〈개정 2007. 8. 3., 2013. 8. 13.〉

1. 가맹희망자의 예상매출액 · 수익 · 매출총이익 · 순이익 등 장래의 예상수익상황에 관한 정보

2. 가맹점사업자의 매출액 · 수익 · 매출총이익 · 순이익 등 과거의 수익상황이나 장래의 예상수익상황에 관한 정보

④ 가맹본부는 제3항에 따라 정보를 제공하는 경우에는 그 정보의 산출근거가 되는 자료로서 대통령령으로 정하는 자료를 가맹본부의 사무소에 비치하여야 하며, 영업시간 중에 언제든지 가맹희망자나 가맹점사업자의 요구가 있는 경우 그 자료를 열람할 수 있도록 하여야 한다. 〈개정 2007. 8. 3., 2013. 8. 13.〉

⑤ 제3항에도 불구하고 다음 각 호의 어느 하나에 해당하는 가맹본부는 가맹계약을 체결할 때 가맹희망자에게 대통령령으로 정하는 예상매출액의 범위 및 그 산출 근거를 서면(이하 "예상매출액 산정서"라 한다)으로 제공하여야 한다. 〈신설 2013. 8. 13.〉

1. 중소기업자(「중소기업기본법」 제2조제1항 또는 제3항에 따른 자를 말한다)가 아닌 가맹본부

2. 직전 사업연도 말 기준으로 가맹본부와 계약을 체결 · 유지하고 있는 가맹점사업자(가맹본부가 복수의 영업표지를 보유하고 있는 경우에는 동일 영업표지를 사용하는 가맹점사업자에 한정한다)의 수가 대통령령으로 정하는 수 이상인 가맹본부

⑥ 가맹본부는 예상매출액 산정서를 가맹계약 체결일부터 5년간 보관하여야 한다. 〈신설 2013. 8. 13.〉

⑦ 공정거래위원회는 예상매출액 산정서의 표준양식을 정하여 사용을 권장할 수 있다. 〈신설 2013. 8. 13.〉

제10조(가맹금의 반환) ①가맹본부는 다음 각 호의 어느 하나에 해당하는 경우에는 가

맹희망자나 가맹점사업자가 대통령령으로 정하는 사항이 적힌 서면으로 요구하는 날부터 1개월 이내에 가맹금을 반환하여야 한다. 〈개정 2007. 8. 3., 2013. 8. 13.〉

1. 가맹본부가 제7조제3항을 위반한 경우로서 가맹희망자 또는 가맹점사업자가 가맹계약 체결 전 또는 가맹계약의 체결일부터 4개월 이내에 가맹금의 반환을 요구하는 경우

2. 가맹본부가 제9조제1항을 위반한 경우로서 가맹희망자가 가맹계약 체결 전에 가맹금의 반환을 요구하는 경우

3. 가맹본부가 제9조제1항을 위반한 경우로서 허위 또는 과장된 정보나 중요사항의 누락된 내용이 계약 체결에 중대한 영향을 준 것으로 인정되어 가맹점사업자가 가맹계약의 체결일부터 4개월 이내에 가맹금의 반환을 요구하는 경우

4. 가맹본부가 정당한 사유 없이 가맹사업을 일방적으로 중단하고 가맹점사업자가 대통령령으로 정하는 가맹사업의 중단일부터 4개월 이내에 가맹금의 반환을 요구하는 경우

②제1항의 규정에 의하여 반환하는 가맹금의 금액을 정함에 있어서는 가맹계약의 체결경위, 금전이나 그 밖에 지급된 대가의 성격, 가맹계약기간, 계약이행기간, 가맹사업당사자의 귀책정도 등을 고려하여야 한다. 〈개정 2007. 8. 3.〉

제11조(가맹계약서의 기재사항 등) ①가맹본부는 가맹희망자가 가맹계약의 내용을 미리 이해할 수 있도록 제2항 각 호의 사항이 적힌 문서를 가맹희망자에게 제공한 날부터 14일이 지나지 아니한 경우에는 다음 각 호의 어느 하나에 해당하는 행위를 하여서는 아니 된다. 〈개정 2007. 8. 3., 2017. 4. 18.〉

1. 가맹희망자로부터 가맹금을 수령하는 행위. 이 경우 가맹희망자가 예치기관에 예치가맹금을 예치하는 때에는 최초로 예치한 날(가맹희망자가 최초로 가맹금을 예치하기로 가맹본부와 합의한 날이 있는 경우에는 그 날)에 가맹금을 수령한 것으로 본다.

2. 가맹희망자와 가맹계약을 체결하는 행위

②가맹계약서는 다음 각호의 사항을 포함하여야 한다. 〈개정 2007. 8. 3., 2018. 10. 16.〉

1. 영업표지의 사용권 부여에 관한 사항

2. 가맹점사업자의 영업활동 조건에 관한 사항

3. 가맹점사업자에 대한 교육 · 훈련, 경영지도에 관한 사항

4. 가맹금 등의 지급에 관한 사항

5. 영업지역의 설정에 관한 사항

6. 계약기간에 관한 사항

7. 영업의 양도에 관한 사항

8. 계약해지의 사유에 관한 사항

9. 가맹희망자 또는 가맹점사업자가 가맹계약을 체결한 날부터 2개월(가맹점사업자가 2개월 이전에 가맹사업을 개시하는 경우에는 가맹사업개시일)까지의 기간 동안 예치가맹금을 예치기관에 예치하여야 한다는 사항. 다만, 가맹본부가 제15조의2에 따른 가맹점사업자피해보상보험계약 등을 체결한 경우에는 그에 관한 사항으로 한다.

10. 가맹희망자가 정보공개서에 대하여 변호사 또는 제27조에 따른 가맹거래사의 자문을 받은 경우 이에 관한 사항

11. 가맹본부 또는 가맹본부 임원의 위법행위 또는 가맹사업의 명성이나 신용을 훼손하는 등 사회상규에 반하는 행위로 인하여 가맹점사업자에게 발생한 손해에 대한 배상의무에 관한 사항

12. 그 밖에 가맹사업당사자의 권리·의무에 관한 사항으로서 대통령령이 정하는 사항

③가맹본부는 가맹계약서를 가맹사업의 거래가 종료된 날부터 3년간 보관하여야 한다.

④공정거래위원회는 가맹본부에게 건전한 가맹사업거래질서를 확립하고 불공정한 내용의 가맹계약이 통용되는 것을 방지하기 위하여 일정한 가맹사업거래에서 표준이 되는 가맹계약서의 작성 및 사용을 권장할 수 있다. [제목개정 2007. 8. 3.]

제11조의2(표준가맹계약서) ①공정거래위원회는 건전한 가맹사업거래질서를 확립하고 불공정한 내용의 가맹계약이 통용되는 것을 방지하기 위하여 일정한 가맹사업거래에서 표준이 되는 가맹계약서(이하 "표준가맹계약서"라 한다)를 마련하고, 가맹본부, 가맹본부로 구성된 사업자단체, 가맹점사업자 및 제14조의2에 따른 가맹점사업자단체에 이를 사용하도록 권장할 수 있다.

②가맹본부, 가맹본부로 구성된 사업자단체, 가맹점사업자 및 제14조의2에 따른 가맹점사업자단체는 공정거래위원회에 표준가맹계약서의 제정 또는 개정을 요청할 수 있다.

③공정거래위원회는 표준가맹계약서의 제정 또는 개정을 위하여 필요한 경우 이해관계자 또는 가맹사업거래에 관한 학식과 경험이 풍부한 전문가 등으로부터 의견을 들을 수 있다.

④제1항부터 제3항까지에서 규정한 사항 외에 표준가맹계약서의 제정 또는 개정에 필요한 세부 사항은 공정거래위원회가 정하여 고시한다.

[본조신설 2023. 6. 20.]

제12조(불공정거래행위의 금지) ①가맹본부는 다음 각 호의 어느 하나에 해당하는 행위로서 가맹사업의 공정한 거래를 저해할 우려가 있는 행위를 하거나 다른 사업자로 하여금 이를 행하도록 하여서는 아니된다. 〈개정 2007. 8. 3., 2013. 8. 13., 2016. 3. 29.〉

  1. 가맹점사업자에 대하여 상품이나 용역의 공급 또는 영업의 지원 등을 부당하게 중단 또는 거절하거나 그 내용을 현저히 제한하는 행위

  2. 가맹점사업자가 취급하는 상품 또는 용역의 가격, 거래상대방, 거래지역이나 가맹점사업자의 사업활동을 부당하게 구속하거나 제한하는 행위

  3. 거래상의 지위를 이용하여 부당하게 가맹점사업자에게 불이익을 주는 행위

  4. 삭제 〈2013. 8. 13.〉

  5. 계약의 목적과 내용, 발생할 손해 등 대통령령으로 정하는 기준에 비하여 과중한 위약금을 부과하는 등 가맹점사업자에게 부당하게 손해배상 의무를 부담시키는 행위

  6. 제1호부터 제3호까지 및 제5호 외의 행위로서 부당하게 경쟁가맹본부의 가맹점사업자를 자기와 거래하도록 유인하는 행위 등 가맹사업의 공정한 거래를 저해할 우려가 있는 행위

②제1항 각호의 규정에 의한 행위의 유형 또는 기준은 대통령령으로 정한다.

제12조의2(부당한 점포환경개선 강요 금지 등) ①가맹본부는 대통령령으로 정하는 정당한 사유 없이 점포환경개선을 강요하여서는 아니 된다.

②가맹본부는 가맹점사업자의 점포환경개선에 소요되는 비용으로서 대통령령으로 정하는 비용의 100분의 40 이내의 범위에서 대통령령으로 정하는 비율에 해당하는 금액을 부담하여야 한다. 다만, 다음 각 호의 어느 하나에 해당하는 경우에는 그러하지 아니하다.

1. 가맹본부의 권유 또는 요구가 없음에도 가맹점사업자의 자발적 의사에 의하여 점포환경개선을 실시하는 경우

2. 가맹점사업자의 귀책사유로 인하여 위생·안전 및 이와 유사한 문제가 발생하여 불가피하게 점포환경개선을 하는 경우

③ 제2항에 따라 가맹본부가 부담할 비용의 산정, 청구 및 지급절차, 그 밖에 필요한 사항은 대통령령으로 정한다.

[본조신설 2013. 8. 13.]

제12조의3(부당한 영업시간 구속 금지) ① 가맹본부는 정상적인 거래관행에 비추어 부당하게 가맹점사업자의 영업시간을 구속하는 행위(이하 "부당한 영업시간 구속"이라 한

다)를 하여서는 아니 된다.

② 다음 각 호의 어느 하나에 해당하는 가맹본부의 행위는 부당한 영업시간 구속으로 본다.

　1. 가맹점사업자의 점포가 위치한 상권의 특성 등의 사유로 대통령령으로 정하는 심야 영업시간대의 매출이 그 영업에 소요되는 비용에 비하여 저조하여 대통령령으로 정하는 일정한 기간 동안 영업손실이 발생함에 따라 가맹점사업자가 영업시간 단축을 요구함에도 이를 허용하지 아니하는 행위

　2. 가맹점사업자가 질병의 발병과 치료 등 불가피한 사유로 인하여 필요 최소한의 범위에서 영업시간의 단축을 요구함에도 이를 허용하지 아니하는 행위

　[본조신설 2013. 8. 13.]

제12조의4(부당한 영업지역 침해금지) ① 가맹본부는 가맹계약 체결 시 가맹점사업자의 영업지역을 설정하여 가맹계약서에 이를 기재하여야 한다.

② 가맹본부가 가맹계약 갱신과정에서 상권의 급격한 변화 등 대통령령으로 정하는 사유가 발생하여 기존 영업지역을 변경하기 위해서는 가맹점사업자와 합의하여야 한다. 〈개정 2018. 1. 16.〉

③ 가맹본부는 정당한 사유 없이 가맹계약기간 중 가맹점사업자의 영업지역 안에서 가맹점사업자와 동일한 업종(수요층의 지역적·인적 범위, 취급품목, 영업형태 및 방식 등에 비추어 동일하다고 인식될 수 있을 정도의 업종을 말한다)의 자기 또는 계열회사(「독점규제 및 공정거래에 관한 법률」 제2조제12호에 따른 계열회사를 말한다. 이하 같다)의 직영점이나 가맹점을 설치하는 행위를 하여서는 아니 된다. 〈개정 2018. 1. 16., 2020. 12. 29.〉 [본조신설 2013. 8. 13.]

제12조의5(보복조치의 금지) 가맹본부는 가맹점사업자가 다음 각 호의 어느 하나에 해당하는 행위를 한 것을 이유로 그 가맹점사업자에 대하여 상품·용역의 공급이나 경영·영업활동 지원의 중단, 거절 또는 제한, 가맹계약의 해지, 그 밖에 불이익을 주는 행위를 하거나 계열회사 또는 다른 사업자로 하여금 이를 행하도록 하여서는 아니된다.

　1. 제22조제1항에 따른 분쟁조정의 신청

　2. 제32조의2에 따른 공정거래위원회의 서면실태조사에 대한 협조

　3. 제32조의3제1항에 따른 신고 및 같은 조 제2항에 따른 공정거래위원회의 조사에 대한 협조

[본조신설 2018. 1. 16.] [종전 제12조의5는 제12조의7로 이동 〈2018. 1. 16.〉]

제12조의6(광고·판촉행사의 실시 및 집행 내역 통보) ① 가맹본부는 가맹점사업자가 비용의 전부 또는 일부를 부담하는 광고나 판촉행사를 실시하려는 경우(가맹본부 및 가맹점사업자가 대통령령으로 정하는 바에 따라 체결한 광고·판촉행사의 약정에 따라 실시하는 경우는 제외한다) 그 비용 부담에 관하여 전체 가맹점사업자 중 대통령령으로 정하는 비율 이상의 가맹점사업자의 동의를 받아야 한다. 다만, 판촉행사의 경우에는 해당 판촉행사의 비용 부담에 동의한 가맹점사업자만을 대상으로 하여 이를 실시할 수 있다.

② 가맹본부는 가맹점사업자가 비용의 전부 또는 일부를 부담하는 광고나 판촉행사를 실시한 경우 그 집행 내역을 가맹점사업자에게 통보하고 가맹점사업자의 요구가 있는 경우 이를 열람할 수 있도록 하여야 한다.

③ 제1항에 따른 가맹점사업자의 동의 및 제2항에 따른 집행 내역 통보·열람의 방법과 절차 등에 관하여 필요한 사항은 대통령령으로 정한다.

[전문개정 2022. 1. 4.]

제12조의7(업종별 거래기준 권고) 공정거래위원회는 가맹사업거래의 공정한 거래질서 확립을 위하여 필요한 경우 업종별로 바람직한 거래기준을 정하여 가맹본부에 이의 준수를 권고할 수 있다.

[본조신설 2013. 8. 13.] [제12조의5에서 이동 〈2018. 1. 16.〉]

제13조(가맹계약의 갱신 등) ①가맹본부는 가맹점사업자가 가맹계약기간 만료 전 180일부터 90일까지 사이에 가맹계약의 갱신을 요구하는 경우 정당한 사유 없이 이를 거절하지 못한다. 다만, 다음 각 호의 어느 하나에 해당하는 경우에는 그러하지 아니하다.

1. 가맹점사업자가 가맹계약상의 가맹금 등의 지급의무를 지키지 아니한 경우

2. 다른 가맹점사업자에게 통상적으로 적용되는 계약조건이나 영업방침을 가맹점사업자가 수락하지 아니한 경우

3. 가맹사업의 유지를 위하여 필요하다고 인정되는 것으로서 다음 각 목의 어느 하나에 해당하는 가맹본부의 중요한 영업방침을 가맹점사업자가 지키지 아니한 경우

   가. 가맹점의 운영에 필요한 점포·설비의 확보나 법령상 필요한 자격·면허·허가의 취득에 관한 사항

   나. 판매하는 상품이나 용역의 품질을 유지하기 위하여 필요한 제조공법 또는 서비스기법의 준수에 관한 사항

   다. 그 밖에 가맹점사업자가 가맹사업을 정상적으로 유지하기 위하여 필요하다고

인정되는 것으로서 대통령령으로 정하는 사항

②가맹점사업자의 계약갱신요구권은 최초 가맹계약기간을 포함한 전체 가맹계약기간이 10년을 초과하지 아니하는 범위 내에서만 행사할 수 있다.

③가맹본부가 제1항에 따른 갱신 요구를 거절하는 경우에는 그 요구를 받은 날부터 15일 이내에 가맹점사업자에게 거절 사유를 적어 서면으로 통지하여야 한다.

④가맹본부가 제3항의 거절 통지를 하지 아니하거나 가맹계약기간 만료 전 180일부터 90일까지 사이에 가맹점사업자에게 조건의 변경에 대한 통지나 가맹계약을 갱신하지 아니한다는 사실의 통지를 서면으로 하지 아니하는 경우에는 계약 만료 전의 가맹계약과 같은 조건으로 다시 가맹계약을 체결한 것으로 본다. 다만, 가맹점사업자가 계약이 만료되는 날부터 60일 전까지 이의를 제기하거나 가맹본부나 가맹점사업자에게 천재지변이나 그 밖에 대통령령으로 정하는 부득이한 사유가 있는 경우에는 그러하지 아니하다.

[전문개정 2007. 8. 3.]

제14조(가맹계약해지의 제한) ①가맹본부는 가맹계약을 해지하려는 경우에는 가맹점사업자에게 2개월 이상의 유예기간을 두고 계약의 위반 사실을 구체적으로 밝히고 이를 시정하지 아니하면 그 계약을 해지한다는 사실을 서면으로 2회 이상 통지하여야 한다. 다만, 가맹사업의 거래를 지속하기 어려운 경우로서 대통령령이 정하는 경우에는 그러하지 아니하다. 〈개정 2007. 8. 3.〉

②제1항의 규정에 의한 절차를 거치지 아니한 가맹계약의 해지는 그 효력이 없다.

제14조의2(가맹점사업자단체의 거래조건 변경 협의 등) ① 가맹점사업자는 권익보호 및 경제적 지위 향상을 도모하기 위하여 단체(이하 "가맹점사업자단체"라 한다)를 구성할 수 있다.

② 특정 가맹본부와 가맹계약을 체결·유지하고 있는 가맹점사업자(복수의 영업표지를 보유한 가맹본부와 계약 중인 가맹점사업자의 경우에는 동일한 영업표지를 사용하는 가맹점사업자로 한정한다)로만 구성된 가맹점사업자단체는 그 가맹본부에 대하여 가맹계약의 변경 등 거래조건(이하 이 조에서 "거래조건"이라 한다)에 대한 협의를 요청할 수 있다.

③ 제2항에 따른 협의를 요청받은 경우 가맹본부는 성실하게 협의에 응하여야 한다. 다만, 복수의 가맹점사업자단체가 협의를 요청할 경우 가맹본부는 다수의 가맹점사업자로 구성된 가맹점사업자단체와 우선적으로 협의한다.

④ 제2항에 따른 협의와 관련하여 가맹점사업자단체는 가맹사업의 통일성이나 본질적

사항에 반하는 거래조건을 요구하는 행위, 가맹본부의 경영 등에 부당하게 간섭하는 행위 또는 부당하게 경쟁을 제한하는 행위를 하여서는 아니 된다.

⑤ 가맹본부는 가맹점사업자단체의 구성·가입·활동 등을 이유로 가맹점사업자에게 불이익을 주는 행위를 하거나 가맹점사업자단체에 가입 또는 가입하지 아니할 것을 조건으로 가맹계약을 체결하여서는 아니 된다.

[본조신설 2013. 8. 13.]

제15조(자율규약) ①가맹본부 또는 가맹본부를 구성원으로 하는 사업자단체는 가맹사업의 공정한 거래질서를 유지하기 위하여 자율적으로 규약을 정할 수 있다.

②가맹본부 또는 가맹본부를 구성원으로 하는 사업자단체는 제1항의 규정에 의하여 자율규약을 정하고자 하는 경우 그 규약이 제12조제1항의 규정에 위반하는 지에 대한 심사를 공정거래위원회에 요청할 수 있다.

③공정거래위원회는 제2항의 규정에 의하여 자율규약의 심사를 요청받은 때에는 그 요청을 받은 날부터 60일 이내에 심사결과를 신청인에게 통보하여야 한다.

제15조의2(가맹점사업자피해보상보험계약 등) ①가맹본부는 가맹점사업자의 피해를 보상하기 위하여 다음 각 호의 어느 하나에 해당하는 계약(이하 "가맹점사업자피해보상보험계약 등"이라 한다)을 체결할 수 있다. 〈개정 2012. 2. 17.〉

　1. 「보험업법」에 따른 보험계약

　2. 가맹점사업자 피해보상금의 지급을 확보하기 위한 「금융위원회의 설치 등에 관한 법률」 제38조에 따른 기관의 채무지급보증계약

　3. 제15조의3에 따라 설립된 공제조합과의 공제계약

②가맹점사업자피해보상보험계약 등에 의하여 가맹점사업자 피해보상금을 지급할 의무가 있는 자는 그 지급사유가 발생한 경우 지체 없이 이를 지급하여야 한다. 이를 지연한 경우에는 지연배상금을 지급하여야 한다.

③가맹점사업자피해보상보험계약 등을 체결하고자 하는 가맹본부는 가맹점사업자피해보상보험계약 등을 체결하기 위하여 매출액 등의 자료를 제출함에 있어서 거짓 자료를 제출하여서는 아니 된다.

④가맹본부는 가맹점사업자피해보상보험계약 등을 체결함에 있어서 가맹점사업자의 피해보상에 적절한 수준이 되도록 하여야 한다.

⑤가맹점사업자피해보상보험계약 등을 체결한 가맹본부는 그 사실을 나타내는 표지를

사용할 수 있다.

⑥가맹점사업자피해보상보험계약 등을 체결하지 아니한 가맹본부는 제5항에 따른 표지를 사용하거나 이와 유사한 표지를 제작 또는 사용하여서는 아니 된다.

⑦그 밖에 가맹점사업자피해보상보험계약 등에 대하여 필요한 사항은 대통령령으로 정한다.

[본조신설 2007. 8. 3.]

제15조의3(공제조합의 설립) ①가맹본부는 제15조의2제1항제3호에 따른 공제사업을 영위하기 위하여 공정거래위원회의 인가를 받아 공제조합(이하 "공제조합"이라 한다)을 설립할 수 있다.

②공제조합은 법인으로 하며, 주된 사무소의 소재지에 설립등기를 함으로써 성립한다.

③공제조합에 가입한 가맹본부는 공제사업의 수행에 필요한 출자금 등을 조합에 납부하여야 한다.

④공제조합의 기본재산은 조합원의 출자금 등으로 조성한다.

⑤공제조합의 조합원의 자격, 임원에 관한 사항 및 출자금의 부담기준에 관한 사항은 정관으로 정한다.

⑥공제조합의 설립인가 기준 및 절차, 정관기재사항, 운영 및 감독 등에 관하여 필요한 사항은 대통령령으로 정한다.

⑦공제조합이 제1항에 따른 공제사업을 하고자 하는 때에는 공제규정을 정하여 공정거래위원회의 인가를 받아야 한다. 공제규정을 변경하고자 하는 때에도 또한 같다.

⑧제7항의 공제규정에는 공제사업의 범위, 공제료, 공제사업에 충당하기 위한 책임준비금 등 공제사업의 운영에 관하여 필요한 사항을 포함하여야 한다.

⑨공제조합에 관하여 이 법에 규정된 것을 제외하고는 「민법」 중 사단법인에 관한 규정을 준용한다.

⑩이 법에 따른 공제조합의 사업에 대하여는 「보험업법」을 적용하지 아니한다.

[본조신설 2007. 8. 3.]

제15조의4(가맹본부와 가맹점사업자 간 협약체결의 권장 등) ① 공정거래위원회는 가맹본부와 가맹점사업자가 가맹사업 관계 법령의 준수 및 상호 지원·협력을 약속하는 자발적인 협약을 체결하도록 권장할 수 있다.

② 공정거래위원회는 가맹본부와 가맹점사업자가 제1항에 따른 협약을 체결하는 경우

그 이행을 독려하기 위하여 포상 등 지원시책을 마련하여 시행하여야 한다.

③ 공정거래위원회는 제1항 및 제2항에 따른 협약의 내용·체결절차·이행실적평가 및 지원시책 등에 필요한 사항을 정한다.

[본조신설 2013. 8. 13.]

제15조의5(신고포상금) ① 공정거래위원회는 이 법의 위반행위를 신고하거나 제보하고 그 신고나 제보를 입증할 수 있는 증거자료를 제출한 자에게 예산의 범위에서 포상금을 지급할 수 있다.

② 제1항에 따른 포상금 지급대상자의 범위, 포상금 지급의 기준·절차 등에 필요한 사항은 대통령령으로 정한다.

[본조신설 2018. 1. 16.]

제4장 분쟁의 조정 등

제16조(가맹사업거래분쟁조정협의회의 설치) ① 가맹사업에 관한 분쟁을 조정하기 위하여 「독점규제 및 공정거래에 관한 법률」 제72조제1항에 따른 한국공정거래조정원(이하 "조정원"이라 한다)에 가맹사업거래분쟁조정협의회(이하 "협의회"라 한다)를 둔다. 〈개정 2018. 3. 27., 2020. 12. 29.〉

② 시·도지사는 특별시·광역시·특별자치시·도·특별자치도(이하 "시·도"라 한다)에 협의회를 둘 수 있다. 〈신설 2018. 3. 27.〉

③ 공정거래위원회는 분쟁조정업무의 일관성을 유지하기 위하여 필요한 운영지침을 정하여 고시할 수 있다. 〈신설 2021. 12. 7.〉

[전문개정 2007. 8. 3.]

제17조(협의회의 구성) ①협의회는 위원장 1인을 포함한 9인의 위원으로 구성한다.

②위원은 공익을 대표하는 위원, 가맹본부의 이익을 대표하는 위원, 가맹점사업자의 이익을 대표하는 위원으로 구분하되 각각 동수로 한다.

③조정원에 두는 협의회(이하 "조정원 협의회"라 한다)의 위원은 다음 각 호의 어느 하나에 해당하는 자 중에서 조정원의 장의 제청으로 공정거래위원회 위원장이 임명하거나 위촉하고, 시·도에 두는 협의회(이하 "시·도 협의회"라 한다)의 위원은 다음 각 호의 어느 하나에 해당하는 자 중에서 시·도지사가 임명하거나 위촉한다. 〈개정 2005. 12.

29., 2007. 8. 3., 2018. 3. 27., 2023. 8. 8.〉

1. 대학에서 법률학·경제학·경영학을 전공한 자로서 「고등교육법」 제2조제1호·제2호 또는 제5호에 따른 학교나 공인된 연구기관에서 부교수 이상의 직 또는 이에 상당하는 직에 있거나 있었던 자

2. 판사·검사 직에 있거나 있었던 자 또는 변호사의 자격이 있는 자

3. 독점금지 및 공정거래업무에 관한 경험이 있는 4급 이상 공무원(고위공무원단에 속하는 일반직공무원을 포함한다)의 직에 있거나 있었던 자

4. 가맹사업거래 및 분쟁조정에 관한 학식과 경험이 풍부한 사람

④조정원 협의회의 위원장은 공익을 대표하는 위원중에서 공정거래위원회 위원장이 위촉하고, 시·도 협의회의 위원장은 공익을 대표하는 위원 중에서 시·도지사가 임명하거나 위촉한다. 이 경우 조정원 협의회의 위원장은 상임으로 한다. 〈개정 2007. 8. 3., 2018. 3. 27., 2023. 8. 8.〉

⑤위원의 임기는 3년으로 하고 연임할 수 있다.

⑥위원중 결원이 생긴 때에는 제3항의 규정에 의하여 보궐위원을 위촉하여야 하며, 그 보궐위원의 임기는 전임자의 잔임기간으로 한다.

⑦ 조정원 협의회의 위원장은 그 직무 외에 영리를 목적으로 하는 업무에 종사하지 못한다. 〈신설 2024. 1. 2.〉

⑧ 제7항에 따른 영리를 목적으로 하는 업무의 범위에 관하여는 「공공기관의 운영에 관한 법률」 제37조제3항을 준용한다. 〈신설 2024. 1. 2.〉

⑨ 조정원 협의회의 위원장은 제8항에 따른 영리를 목적으로 하는 업무에 해당하는지 여부에 대한 공정거래위원회 위원장의 심사를 거쳐 비영리 목적의 업무를 겸할 수 있다. 〈신설 2024. 1. 2.〉

제18조(공익을 대표하는 위원의 위촉제한) ①공익을 대표하는 위원은 위촉일 현재 가맹본부 또는 가맹점사업자의 임원·직원으로 있는 자중에서 위촉될 수 없다.

②공정거래위원회 위원장 및 시·도지사는 공익을 대표하는 위원으로 위촉받은 자가 가맹본부 또는 가맹점사업자의 임원·직원으로 된 때에는 즉시 해촉하여야 한다. 〈개정 2007. 8. 3., 2018. 3. 27.〉

제19조(협의회의 회의) ①협의회의 회의는 위원 전원으로 구성되는 회의(이하 "전체회의"라 한다)와 공익을 대표하는 위원, 가맹본부의 이익을 대표하는 위원, 가맹점사업자

의 이익을 대표하는 위원 각 1인으로 구성되는 회의(이하 "소회의"라 한다)로 구분한다. 〈개정 2007. 8. 3.〉

② 협의회의 전체회의는 다음 각 호의 사항을 심의ㆍ의결한다. 〈신설 2013. 8. 13.〉

  1. 소회의가 전체회의에서 처리하도록 결정한 사항

  2. 협의회 운영세칙의 제정ㆍ개정에 관한 사항

  3. 그 밖에 전체회의에서 처리할 필요가 있다고 인정하는 사항으로서 협의회의 위원장이 전체회의에 부치는 사항

③ 협의회의 소회의는 제2항 각 호 외의 사항을 심의ㆍ의결한다. 〈개정 2013. 8. 13.〉

④협의회의 전체회의는 위원장이 주재하며, 재적위원 과반수의 출석으로 개의하고, 출석위원 과반수의 찬성으로 의결한다. 〈개정 2007. 8. 3., 2013. 8. 13.〉

⑤협의회의 소회의는 공익을 대표하는 위원이 주재하며, 구성위원 전원의 출석과 출석위원 전원의 찬성으로 의결한다. 이 경우 소회의의 의결은 협의회의 의결로 보되, 회의의 결과를 전체회의에 보고하여야 한다. 〈신설 2007. 8. 3., 2013. 8. 13.〉

⑥위원장이 사고로 직무를 수행할 수 없을 때에는 공익을 대표하는 위원중에서 공정거래위원회 위원장 또는 시ㆍ도지사가 지명하는 위원이 그 직무를 대행한다. 〈개정 2007. 8. 3., 2013. 8. 13., 2018. 3. 27.〉

⑦조정의 대상이 된 분쟁의 당사자인 가맹사업당사자(이하 "분쟁당사자"라 한다)는 협의회의 회의에 출석하여 의견을 진술하거나 관계자료를 제출할 수 있다. 〈개정 2007. 8. 3., 2013. 8. 13.〉

제20조(위원의 제척ㆍ기피ㆍ회피) ①위원은 다음 각 호의 어느 하나에 해당하는 경우에는 해당 조정사항의 조정에서 제척된다. 〈개정 2016. 3. 29.〉

  1. 위원 또는 그 배우자나 배우자이었던 자가 해당 조정사항의 분쟁당사자가 되거나 공동권리자 또는 의무자의 관계에 있는 경우

  2. 위원이 해당 조정사항의 분쟁당사자와 친족관계에 있거나 있었던 경우

  3. 위원 또는 위원이 속한 법인이 분쟁당사자의 법률ㆍ경영 등에 대하여 자문이나 고문의 역할을 하고 있는 경우

  4. 위원 또는 위원이 속한 법인이 해당 조정사항에 대하여 분쟁당사자의 대리인으로 관여하거나 관여하였던 경우 및 증언 또는 감정을 한 경우

②분쟁당사자는 위원에게 협의회의 조정에 공정을 기하기 어려운 사정이 있는 때에 협

의회에 그 위원에 대한 기피신청을 할 수 있다. 〈개정 2016. 3. 29.〉

③위원이 제1항 또는 제2항의 사유에 해당하는 경우에는 스스로 해당 조정사항의 조정에서 회피할 수 있다. 〈개정 2016. 3. 29.〉

제21조(협의회의 조정사항) 협의회는 공정거래위원회 또는 분쟁당사자가 요청하는 가맹사업거래의 분쟁에 관한 사항을 조정한다.

제22조(조정의 신청 등) ①분쟁당사자는 제21조의 규정에 의하여 협의회에 대통령령이 정하는 사항이 기재된 서면으로 그 조정을 신청할 수 있다.

② 분쟁당사자가 서로 다른 협의회에 분쟁조정을 신청하거나 여러 협의회에 중복하여 분쟁조정을 신청한 때에는 다음 각 호의 협의회 중 가맹점사업자가 선택한 협의회에서 이를 담당한다. 〈신설 2018. 3. 27.〉

  1. 조정원 협의회

  2. 가맹점사업자의 주된 사업장이 소재한 시·도 협의회

  3. 가맹본부의 주된 사업장이 소재한 시·도 협의회

③공정거래위원회는 가맹사업거래의 분쟁에 관한 사건에 대하여 협의회에 그 조정을 의뢰할 수 있다. 〈개정 2018. 3. 27.〉

④협의회는 제1항의 규정에 의하여 조정을 신청받은 때에는 즉시 그 조정사항을 분쟁당사자에게 통지하여야 하며, 조정원 협의회의 경우 공정거래위원회에, 시·도 협의회의 경우 공정거래위원회 및 시·도에 이를 알려야 한다. 〈개정 2007. 8. 3., 2018. 3. 27., 2021. 12. 7.〉

⑤ 제1항에 따른 분쟁조정의 신청은 시효중단의 효력이 있다. 다만, 신청이 취하되거나 각하된 때에는 그러하지 아니하다. 〈신설 2017. 4. 18., 2018. 3. 27.〉

⑥ 제5항 단서의 경우에 6개월 내에 재판상의 청구, 파산절차참가, 압류 또는 가압류, 가처분을 한 때에는 시효는 최초의 분쟁조정의 신청으로 인하여 중단된 것으로 본다. 〈신설 2017. 4. 18., 2018. 3. 27.〉

⑦ 제5항 본문에 따라 중단된 시효는 다음 각 호의 어느 하나에 해당하는 때부터 새로이 진행한다. 〈신설 2017. 4. 18., 2018. 3. 27.〉

  1. 분쟁조정이 이루어져 조정조서를 작성한 때

  2. 분쟁조정이 이루어지지 아니하고 조정절차가 종료된 때

제23조(조정 등) ① 협의회는 제22조제1항에 따라 조정을 신청 받거나 같은 조 제2항에

따라 조정을 의뢰 받는 경우에는 대통령령으로 정하는 바에 따라 지체 없이 분쟁조정 절차를 개시하여야 한다. 〈신설 2016. 3. 29.〉

②협의회는 분쟁당사자에게 조정사항에 대하여 스스로 조정하도록 권고하거나 조정안을 작성하여 이를 제시할 수 있다. 〈개정 2016. 3. 29.〉

③협의회는 다음 각 호의 어느 하나에 해당되는 경우에는 그 조정신청을 각하하여야 한다. 〈개정 2007. 8. 3., 2016. 3. 29., 2018. 12. 31.〉

  1. 조정신청의 내용과 직접적인 이해관계가 없는 자가 조정신청을 한 경우

  2. 이 법의 적용 대상이 아닌 사안에 대하여 조정신청을 한 경우

  3. 조정신청이 있기 전에 공정거래위원회가 제32조의3제2항에 따라 조사를 개시한 사건에 대하여 조정신청을 한 경우

④협의회는 다음 각 호의 어느 하나에 해당되는 경우에는 조정절차를 종료하여야 한다. 〈개정 2007. 8. 3., 2016. 3. 29., 2018. 12. 31., 2023. 6. 20.〉

  1. 분쟁당사자가 협의회의 권고 또는 조정안을 수락하거나 스스로 조정하는 등 조정이 성립된 경우

  2. 조정을 신청 또는 의뢰 받은 날부터 60일(분쟁당사자 쌍방이 기간연장에 동의한 경우에는 90일로 한다)이 경과하여도 조정이 성립하지 아니한 경우

  3. 분쟁당사자의 일방이 조정을 거부하는 등 조정절차를 진행할 실익이 없는 경우

⑤협의회는 제3항에 따라 조정신청을 각하하거나 제4항에 따라 조정절차를 종료한 경우에는 대통령령으로 정하는 바에 따라 조정원 협의회의 경우 공정거래위원회에, 시·도 협의회의 경우 공정거래위원회 및 시·도에 조정의 경위, 조정신청 각하 또는 조정절차 종료의 사유 등과 관계서류를 서면으로 지체없이 보고하여야 하고 분쟁당사자에게 그 사실을 통보하여야 한다. 〈개정 2016. 3. 29., 2018. 3. 27., 2018. 12. 31., 2021. 12. 7.〉

⑥협의회는 해당 조정사항에 관한 사실을 확인하기 위하여 필요한 경우 조사를 하거나 분쟁당사자에 대하여 관련자료의 제출이나 출석을 요구할 수 있다. 〈개정 2016. 3. 29.〉

⑦공정거래위원회는 조정절차 개시 전에 시정조치 등의 처분을 하지 아니한 분쟁조정사항에 관하여 조정절차가 종료될 때까지 해당 분쟁당사자에게 시정조치를 권고하거나 명하여서는 아니된다. 〈개정 2016. 3. 29., 2018. 12. 31., 2023. 6. 20.〉

제23조의2(소송과의 관계) ①제22조제1항에 따른 분쟁조정이 신청된 사건에 대하여 신청 전 또는 신청 후 소가 제기되어 소송이 진행 중일 때에는 수소법원(受訴法院)은 조정이 있을 때까지 소송절차를 중지할 수 있다.

②협의회는 제1항에 따라 소송절차가 중지되지 아니하는 경우에는 해당 사건의 조정절차를 중지하여야 한다.

③협의회는 조정이 신청된 사건과 동일한 원인으로 다수인이 관련되는 동종·유사 사건에 대한 소송이 진행 중인 경우에는 협의회의 결정으로 조정절차를 중지할 수 있다.

[본조신설 2023. 6. 20.]

제24조(조정조서의 작성과 그 효력) ①협의회는 조정사항에 대하여 조정이 성립된 경우 조정에 참가한 위원과 분쟁당사자가 기명날인하거나 서명한 조정조서를 작성한다. 〈개정 2016. 3. 29., 2018. 4. 17.〉

②협의회는 분쟁당사자가 조정절차를 개시하기 전에 조정사항을 스스로 조정하고 조정조서의 작성을 요구하는 경우에는 그 조정조서를 작성하여야 한다. 〈개정 2016. 3. 29.〉

③ 분쟁당사자는 제1항 또는 제2항에 따른 조정에서 합의된 사항을 이행하여야 하고, 이행결과를 공정거래위원회에 제출하여야 한다. 〈신설 2018. 12. 31.〉

④ 공정거래위원회는 제3항에 따른 이행이 이루어진 경우에는 제33조제1항에 따른 시정조치 및 제34조제1항에 따른 시정권고를 하지 아니한다. 〈신설 2018. 12. 31.〉

⑤ 제1항 또는 제2항에 따라 조정조서를 작성한 경우 조정조서는 재판상 화해와 동일한 효력을 갖는다. 〈신설 2016. 3. 29., 2018. 12. 31.〉

제25조(협의회의 조직 등에 관한 규정) 제16조부터 제23조까지, 제23조의2 및 제24조 외에 협의회의 조직·운영·조정절차 등에 관하여 필요한 사항은 대통령령으로 정한다. 〈개정 2023. 6. 20.〉

제26조 삭제 〈2007. 8. 3.〉

제27조(가맹거래사) ①공정거래위원회가 실시하는 가맹거래사 자격시험에 합격한 후 대통령령이 정하는 바에 따라 실무수습을 마친 자는 가맹거래사의 자격을 가진다. 〈개정 2004. 1. 20., 2007. 8. 3.〉

②다음 각 호의 어느 하나에 해당하는 자는 가맹거래사가 될 수 없다. 〈개정 2007. 8. 3., 2017. 4. 18., 2021. 4. 20.〉

1. 미성년자 또는 피성년후견인

2. 파산선고를 받고 복권되지 아니한 자

3. 금고 이상의 실형의 선고를 받고 그 집행이 종료(종료된 것으로 보는 경우를 포함한다)되거나 집행을 받지 아니하기로 확정된 후 2년이 경과되지 아니한 자

4. 금고 이상의 형의 집행유예를 받고 그 집행유예기간중에 있는 자

5. 제31조의 규정에 의하여 가맹거래사의 등록이 취소된 날부터 2년이 경과되지 아니한 자

③ 제1항에 따른 시험에 응시한 사람이 그 시험에 관하여 부정한 행위를 한 경우에는 해당 시험을 무효로 하고 그 시험의 응시일부터 5년간 시험의 응시자격을 정지한다. 〈신설 2016. 3. 29.〉

④가맹거래사 자격시험의 시험과목·시험방법, 실무수습의 기간 등 자격시험 및 실무수습에 관하여 필요한 사항은 대통령령으로 정한다. 〈신설 2004. 1. 20., 2007. 8. 3., 2016. 3. 29.〉

[제목개정 2007. 8. 3.]

제28조(가맹거래사의 업무) 가맹거래사는 다음 각 호의 사항에 관한 업무를 수행한다. 〈개정 2013. 8. 13., 2017. 4. 18.〉

1. 가맹사업의 사업성에 관한 검토

2. 정보공개서와 가맹계약서의 작성·수정이나 이에 관한 자문

3. 가맹점사업자의 부담, 가맹사업 영업활동의 조건 등에 관한 자문

4. 가맹사업당사자에 대한 교육·훈련이나 이에 대한 자문

5. 가맹사업거래 분쟁조정 신청의 대행 및 의견의 진술

6. 정보공개서 등록의 대행

[전문개정 2007. 8. 3.]

제29조(가맹거래사의 등록) ①가맹거래사 자격이 있는 자가 제28조에 따른 가맹거래사의 업무를 개시하고자 하는 경우에는 대통령령이 정하는 바에 따라 공정거래위원회에 등록하여야 한다. 〈개정 2004. 1. 20., 2007. 8. 3.〉

②제1항의 규정에 의하여 등록을 한 가맹거래사는 공정거래위원회가 정하는 바에 따라 5년마다 등록을 갱신하여야 한다. 〈개정 2007. 8. 3.〉

③공정거래위원회는 제1항 또는 제2항에 따라 가맹거래사의 등록 또는 갱신등록을 할

때에 등록증을 내주어야 한다. 〈신설 2022. 1. 4.〉

④제1항의 규정에 의하여 등록을 한 가맹거래사가 아닌 자는 제27조의 규정에 의한 가맹거래사임을 표시하거나 이와 유사한 용어를 사용하여서는 아니된다. 〈개정 2007. 8. 3., 2022. 1. 4.〉 [제목개정 2007. 8. 3.]

제29조의2(가맹거래사 등록증의 대여 금지 등) ①가맹거래사는 자기의 등록증을 다른 사람에게 빌려주어서는 아니 된다.

②누구든지 다른 사람의 가맹거래사 등록증을 빌려서는 아니 된다.

③누구든지 제1항 및 제2항에서 금지된 행위를 알선하여서는 아니 된다.

[본조신설 2022. 1. 4.]

제30조(가맹거래사의 책임) ①가맹거래사는 성실히 직무를 수행하며 품위를 유지하여야 한다. 〈개정 2007. 8. 3.〉

②가맹거래사는 직무를 수행함에 있어서 고의로 진실을 감추거나 허위의 보고를 하여서는 아니된다. 〈개정 2007. 8. 3.〉

[제목개정 2007. 8. 3.]

제31조(가맹거래사의 등록취소와 자격정지) ①공정거래위원회는 제29조의 규정에 의하여 등록을 한 가맹거래사가 다음 각 호의 어느 하나에 해당하는 경우에는 그 등록을 취소할 수 있다. 다만, 제1호 및 제2호에 해당하는 경우에는 그 등록을 취소하여야 한다. 〈개정 2007. 8. 3.〉

 1. 허위 그 밖의 부정한 방법으로 등록 또는 갱신등록을 한 경우

 2. 제27조제2항의 규정에 의한 결격사유에 해당하게 된 경우

 3. 업무수행과 관련하여 알게 된 비밀을 다른 사람에게 누설한 경우

 4. 가맹거래사 등록증을 다른 사람에게 대여한 경우

 5. 업무수행과 관련하여 고의 또는 중대한 과실로 다른 사람에게 중대한 손해를 입힌 경우

②제29조제2항의 규정에 의한 갱신등록을 하지 아니한 가맹거래사는 그 자격이 정지된다. 이 경우 공정거래위원회가 고시로서 정하는 바에 따라 보수교육을 받고 갱신등록을 한 때에는 그 때부터 자격이 회복된다. 〈개정 2007. 8. 3.〉

③제1항에 따라 가맹거래사 등록이 취소된 사람은 지체 없이 등록증을 공정거래위원회에 반납하여야 한다. 〈신설 2022. 1. 4.〉

④제1항에 따라 가맹거래사의 등록을 취소하려는 경우에는 「행정절차법」에 따른 청문을 실시하여야 한다. 〈신설 2012. 2. 17., 2022. 1. 4.〉

제31조의2(가맹사업거래에 대한 교육 등) ①공정거래위원회는 공정한 가맹사업거래질서를 확립하기 위하여 다음 각 호의 업무를 수행할 수 있다.

1. 가맹본부에 대한 교육·연수

2. 가맹희망자 및 가맹점사업자에 대한 교육·연수

3. 가맹거래사에 대한 교육·연수(제27조제1항에 따른 실무수습을 포함한다)

4. 가맹본부가 이 법을 자율적으로 준수하도록 유도하기 위한 자율준수프로그램의 보급·확산

5. 그 밖에 공정한 가맹사업거래질서 확립을 위하여 필요하다고 인정하는 업무

②공정거래위원회는 제1항의 업무를 대통령령으로 정하는 시설·인력 및 교육실적 등의 기준에 적합한 법인으로서 공정거래위원회가 지정하는 기관 또는 단체(이하 "교육기관 등"이라 한다)에 위탁할 수 있다.

③교육기관 등은 제1항에 따른 업무를 수행하는데 필요한 재원을 조달하기 위하여 수익사업을 할 수 있다.

④공정거래위원회는 교육기관 등이 제1항에 따른 업무를 충실히 수행하지 못하거나 대통령령으로 정하는 기준에 미치지 못하는 경우에는 지정을 취소하거나 3개월 이내의 기간을 정하여 지정의 효력을 정지할 수 있다.

⑤공정거래위원회는 제4항에 따라 지정을 취소하는 경우에는 「행정절차법」에 따른 청문을 실시하여야 한다. 〈신설 2022. 1. 4.〉

⑥교육기관 등의 지정절차 및 방법, 제3항에 따른 수익사업 등에 관하여 필요한 사항은 공정거래위원회가 정하여 고시한다. 〈개정 2022. 1. 4.〉

제5장 공정거래위원회의 사건처리절차 등

제32조(조사개시대상의 제한 등) ① 이 법의 규정에 따라 공정거래위원회의 조사개시대상이 되는 가맹사업거래는 그 거래가 종료된 날부터 3년을 경과하지 아니한 것에 한정한다. 다만, 그 거래가 종료된 날부터 3년 이내에 제22조제1항에 따른 조정이 신청되거나 제32조의3제1항에 따라 신고된 가맹사업거래의 경우에는 그러하지 아니하다. 〈개정

2018. 12. 31.〉

② 공정거래위원회는 다음 각 호의 구분에 따른 기간이 경과한 경우에는 이 법 위반행위에 대하여 이 법에 따른 시정조치를 명하거나 과징금을 부과하지 아니한다. 다만, 법원의 판결에 따라 시정조치 또는 과징금 부과처분이 취소된 경우로서 그 판결이유에 따라 새로운 처분을 하는 경우에는 그러하지 아니하다. 〈신설 2018. 12. 31.〉

  1. 공정거래위원회가 이 법 위반행위에 대하여 제32조의3제1항 전단에 따른 신고를 받고 같은 조 제2항에 따라 조사를 개시한 경우: 신고일부터 3년

  2. 제1호의 경우 외에 공정거래위원회가 이 법 위반행위에 대하여 제32조의3제2항에 따라 조사를 개시한 경우: 조사개시일부터 3년

  [제목개정 2018. 12. 31.]

제32조의2(서면실태조사) ① 공정거래위원회는 가맹사업거래에서의 공정한 거래질서 확립을 위하여 가맹본부와 가맹점사업자 등 사이의 거래에 관한 서면실태조사를 실시하여 그 결과를 공표하여야 한다. 〈개정 2016. 12. 20.〉

② 공정거래위원회가 제1항에 따라 서면실태조사를 실시하려는 경우에는 조사대상자의 범위, 조사기간, 조사내용, 조사방법, 조사절차 및 조사결과 공표범위 등에 관한 계획을 수립하여야 하고, 조사대상자에게 거래실태 등 조사에 필요한 자료의 제출을 요구할 수 있다.

③ 공정거래위원회가 제2항에 따라 자료의 제출을 요구하는 경우에는 조사대상자에게 자료의 범위와 내용, 요구사유, 제출기한 등을 명시하여 서면으로 알려야 한다.

④ 가맹본부는 가맹점사업자로 하여금 제2항에 따른 자료를 제출하지 아니하게 하거나 거짓 자료를 제출하도록 요구해서는 아니 된다. 〈신설 2018. 4. 17.〉

[본조신설 2013. 8. 13.]

제32조의3(위반행위의 신고 등) ① 누구든지 이 법에 위반되는 사실이 있다고 인정할 때에는 그 사실을 공정거래위원회에 신고할 수 있다. 이 경우 공정거래위원회는 대통령령으로 정하는 바에 따라 신고자가 동의한 경우에는 가맹본부 또는 가맹지역본부에게 신고가 접수된 사실을 통지하여야 한다.

② 공정거래위원회는 제1항 전단에 따른 신고가 있거나 이 법에 위반되는 혐의가 있다고 인정할 때에는 필요한 조사를 할 수 있다.

③ 제1항 후단에 따라 공정거래위원회가 가맹본부 또는 가맹지역본부에게 통지한 때에는 「민법」 제174조에 따른 최고가 있은 것으로 본다. 다만, 신고된 사실이 이 법의 적용

대상이 아니거나 제32조제1항 본문에 따른 조사개시대상행위의 제한 기한을 경과하여 공정거래위원회가 심의절차를 진행하지 아니하기로 한 경우, 신고된 사실에 대하여 공정거래위원회가 무혐의로 조치한 경우 또는 신고인이 신고를 취하한 경우에는 그러하지 아니하다. 〈개정 2018. 12. 31.〉

④ 공정거래위원회는 제2항에 따라 조사를 한 경우에는 그 결과(조사결과 시정조치 명령 등의 처분을 하고자 하는 경우에는 그 처분의 내용을 포함한다)를 서면으로 해당 사건의 당사자에게 통지하여야 한다.

[본조신설 2016. 12. 20.]

제33조(시정조치) ①공정거래위원회는 제6조의5제1항·제4항, 제7조제3항, 제9조제1항, 제10조제1항, 제11조제1항·제2항, 제12조제1항, 제12조의2제1항·제2항, 제12조의3제1항·제2항, 제12조의4, 제12조의5, 제12조의6제1항, 제14조의2제5항, 제15조의2제3항·제6항을 위반한 가맹본부에 대하여 가맹금의 예치, 정보공개서등의 제공, 점포환경개선 비용의 지급, 가맹금 반환, 위반행위의 중지, 위반내용의 시정을 위한 필요한 계획 또는 행위의 보고 그 밖에 위반행위의 시정에 필요한 조치를 명할 수 있다. 〈개정 2007. 8. 3., 2013. 8. 13., 2016. 3. 29., 2018. 1. 16.〉

② 삭제〈2018. 12. 31.〉

③공정거래위원회는 제1항에 따라 시정명령을 하는 경우에는 가맹본부에게 시정명령을 받았다는 사실을 공표하거나 거래상대방에 대하여 통지할 것을 명할 수 있다. 〈개정 2007. 8. 3.〉

제34조(시정권고) ①공정거래위원회는 이 법의 규정을 위반한 가맹본부에 대하여 제33조의 규정에 의한 시정조치를 명할 시간적 여유가 없는 경우에는 대통령령이 정하는 바에 따라 시정방안을 마련하여 이에 따를 것을 권고할 수 있다. 이 경우 그 권고를 수락한 때에는 시정조치를 한 것으로 본다는 뜻을 함께 통지하여야 한다. 〈개정 2016. 3. 29.〉

②제1항의 규정에 의한 권고를 받은 가맹본부는 그 권고를 통지받은 날부터 10일 이내에 이를 수락하는 지의 여부에 관하여 공정거래위원회에 통지하여야 한다. 〈개정 2016. 3. 29.〉

③제1항의 규정에 의한 권고를 받은 가맹본부가 그 권고를 수락한 때에는 제33조의 규정에 의한 시정조치를 받은 것으로 본다. 〈개정 2016. 3. 29.〉

제34조의2(동의의결) ①공정거래위원회의 조사나 심의를 받고 있는 가맹본부 또는 가

맹지역본부(이하 이 조에서 "신청인"이라 한다)는 해당 조사나 심의의 대상이 되는 행위(이하 이 조에서 "해당 행위"라 한다)로 인한 불공정한 거래내용 등의 자발적 해결, 가맹점사업자의 피해구제 및 거래질서의 개선 등을 위하여 제3항에 따른 동의의결을 하여줄 것을 공정거래위원회에 신청할 수 있다. 다만, 해당 행위가 다음 각 호의 어느 하나에 해당하는 경우 공정거래위원회는 동의의결을 하지 아니하고 이 법에 따른 심의 절차를 진행하여야 한다.

1. 제44조제2항에 따른 고발요건에 해당하는 경우

2. 동의의결이 있기 전 신청인이 신청을 취소하는 경우

②신청인이 제1항에 따른 신청을 하는 경우 다음 각 호의 사항을 기재한 서면으로 하여야 한다.

1. 해당 행위를 특정할 수 있는 사실관계

2. 해당 행위의 중지, 원상회복 등 경쟁질서의 회복이나 거래질서의 적극적 개선을 위하여 필요한 시정방안

3. 그 밖에 가맹점사업자 등의 피해를 구제하거나 예방하기 위하여 필요한 시정방안

③공정거래위원회는 해당 행위의 사실관계에 대한 조사를 마친 후 제2항제2호 및 제3호에 따른 시정방안(이하 "시정방안"이라 한다)이 다음 각 호의 요건을 모두 충족한다고 판단되는 경우에는 해당 행위 관련 심의 절차를 중단하고 시정방안과 같은 취지의 의결(이하 "동의의결"이라 한다)을 할 수 있다. 이 경우 신청인과의 협의를 거쳐 시정방안을 수정할 수 있다.

1. 해당 행위가 이 법을 위반한 것으로 판단될 경우에 예상되는 시정조치 및 그 밖의 제재와 균형을 이룰 것

2. 공정하고 자유로운 경쟁질서나 거래질서를 회복시키거나 가맹점사업자 등을 보호하기에 적절하다고 인정될 것

④ 공정거래위원회의 동의의결은 해당 행위가 이 법에 위반된다고 인정한 것을 의미하지 아니하며, 누구든지 신청인이 동의의결을 받은 사실을 들어 해당 행위가 이 법에 위반된다고 주장할 수 없다.

[본조신설 2022. 1. 4.]

제34조의3(동의의결 절차 및 취소) 동의의결 절차 및 취소에 관하여는 「독점규제 및 공정거래에 관한 법률」 제90조 및 제91조를 각각 준용한다. 이 경우 같은 법 제90조제1

항의 "소비자"는 "가맹점사업자"로, 같은 법 제90조제3항 후단의 "제124조부터 제127조까지의 규정"은 "이 법 제41조의 규정"으로 본다.

[본조신설 2022. 1. 4.]

제34조의4(이행강제금) ①공정거래위원회는 정당한 이유 없이 동의의결 시 정한 이행기한까지 동의의결을 이행하지 아니한 자에게 동의의결이 이행되거나 취소되기 전까지 이행기한이 지난 날부터 1일당 200만원 이하의 이행강제금을 부과할 수 있다.

②이행강제금의 부과·납부·징수 및 환급 등에 관하여는 「독점규제 및 공정거래에 관한 법률」 제16조제2항 및 제3항을 준용한다.

[본조신설 2022. 1. 4.]

제35조(과징금) ① 공정거래위원회는 제6조의5제1항·제4항, 제7조제3항, 제9조제1항, 제10조제1항, 제11조제1항·제2항, 제12조제1항, 제12조의2제1항·제2항, 제12조의3제1항·제2항, 제12조의4, 제12조의5, 제12조의6제1항, 제14조의2제5항, 제15조의2제3항·제6항을 위반한 가맹본부에 대하여 대통령령으로 정하는 매출액(대통령령으로 정하는 사업자의 경우에는 영업수익을 말한다. 이하 같다)에 100분의 2를 곱한 금액을 초과하지 아니하는 범위에서 과징금을 부과할 수 있다. 다만, 그 위반행위를 한 가맹본부가 매출액이 없거나 매출액의 산정이 곤란한 경우로서 대통령령으로 정하는 경우에는 5억원을 초과하지 아니하는 범위에서 과징금을 부과할 수 있다. 〈개정 2016. 3. 29., 2018. 1. 16.〉

② 공정거래위원회는 제1항에 따라 과징금을 부과하는 경우에는 다음 각 호의 사항을 고려하여야 한다.

　1. 위반행위의 내용 및 정도

　2. 위반행위의 기간 및 횟수

　3. 위반행위로 취득한 이익의 규모 등

③ 이 법을 위반한 회사인 가맹본부가 합병을 하는 경우에는 그 가맹본부가 한 위반행위는 합병 후 존속하거나 합병으로 설립되는 회사가 한 위반행위로 보아 과징금을 부과·징수할 수 있다.

④ 공정거래위원회는 이 법을 위반한 회사인 가맹본부가 분할되거나 분할합병되는 경우 분할되는 가맹본부의 분할일 또는 분할합병일 이전의 위반행위를 다음 각 호의 어느 하나에 해당하는 회사의 행위로 보고 과징금을 부과·징수할 수 있다.

1. 분할되는 회사

2. 분할 또는 분할합병으로 설립되는 새로운 회사

3. 분할되는 회사의 일부가 다른 회사에 합병된 후 그 다른 회사가 존속하는 경우 그 다른 회사

⑤ 공정거래위원회는 이 법을 위반한 회사인 가맹본부가 「채무자 회생 및 파산에 관한 법률」 제215조에 따라 신회사를 설립하는 경우에는 기존 회사 또는 신회사 중 어느 하나의 행위로 보고 과징금을 부과·징수할 수 있다.

⑥ 제1항에 따른 과징금의 부과기준은 대통령령으로 정한다.

[전문개정 2013. 8. 13.]

제36조(관계행정기관의 장의 협조) 공정거래위원회는 이 법의 시행을 위하여 필요하다고 인정하는 때에는 관계행정기관의 장의 의견을 듣거나 관계행정기관의 장에 대하여 조사를 위한 인원의 지원 그 밖의 필요한 협조를 요청할 수 있다.

제37조(「독점규제 및 공정거래에 관한 법률」의 준용) ①이 법에 의한 공정거래위원회의 조사·심의·의결 및 시정권고에 관하여는 「독점규제 및 공정거래에 관한 법률」 제64조부터 제68조까지, 제81조제1항·제2항·제3항·제6항·제9항, 제93조, 제95조부터 제97조까지 및 제101조를 준용한다. 〈개정 2007. 8. 3., 2016. 12. 20., 2020. 12. 29.〉

②이 법에 의한 과징금의 부과·징수에 관하여는 「독점규제 및 공정거래에 관한 법률」 제103조부터 제107조까지의 규정을 준용한다. 〈개정 2004. 12. 31., 2007. 8. 3., 2013. 8. 13., 2020. 12. 29.〉

③이 법에 의한 이의신청, 소의 제기 및 불복의 소의 전속관할에 관하여는 「독점규제 및 공정거래에 관한 법률」 제96조, 제97조, 제99조 및 제100조를 준용한다. 〈개정 2007. 8. 3., 2016. 3. 29., 2017. 4. 18., 2020. 12. 29.〉

④이 법에 의한 직무에 종사하거나 종사하였던 공정거래위원회의 위원, 공무원 또는 협의회에서 가맹사업거래에 관한 분쟁의 조정업무를 담당하거나 담당하였던 자에 대하여는 「독점규제 및 공정거래에 관한 법률」 제119조를 준용한다. 〈개정 2020. 12. 29.〉

⑤ 삭제 〈2007. 8. 3.〉

[제목개정 2007. 8. 3.]

제37조의2(손해배상책임) ① 가맹본부는 이 법의 규정을 위반함으로써 가맹점사업자에게 손해를 입힌 경우에는 가맹점사업자에 대하여 손해배상의 책임을 진다. 다만, 가맹본

부가 고의 또는 과실이 없음을 입증한 경우에는 그러하지 아니하다.

② 제1항에도 불구하고 가맹본부가 제9조제1항, 제12조제1항제1호 및 제12조의5를 위반함으로써 가맹점사업자에게 손해를 입힌 경우에는 가맹점사업자에게 발생한 손해의 3배를 넘지 아니하는 범위에서 배상책임을 진다. 다만, 가맹본부가 고의 또는 과실이 없음을 입증한 경우에는 그러하지 아니하다. 〈개정 2018. 1. 16.〉

③ 법원은 제2항의 배상액을 정할 때에는 다음 각 호의 사항을 고려하여야 한다.

  1. 고의 또는 손해 발생의 우려를 인식한 정도

  2. 위반행위로 인하여 가맹점사업자가 입은 피해 규모

  3. 위법행위로 인하여 가맹본부가 취득한 경제적 이익

  4. 위반행위에 따른 벌금 및 과징금

  5. 위반행위의 기간 · 횟수

  6. 가맹본부의 재산상태

  7. 가맹본부의 피해구제 노력의 정도

④ 제1항 또는 제2항에 따라 손해배상청구의 소가 제기된 경우 「독점규제 및 공정거래에 관한 법률」 제110조 및 제115조를 준용한다. 〈개정 2020. 12. 29.〉

[본조신설 2017. 4. 18.]

제38조(「독점규제 및 공정거래에 관한 법률」과의 관계) 가맹사업거래에 관하여 이 법의 적용을 받는 사항에 대하여는 「독점규제 및 공정거래에 관한 법률」 제45조제1항제1호 · 제4호 · 제6호 · 제7호 및 같은 법 제46조를 적용하지 아니한다. 〈개정 2007. 8. 3., 2020. 12. 29.〉

[제목개정 2007. 8. 3.]

제39조(권한의 위임과 위탁) ①이 법에 의한 공정거래위원회의 권한은 그 일부를 대통령령이 정하는 바에 따라 소속기관의 장이나 시 · 도지사에게 위임하거나 다른 행정기관의 장에게 위탁할 수 있다. 〈개정 2007. 8. 3., 2018. 3. 27.〉

②공정거래위원회는 다음 각 호의 어느 하나에 해당하는 업무를 대통령령으로 정하는 바에 따라 「독점규제 및 공정거래에 관한 법률」 제72조에 따라 설립된 한국공정거래조정원이나 관련 법인 · 단체에 위탁할 수 있다. 이 경우 제1호의 위탁관리에 소요되는 경비의 전부 또는 일부를 지원할 수 있다. 〈개정 2007. 8. 3., 2012. 2. 17., 2020. 12. 29.〉

  1. 제6조의2 및 제6조의3에 따른 정보공개서의 등록, 등록 거부 및 공개 등에 관한 업무

2. 제27조제1항에 따른 가맹거래사 자격시험의 시행 및 관리 업무

제40조(보고) 공정거래위원회는 제39조의 규정에 의하여 위임 또는 위탁한 사무에 대하여 위임 또는 위탁받은 자에게 필요한 보고를 하게 할 수 있다.

제6장 벌칙

제41조(벌칙) ①제9조제1항의 규정에 위반하여 허위·과장의 정보제공행위나 기만적인 정보제공행위를 한 자는 5년 이하의 징역 또는 3억원 이하의 벌금에 처한다. 〈개정 2007. 8. 3., 2013. 8. 13.〉

②다음 각 호의 어느 하나에 해당하는 자는 3년 이하의 징역 또는 1억원 이하의 벌금에 처한다. 〈개정 2007. 8. 3., 2018. 1. 16., 2020. 12. 29.〉

　1. 제12조의5를 위반하여 가맹점사업자에게 불이익을 주는 행위를 하거나 다른 사업자로 하여금 이를 행하도록 한 자

　2. 제33조제1항에 따른 시정조치의 명령에 따르지 아니한 자

　3. 제37조제4항의 규정에 의하여 준용되는 「독점규제 및 공정거래에 관한 법률」 제119조를 위반한 자

③다음 각 호의 어느 하나에 해당하는 자는 2년 이하의 징역 또는 5천만원 이하의 벌금에 처한다. 〈개정 2007. 8. 3., 2013. 8. 13.〉

　1. 제6조의5제1항을 위반하여 가맹점사업자로부터 예치가맹금을 직접 수령한 자

　2. 제7조제3항을 위반하여 가맹금을 수령하거나 가맹계약을 체결한 자

　3. 제15조의2제6항을 위반하여 가맹점사업자피해보상보험계약 등을 체결하였다는 사실을 나타내는 표지 또는 이와 유사한 표지를 제작하거나 사용한 자

④제29조의2를 위반하여 가맹거래사 등록증을 빌려주거나 빌린 자 또는 이를 알선한 자는 1년 이하의 징역 또는 1천만원 이하의 벌금에 처한다. 〈신설 2022. 1. 4.〉

⑤제6조의5제4항을 위반하여 거짓이나 그 밖의 부정한 방법으로 예치가맹금의 지급을 요청한 자는 예치가맹금의 2배에 상당하는 금액 이하의 벌금에 처한다. 〈신설 2007. 8. 3., 2022. 1. 4.〉

제42조(양벌규정) 법인의 대표자나 법인 또는 개인의 대리인, 사용인, 그 밖의 종업원이 그 법인 또는 개인의 업무에 관하여 제41조의 위반행위를 하면 그 행위자를 벌하는 외

에 그 법인 또는 개인에게도 해당 조문의 벌금형을 과(科)한다. 다만, 법인 또는 개인이 그 위반행위를 방지하기 위하여 해당 업무에 관하여 상당한 주의와 감독을 게을리하지 아니한 경우에는 그러하지 아니하다.

[전문개정 2010. 3. 22.]

제43조(과태료) ①가맹본부가 제3호 또는 제4호의 규정에 해당하는 경우에는 1억원이하, 제1호, 제1호의2 또는 제2호의 규정에 해당하는 경우에는 5천만원 이하의 과태료를 부과한다. 〈개정 2007. 8. 3., 2013. 8. 13., 2018. 4. 17., 2020. 12. 29.〉

1. 제32조의2제2항에 따른 자료를 제출하지 아니하거나 거짓의 자료를 제출한 자

1의2. 제32조의2제4항을 위반하여 가맹점사업자로 하여금 자료를 제출하지 아니하게 하거나 거짓 자료를 제출하도록 요구한 자

2. 제37조제1항의 규정에 의하여 준용되는 「독점규제 및 공정거래에 관한 법률」 제81조제1항제1호를 위반하여 정당한 사유 없이 2회이상 출석하지 아니한 자

3. 제37조제1항의 규정에 의하여 준용되는 「독점규제 및 공정거래에 관한 법률」 제81조제1항제3호 또는 같은 조 제6항에 따른 보고 또는 필요한 자료나 물건의 제출을 정당한 사유없이 하지 아니하거나, 허위의 보고 또는 자료나 물건을 제출한 자

4. 제37조제1항의 규정에 의하여 준용되는 「독점규제 및 공정거래에 관한 법률」 제81조제2항 및 제3항에 따른 조사를 정당한 사유없이 거부·방해 또는 기피한 자

② 삭제 〈2018. 4. 17.〉

③ 가맹본부의 임원이 제1항제3호에 해당하는 경우에는 5천만원 이하, 같은 항 제1호, 제1호의2 또는 제2호에 해당하는 경우에는 1천만원 이하의 과태료를 부과한다. 〈개정 2018. 4. 17.〉

④ 가맹본부의 종업원 또는 이에 준하는 법률상 이해관계에 있는 자가 제1항제3호에 해당하는 경우에는 5천만원 이하, 같은 항 제2호에 해당하는 경우에는 1천만원 이하, 같은 항 제1호 또는 제1호의2에 해당하는 경우에는 500만원 이하의 과태료를 부과한다. 〈개정 2018. 4. 17.〉

⑤제37조제1항의 규정에 의하여 준용되는 「독점규제 및 공정거래에 관한 법률」 제66조에 따른 질서유지명령에 응하지 아니한 자는 100만원 이하의 과태료에 처한다. 〈개정 2007. 8. 3., 2020. 12. 29.〉

⑥다음 각 호의 어느 하나에 해당하는 자에게는 1천만원 이하의 과태료를 부과한다. 〈

개정 2007. 8. 3., 2013. 8. 13., 2022. 1. 4.〉

  1. 제6조의2제2항 본문을 위반하여 기한 내에 변경등록을 하지 아니하거나 거짓으로 변경등록을 한 자

  2. 제9조제3항을 위반하여 같은 항 각 호의 어느 하나에 해당하는 정보를 서면으로 제공하지 아니한 자

  3. 제9조제4항을 위반하여 근거자료를 비치하지 아니하거나 자료요구에 응하지 아니한 자

  4. 제9조제5항을 위반하여 예상매출액 산정서를 제공하지 아니한 자

  5. 제9조제6항을 위반하여 예상매출액 산정서를 보관하지 아니한 자

  6. 제11조제3항을 위반하여 가맹계약서를 보관하지 아니한 자

  7. 제12조의6제2항을 위반하여 광고 또는 판촉행사 비용의 집행 내역을 통보하지 아니하거나 열람 요구에 응하지 아니한 자

⑦다음 각 호의 어느 하나에 해당하는 자에게는 300만원 이하의 과태료를 부과한다.〈개정 2007. 8. 3., 2013. 8. 13., 2022. 1. 4.〉

1. 제6조의2제2항 단서를 위반하여 신고를 하지 아니하거나 거짓으로 신고한 자

2. 제29조제4항을 위반하여 가맹거래사임을 표시하거나 유사한 용어를 사용한 자

⑧제1항부터 제7항까지의 규정에 따른 과태료는 대통령령으로 정하는 바에 따라 공정거래위원회가 부과·징수한다.〈신설 2007. 8. 3.〉

⑨ 삭제〈2010. 3. 22.〉

⑩ 삭제〈2010. 3. 22.〉

⑪ 삭제〈2010. 3. 22.〉

제44조(고발) ①제41조제1항, 제2항제1호·제2호 및 제3항의 죄는 공정거래위원회의 고발이 있어야 공소를 제기할 수 있다.〈개정 2018. 1. 16.〉

②공정거래위원회는 제41조제1항, 제2항제1호·제2호 및 제3항의 죄중 그 위반의 정도가 객관적으로 명백하고 중대하다고 인정하는 경우에는 검찰총장에게 고발하여야 한다.〈개정 2018. 1. 16.〉

③검찰총장은 제2항의 규정에 의한 고발요건에 해당하는 사실이 있음을 공정거래위원회에 통보하여 고발을 요청할 수 있다.〈개정 2013. 8. 13.〉

④ 공정거래위원회가 제2항에 따른 고발요건에 해당하지 아니한다고 결정하더라도 감

사원장, 중소벤처기업부장관은 사회적 파급효과, 가맹희망자나 가맹점사업자에게 미친 피해 정도 등 다른 사정을 이유로 공정거래위원회에 고발을 요청할 수 있다. 〈신설 2013. 8. 13., 2017. 7. 26.〉

⑤ 제3항 또는 제4항에 따른 고발요청이 있는 때에는 공정거래위원회 위원장은 검찰총장에게 고발하여야 한다. 〈신설 2013. 8. 13.〉

⑥공정거래위원회는 공소가 제기된 후에는 고발을 취소하지 못한다. 〈개정 2013. 8. 13.〉

#.2 가맹사업법 신·구조문대비표(25년 2차시험 대비)

◆ 25년 2차시험을 대비하시는 분들은 우측 개정 내용을 반영하신 후 학습하시기 바랍니다.

가맹사업거래의 공정화에 관한 법률 [24년 2차시험 적용/'24.02.09. 시행]	가맹사업거래의 공정화에 관한 법률 [25년 2차시험 적용/'24.07.03. 시행]
제11조(가맹계약서의 기재사항 등) ① **(생 략)** ②가맹계약서는 다음 각호의 사항을 포함하여야 한다. 1. ~ 11. (생 략) 12. 그 밖에 가맹사업당사자의 권리·의무에 관한 사항으로서 대통령령이 정하는 사항 〈신 설〉 ③·④ (생 략)	**제11조(가맹계약서의 기재사항 등)** ① **(현행과 같음)** ②가맹계약서는 다음 각호의 사항을 포함하여야 한다. 1. ~ 11. (현행과 같음) 12. 가맹본부가 가맹점사업자에게 가맹본부 또는 가맹본부가 지정한 자와 거래할 것을 강제할 경우 그 강제의 대상이 되는 부동산·용역·설비·상품·원재료 또는 부재료·임대차 등의 종류 및 공급 가격 산정방식에 관한 사항 13. 그 밖에 가맹사업당사자의 권리·의무에 관한 사항으로서 대통령령이 정하는 사항 ③·④ (현행과 같음)
제17조(협의회의 구성) ① ~ ⑥ **(생 략)** 〈신 설〉 〈신 설〉 〈신 설〉	**제17조(협의회의 구성)** ① ~ ⑥ **(현행과 같음)** ⑦ 조정원 협의회의 위원장은 그 직무 외에 영리를 목적으로 하는 업무에 종사하지 못한다. ⑧ 제7항에 따른 영리를 목적으로 하는 업무의 범위에 관하여는 「공공기관의 운영에 관한 법률」 제37조제3항을 준용한다. ⑨ 조정원 협의회의 위원장은 제8항에 따른 영리를 목적으로 하는 업무에 해당하는지 여부에 대한 공정거래위원회 위원장의 심사를 거쳐 비영리 목적의 업무를 겸할 수 있다.

쟁·점·정·리

통합
가맹사업법

초판 1쇄 발행 2024. 4. 9.

지은이 박성진
펴낸이 김병호
펴낸곳 주식회사 바른북스

책임편집 주식회사 바른북스 편집부

등록 2019년 4월 3일 제2019-000040호
주소 서울시 성동구 연무장5길 9-16, 301호 (성수동2가, 블루스톤타워)
대표전화 070-7857-9719 | **경영지원** 02-3409-9719 | **팩스** 070-7610-9820

•바른북스는 여러분의 다양한 아이디어와 원고 투고를 설레는 마음으로 기다리고 있습니다.

이메일 barunbooks21@naver.com | **원고투고** barunbooks21@naver.com
홈페이지 www.barunbooks.com | **공식 블로그** blog.naver.com/barunbooks7
공식 포스트 post.naver.com/barunbooks7 | **페이스북** facebook.com/barunbooks7

ⓒ 박성진, 2024
ISBN 979-11-93879-60-3 03360